序

　　土地爲立國之基本要素，其面積有限，非人力所能增損；其位置固定，非人力所能變動。因土地具有恒久之生產力，不僅爲最重要之生產因素，更爲人類不可須臾或離之棲息場所，如其分配或利用不當，卽形成土地問題，將嚴重影響人類之生存，甚且導致社會之動亂。

　　國父領導革命，手創平均地權土地政策，畢產業、社會革命於一役。我國憲法列之爲基本國策，運用規定地價、照價徵稅、照價收買、漲價歸公等和平漸進之方法，達成促進地權分散、地盡其利與地利共享之目標。政府奉此原則，民國十九年、三十五年先後公布及修正土地法後，特於四十三年制定實施都市平均地權條例，復經四度修正，至六十六年平均地權條例公布，全面付諸實施，平均地權之重要法典乃告齊備。鑒於此一土地政策，關係民生主義解決土地問題、建立安和樂利均富社會之重要手段，其政策之得失，立法之良窳，實施之成敗，對於國計民生，影響至爲深遠。自實施以來，歷經三十年之變革，其立法與實施之資料旣龐且雜，允宜加以探討分析而爲有系統之整理研究，俾供爲政府施政宣導、當局修訂政策、立法實施或他人再作深入研究之參考。筆者因服務內政部部、次長室之便，多年接觸業務文件，稍具心得。更於六十六、六十七年間實際參與督導全面規定地價工作，觀察所及，助增認識，復因平均地權條例於今（七十五）年再度修正完成，爰本研習之志向，從事本書之撰寫。

　　本書共分七章，以平均地權之政策、立法與實施爲撰述重點。各章之要旨如次：

　　第一章「緖論」，說明本書研究之動機，解釋平均地權之意義，並

確定本書研究之範圍及方法。

第二章「平均地權政策之形成」，簡述我國歷代土地政策之沿革，並引述　國父遺教有關平均地權之昭示，闡明民生主義平均地權之眞諦，復對訓政時期之建制概況作一介紹，進而剖析土地法有關規定，以顯示平均地權政策之雛型。

第三章「實施都市平均地權法制之演變」，敍述實施都市平均地權條例之創制立法，並列舉四度修正條例之重點，以探究其法制精神，從而窺見其變動梗概。

第四章「全面實施平均地權之立法」，爲全面實施平均地權奠立法制。就行政院草案之研擬及立法院之審議，詳予論述，彰明立法過程之全貌，並分析歸納平均地權條例之立法內容，探討其不盡完備之處。

第五章「平均地權之全面實施」，對都市平均地權及全面平均地權之實施概況，作有系統之說明，復以統計數字顯示平均地權之實施成果，以明平均地權土地改革之貢獻，並分析探討實施成效不彰之由，建議應行改進之道。

第六章「平均地權條例之修正」，分就行政院對修正草案之研擬與政策之爭議、立法院之審議過程，暨現行條例之規定內容與修正特點等三方面詳予論述，以探究政策之變更、條例之規定與今後實施之準據。

第七章「結論」，評估　國父遺教有關平均地權之原則與方法，探討現行地價與地稅政策，針對所發生之問題提供具體改進對策，並指出此一土地政策促進土地使用之發展方向。

本書之撰述，首承仲師肇湘之指導，提示研究原則與途徑。撰寫期間，關於資料之蒐集，承政治大學陳博士義彥、黃教授正義，中國文化大學伍前總務長宗文，暨立法院內政委員會、內政部地政司地價科、秘書室公共關係科、總務司檔案科等單位先進之鼎力協助，乃得順利完

成，謹此致謝。內子簡玉華女士操持家務免致分心之餘並鼓勵有加，李老滿小姐、鍾秀儀小姐分別修飾、抄謄原稿，備極辛勞，併此誌感。

　　本書完稿，卽蒙三民書局劉董事長振強慨允出版，始有公表機會而能就正於方家，心感無旣，特致最大謝意。

王　全　祿　謹識

七十五年七月一日序於臺北市安和居

平 均 地 權

——政策、立法與實施——

目　　次

第一章　緒　論

第一節　研究動機

土地乃立國要素之一，　其面積有限，　非人力所能增損；　其地位固定，非人力所能變動；因土地具恒久之生產力，既是最重要生產因素，復為人類不可須臾或離之棲息場所。如其分配與利用不當，即形成土地問題，輕者引起社會之不平，重則影響人類之生存。是以古今中外之為政者，莫不以解決、改善土地問題為其施政重策。

「平均地權」為　國父領導革命之初所揭櫫的四大目標之一。我國憲法將之明定為基本國策，如憲法：

第一四二條：「國民經濟應以民生主義為基本原則，　實施平均地權，節制資本，以謀國計民生之均足。」

第一四三條：「中華民國領土內之土地屬於國民全體。人民依法取得之土地所有權，應受法律之保障與限制。私有土地應照價納稅，政府並得照價收買。附著於土地之鑛，及經濟上可供公眾利用之天然力，屬於國家所有，不因人民取得土地所有權而受影響。土地價值非因施以勞力資本而增加者，應由國家徵收土地增值稅，歸人民共享之。國家對於

土地之分配與整理，應以扶植自耕農，及自行使用土地人爲原則，並規定其適當經營之面積。」

此乃今日我國推行土地政策之最高指導原則。筆者感念憲法所列而體認：平均地權不僅爲行憲要務，復以其土地之自然漲價收歸大眾所共享，而成爲建立一安和樂利的均富社會之重要手段。由是其政策得失、立法良窳與實施成敗，關係國計民生影響深遠，遂引發筆者從事研究之動機，此其一。

民國三十八年卽於臺灣省著手推動土地改革：農地實施耕者有其田，市地實施平均地權。於農地改革方面，績效斐然，爲經濟帶來繁榮，爲政治帶來安定；更被譽爲開發中國家農地改革成功之典範。然市地改革方面，自民國四十三年公布「實施都市平均地權條例」於四十五年開始實施以來，歷經五次修正而至六十六年擴及全國。其成效則遠不如耕者有其田之農地改革，其中尤以遏止土地投機並求土地增值的權益歸諸公享之理想，尚待繼續努力。如今適值政策變革，平均地權條例大幅度修正之時，通盤研究、歸納與檢討，自屬重要而具有意義之工作，此其二。

民國六十六年「平均地權條例」修正公布全面實施，政府分期舉辦規定地價，中央主管機關亦派員分區督導；筆者有幸參與此項工作，自六十六年四月起迄六十七年底，負責督導臺南縣、臺南市、澎湖縣等地區籌辦規定地價事宜，深入基層面對問題，有關基層工作人員之建議，土地所有權者之反應；所見所聞，體驗深刻。又以職務之接觸頻仍，反復研討，自覺稍具心得。而筆者忝爲政府從業人員，每思平均地權土地政策之範圍廣泛，卻少有學術論著爲一完整而系統論述，容或有之，則著重學理之闡揚，間或有涉及實務者，亦多屬早期市地平均地權，而自全面實施平均地權以還，尤付闕如。且政府方面之文件資料，皆是階段

性之施政簡報，缺乏有系統之整理，筆者深覺此豐盈之資料散藏檔案，殊值珍視；爰就督導期間觀察所及之經驗與在內政部次長室多年接觸業務之心得，本諸敬業態度與研習興趣，參酌檔案資料，從事研究整理並提出建議，除供機關業務改進之參考外，並公諸社會，盼有助於政府施政之宣導，政令之推行，或利於他人再作深入之研究，此其三。

第二節　平均地權釋義

土地爲自然之贈品，人類生活之泉源，人力無法爲之增減。而欲以有限之土地以應日繁之人口，加之土地有其本身之特殊社會制度與歷史背景，誠難免造成土地利用與分配上諸多不平現象。十八世紀產業革命後，工商業發達，人口因之流入都市，其都市化結果，復形成都市愈繁榮發展，人口愈集中；基於生活空間之需要，遂使土地問題日趨嚴重；加以資本主義高度發展，更造成土地之集中吞併、投機操縱、壟斷居奇與鉅額不勞而獲之機會，引起了極嚴重之社會問題，亦構成人類生存之大威脅。故近代思想家、政治經濟學者有鑑於此，莫不苦心孤詣以謀解決之道。

國父高瞻遠矚，早於民國前八年在美國舊金山改組致公堂重訂新章程時，卽提出「平均地權」之解決土地問題辦法。並在民國前七年創立同盟會時，以「驅除韃虜，恢復中華，創建民國，平均地權」爲革命建國四大目標，以求「文明之福祉，國民平等以享之」。❶

「平均地權」一詞，其確切涵意自來看法不一，頗難一致，有者以「平均」解爲「等分」，以「地權」釋爲「土地所有權」，而認爲「平

---

❶ 國父全集第一冊，叁——二頁。六十三年再版，中央文物供應社。

均地權」乃「平均分配土地所有權」，是其誤解莫甚於此。職是之故，本研究乃依循　國父遺敎，參諸專家學者之界說與政府施政之範圍，先作意義之解釋與申明，俾此問題有所肯定。按平均地權爲　國父首創之土地政策，考諸遺敎，其範圍實囊括「農地改革」與「市地改革」兩方面；　其中關於市地改革是以「規定地價」、「照價徵稅」、「照價收買」與「漲價歸公」爲實施都市平均地權之內容要點，殆無疑義。惟農地以不同於市地之耕者有其田方法實施，而求得農地問題之解決，究其應否包括於平均地權範圍內，則迭起爭議。今詳觀　國父民生主義第三講：「我們要怎樣能够保障農民的權利？要怎樣令農民自己才可以多得收成？那便是關於平均地權的問題。」❷又：「我們解決農民的痛苦，歸結是要耕者有其田，這個意思就是要農民得到自己勞苦的結果。」❸則：「將來民生主義眞是達到目的，農民問題眞是完全解決，是要耕者有其田，那才算是我們對農民問題的最終解決。」❹由以上得知：平均地權亦是　國父用來解決農民問題與農地問題之土地政策，而不可誤以爲僅屬都市土地之平均地權措施。而農地方面之平均地權是以「耕者有其田」爲其具體辦法，一如市地之平均地權辦法是依據「規定地價」、「照價徵稅」、「照價收買」與「漲價歸公」之方式推行。故多數學者乃準此之意而有廣義界說，彼等視平均地權爲一種概念，是土地政策之另一代名詞，卽平均地權乃泛指全部土地行政而言，意爲農地歸農有，市地歸市有，富源地歸國有；當其轉化爲土地政策時，則包括施行於農地之「耕者有其田」，市地之「都市平均地權」，與天然資源地之「土

---

❷　國父全集第一册，壹——一五二頁。

❸　國父全集第一册，壹——二四八頁。

❹　同❷。

地國有」等範圍，此將爲最廣之平均地權涵義。❺ 惟部分學者咸以此界
說作爲研究之對象，似嫌過於廣泛與籠統，非論文專著能力之所及，遂
有縮小其範圍之主張，而以建國大綱第十條之規定——「每縣開創自治
之時，必須先規定全縣私有土地之價，其法由地主自報之，地方政府則
照價徵稅，並可隨時照價收買。自此次報價以後，若土地因政治之改
良，社會之進步而增價者，則其利益當爲全縣人民所共享，而原主不得
而私之。」❻ 爲解釋標準採狹義界說：卽平均地權是以「規定地價」、
「照價徵稅」、「照價收買」與「漲價歸公」爲實施方法，視「平均地
權」爲土地政策中的一種具體措施，因而「平均地權」之涵義遂有廣狹
之別。

　　民國十九年六月三十日，政府訂頒土地法，成爲我國第一部有關
農、市地之法典，並於二十五年三月一日明令施行，但因戰亂關係，無
暇及此，直至三十八年，始於臺灣地區實施土地改革：農地實施耕者有
其田，制訂「耕地三七五減租條例」、「實施耕者有其田條例」等等法
令，而以耕地之租佃、徵收、放領與承領爲主要內容。市地則實施平均
地權，初頒布「實施都市平均地權條例」又先後於四十七年、五十三
年、五十七年及六十一年局部修正，至六十六年再修正爲「平均地權條
例」，此時其範疇雖全面擴及市地與農地，而仍以「規定地價」、「照
價徵稅」、「照價收買」、「漲價歸公」與「土地使用」爲主要內容。
由此而觀其立法與實施，狹義「平均地權」之內涵更得以確立。

---

❺　參閱①蕭錚著：「平均地權本義」第十六、六十五、七十三及七十九頁，
　　民國五十五年初版，中國地政研究所。②毛育青撰：「國父對平均地權新
　　土地制度之設計」第九十五頁，文化學院五十四年碩士論文。③王鼎臣編
　　著：「平均地權之理論與實踐」第五十三頁，六十六年初版，黎明書局。
❻　國父全集第一冊，叁——三七〇頁。

綜上說明，「平均地權」之界說雖有廣狹之分，然政府之施政已將其具體範圍明確化；由是「平均地權」之意義，乃是透過「規定地價」、「照價徵稅」、「照價收買」與「漲價歸公」四大方法之施行，而達成「地權分散」、「地盡其利」、「地利共享」之目標。換言之，亦就是要使每個國民都能平均享受土地自然漲價之利益。而所謂「土地自然漲價」卽土地非因私人投施勞力或資本而產生之漲價，這種漲價係社會大眾共同努力之成果，理應歸由社會大眾共享。因此，實施平均地權之目的，在將土地因人口增加、社會繁榮、經濟進步及國家建設所產生之土地漲價，以課徵地價稅及土地增值稅方式，收歸社會大眾共享之。而平均地權既以「規定地價」、「照價徵稅 」、「照價收買 」及「 漲價歸公」爲實施方法，則此四大方法之意義及其相互間之關係如何，均有略加說明之必要，茲分述如後： ❼

（一）規定地價：爲劃分公、私地權界線之方法 。目的在規定私人現有地價，凡經規定地價後之漲價，屬於社會全體，亦卽私人所有土地之權利，僅限於現在之地價，而社會全體所有者爲未來無窮之漲價，故規定地價爲實施平均地權之基礎工作。

（二）照價徵稅：爲國家收取土地租稅之方法。因規定地價後，地主所報之地價， 既爲私人財產，而於土地私有期間， 仍由地主使用收益， 則自應向國家繳納「地租稅」。 照價徵稅之目的，在使土地之天然利益及社會文明所產生之改良地租不爲私人所獨佔，是實行土地權利國民公享之步驟，同時亦爲「規定地價」之輔助辦法，使私人照實報價以利照價收買及漲價歸公之施行。

---

❼　參閱①潘廉方等著：「平均地權研究論文集」第十頁，五十六年初版，中國文化學院地政研究所。②蕭錚著：「 平均地權之理論體系 」第一三九頁，五十七年二版，中國地政研究所。

（三）照價收買：爲國家保持地權分配平等之具體辦法。因國家得隨時收回私人地權，以爲分配需要之調整，而滿足缺乏土地者之要求，故私人僅可獲得地權而不能專占地權，此亦可維持土地之自由。照價收買又是規定地價之補充辦法，藉使申報地價更正確，地價稅制推行更便利，收取「漲價」更公平。

（四）漲價歸公：爲國家收取土地未來漲價之方法。卽在規定地價後之一切漲價，由土地持有人依法歸獻給國家，以供社會大眾所共享。且此法亦爲控制規定地價之手段，因報價過低，則將來漲價必高，因而可促使申報地價愈正確，以爲實行地價稅之張本，便利照價收買之推行。

以上四種方法，各有獨立之意義，而又有相互制衡之作用，必須同時實行配合實施，以收相輔相成、相互爲用之效，以期達成平均地權之理想。

第三節　研究範圍與方法

壹、研究範圍

臺灣土地改革，起自民國三十八年之耕地三七五減租，嗣經公有出租耕地放領，至民國四十二年施行耕者有其田，而成效大著，飲譽中外。政府復於四十三年，繼農地改革後，制訂「實施都市平均地權條例」，並在四十五年，選定臺北市等五十九個主要市鎮，舉辦規定地價，實施平均地權；期以此爲基點，逐漸擴大而全面實施，俾使「平均地權」成爲明確之土地政策。因此本文乃以政府施政中之「平均地權」爲範圍，就下列重點從事研究：

一、平均地權端賴「規定地價」、「照價徵稅」、「照價收買」、

「漲價歸公」四種方法之實施而達成，本文亦以此作爲研究主柱。

二、決定政策，從事立法，移諸實施，爲政府施政之程序。本文循此研究平均地權，係以「政策」、「立法」與「實施」爲重點。

三、平均地權爲 國父所手創，自應恭錄 國父遺教，並追溯早期之建制及平均地權土地政策之形成。

四、平均地權之立法乃指由「實施都市平均地權條例」至「平均地權條例」之立法過程而言；前者於四十三年創制立法，歷經四十七年、五十三年、五十七年及六十一年先後修正，其資料龐大，內容繁雜，若一一論述，實非本文能力所及，故本研究對四十三年之首次立法說明較詳，至於歷次修正，僅擇重點，作制度演變過程之闡明，以通達脈絡爲已足。而後者——「平均地權條例」係六十六年修正公布全國實施之立法，復於七十五年大幅度修正，其中政策之變革，立法之背景及其規定，均自當條分縷析，各以專章論列，並作分析探討。

五、平均地權之實施，係自四十五年起遵照上述條例所推行之工作概況，而對六十六年「平均地權條例」公布後之全面實施，更詳加研究，歸納其成果，檢討其得失。

六、綜合研究所得，評估遺教辦法，探討現行政策，並提出建議供爲採擇之參考。

貳、研究方法

平均地權之施行，歷經三十年之變革，其政策、立法與實施之資料既龐且雜，爲有系統之整理研究，自須講求方法以收事半功倍之效，而方法之採用每受基本假設與研究態度所左右。故基本假設之提出，研究態度之奠定，研究方法之取捨，三者相輔相成，前後一貫，茲分述如次：

一、基本假設:

(一) 土地改革，首要關鍵在健全而完整之法制，因此法制之分析是必要之工作。

(二) 徒法不足以自行，健全之法制必賴有利之執行，執行若不力或嚴重偏差，則優良法制將致破滅。

(三) 法制有其時間或空間限制，信奉主義，把握原則，建立法制，移諸實施，其間有其可變或不可變者；主義與原理爲不可變者，而從屬原則之方法，因受時空條件之變化，則需作斟酌損益，如有更精良之法以實現原則，貫徹主義，則遺教所定之方法，應該可以修正。❽

二、研究態度:

(一) 關於第一項假設是靜態的，是對平均地權之歷次立法，作法條內容之分析、綜合、歸納與比較。

(二) 關於第二項假設是動態的，法制得以運作，不僅於立法過程作審愼研訂，且能轉化而爲一種貫徹實施之活動體，兩者均須深入觀察、探討與驗證。

(三) 關於第三項假設是生態的，法制乃是隨時代之需要，環境之變遷，不斷地自求適應，自謀調整，人爲之研究可作爲一種引導與指針。

三、研究方法:

本研究資料之蒐集以原始檔案爲主，以研究文獻、輿論反映及實地瞭解爲輔，其方法:

(一) 制度研究法: 針對第一項基本假設及研究態度，採用制度研

---

❽　參閱仲肇湘撰:「爲研究　國父遺教開闢新天地」一文，東方雜誌第一卷第一期。

究法，對平均地權遺敎與立法條陳分析，並指出其精神所在。

（二）行爲研究法：針對第二項基本假設及研究態度，採用行爲研究法，就平均地權之實施經驗、輿論反映與實地瞭解等方面，來探究法制之實際運作與功能。

（三）歷史研究法：針對第三項基本假設及研究態度，採用歷史研究法，以進化之觀點，觀察平均地權立法之發展過程，探討實施之利弊得失，以指出其可變、應變之發展趨向。

（四）政策研究法：平均地權之「立法」與「實施」爲本文之研究重點，而此兩者同受「政策」之指導與規範，因此，前述三種研究方法，不論其爲制度研究法之法制分析、行爲研究法之實施觀察或歷史研究法之進化發展，均以政策爲依歸，準此，本文操政策研究法而總其成。

第二章　平均地權政策之形成

第一節　中國歷代土地政策之沿革

　　土地爲萬物之母，人類居其間，是吾人依存之所賴，舉凡衣、食、住、行無不源於土地，人類若無土地，勢難將養生息。同時人類生存之場所，則須具便利之地形，適宜之氣候，及相當之沃度，始能應人類之需。故人類亘古以還，恒以尋求妥善運作土地之事，爲重要之務。以我國而言，早於遠古時代卽已發生土地使用問題，惟原始時代，地廣人稀，穴居野處，生活簡單，尚不覺土地之迫切需要。其後人口逐漸增多，仰賴土地之增產，以供日益增繁之民需日切。於是土地對國人生活之影響，乃日趨顯著，卒因生存空間有限而發生土地之爭佔，其嚴重者，逐導致社會之動亂。因此，歷代爲政者莫不籌思對策，以求解決土地之問題，俾免互爲爭奪而利羣居。同時爲因應當時環境之需要亦各自建立不同之土地政策。今人按其歷史發展之過程，及其改革措施，自太古至清末，將之約略分爲五個階段： ❶

---

❶　王文甲編著：「中國土地制度史」第一頁，五十六年臺三版，正中書局。

壹、土地共有時期

人類進化因環境不同，而有遲速之別。溯諸歷史，任何國家民族，其進化歷程，蓋由漁獵而游牧，而進至農業，其後始工商興起。我國歷史起源雖早，但在國家組織未發生前，人類社會乃氏族階段，其生活方式大同小異，皆賴漁獵與游牧為生。彼時地廣人稀，文化未開，逐水草而居，易於流動，其所牧畜之地區，係臨時性質，無私有之必要，且國家組織尚未發生，故其所據有之土地，自無國有之稱，僅能視為部落或氏族所共有，我國三代以前之土地屬之，稱之為土地共有時期。此期間土地之佔有，具有下列幾項特徵：❷

一、所佔有之土地，既不屬每一個人，亦不屬每一家人，乃是一個氏族團體所公有，而馬、牛、羊等其他財產，亦皆為氏族所共有。

二、在人類原始時代，人口少、土地廣，因極易覓得廣大之生活場所，故當其地上物用盡或食盡後，即無條件遷移他處，另尋生活。

三、其所使用者，僅限於土地上自然生長之水草，並非從土地之耕耘中培養其生活必需品。

貳、土地國有時期

夏朝之開國，始於大禹，由其平水患、擴充土地、改曆法以利農作之政績，即可推斷人類已逐漸進化到農業時代，開始有固定之居處，並耕耘土地，種植五穀，自此生活之所需皆仰給於土地，而與土地發生密切之關係。孟子所言「夏后氏五十而貢，殷人七十而助，周人百畝以徹，其實皆什一也」，此乃古籍中，有關三代時期土地政策之最早而明

---

❷　凌清遠撰：「平均地權之研究」第三十二頁，文化學院六十二年碩士論文。

確之論述。按：夏代每夫受田五十畝，以每年收穫之十分之一爲租稅，納之公家，是爲貢法。殷代每夫受田七十畝，土地畫爲井字形，外爲私田，八家分種，中爲公田，八家共耕，以勞力代租稅，是爲助法。周代每夫受田百畝，共同耕作，以其收穫之什一歸公，而平分其餘，是爲徹法，此卽爲史乘所稱道之「井田制度」。❸

　　至若井田制度之有無，古來論辯紛歧，學者考據，亦頗多存疑。❹今就詩經「普天之下，莫非王土，率土之賓，莫非王臣」之文，足證三代之土地爲君主所有，亦卽爲國家所有。故土地國有制度，可謂濫觴於夏代，發展於殷商，發達於周朝，共實行千餘年之久。

叁、土地私有萌芽時期

　　我國夏、商、周三代之社會，是由漁獵、游牧而進步至農耕時期，土地國有係以貴族爲中心，由天子而諸侯而卿大夫，土地皆屬貴族所有，庶民僅有土地使用權。然自春秋以降，封建制度漸遭破壞，尤自戰國以後，諸侯互爭雄長，戰事頻仍，土地之爭奪，日益加劇，且戰爭範圍擴大，爲求致勝，幾至全民皆兵，農民遂加入戰爭行列，輒因戰功而地位提高，得與貴族並列而取得土地之權利，土地公有制度乃逐漸瓦解；歷秦、漢、魏晉而至北魏，約八百餘年，爲初期土地私有時期，而此期之重要土地政策有：

---

❸　（一）參閱黃通著：「土地政策原論」第二十六頁，五十年初版，臺灣土地銀行研究處。

　　（二）孟子之後，王制、周禮、公羊傳、穀梁傳、韓詩外傳、何氏訓詁，暨漢書食貨志等均有闡述。

❹　張傳璽編著：「中國歷代農田制度之嬗變」第八頁，五十年初版，時事教育資料社。

一、商鞅之變法：

秦朝厲行中央集權，至孝公時，用商鞅爲相，廢井田，開阡陌，變法實行農戰政策，令民歸心於農，闢草萊，盡地利，以期國富兵強，卽「廢井田，開阡陌，任其所耕，不限多少，數年之間，國富兵強，天下無敵」❺，土地成爲私有，又可自由買賣，因之豪富之家，爭相購買而大量集中，其結果爲「富者田連阡陌，貧者無立錐之地」，❻貧富懸殊，此爲亡秦之重要原因之一。

二、漢代之限田：

漢朝一統天下之時，其土地於兵亂中，飽受買賣、兼併、壟斷、剝削之蹂躪，而其分配則更形不均。起自草莽之劉邦，理應深知民間疾苦，卻不敵商業資本之誘惑，竟無所措施於土地私有所產生之諸種弊端，以謀解決之道。至武帝年間，始有董仲舒者，針對土地兼併之流弊，建議漢武帝採限民田，「對土地之所有立限，意卽占田」。惜武帝未採納，僅於抑制商賈措施中，限制其不得佔有土地。至漢哀帝卽位，師丹輔政，重申限田之議，雖被採納，但因權臣反對，而未見有效實施。

三、新莽之王田：

王莽篡漢，於建國元年，毅然下令頒古井田制，詔曰：「更名天下田曰王田，不得買賣，其男口不過八而田過一井者，分餘田與九族鄉黨。故無田今當受田者，如制度。」，❼是爲王田制度。

四、西晉之占田：

---

❺　見杜佑通典，引自潘廉方著：「平均地權研究論文集」第二四八頁。

❻　見漢書食貨志，引自同前註。

❼　漢書王莽傳，引自同❷，第四十一頁。

王莽敗亡，東漢建立，以至三國，土地復歸農民私有，迨及西晉，始行占田之制：　男子一人占田七十畝，　女子三十畝，　其丁男課田五十畝，丁女二十畝，次丁男半之，女則不課。以上男女占田合為百畝，而課田合為七十畝，即是課其十分之七的田租❽。此種制度，始全國官民以一定之土地，令其自耕，以免兼併，似與土地國有相仿，但政府僅定占田之數量，而無還田之方法，實未脫土地私有之範圍，其結果仍不免發生土地兼併之現象。

肆、土地國有復興時期

南北朝時期，為我國土地改革之輝煌時期，其中以北魏孝文帝實行「均田制」最受稱道，此制使百姓得依其年齡、性別而授田、還田。不但恢復土地國有之制，亦為我國田制實際改革之始。其後隋、唐因之，共歷二百六十餘年，　是為土地國有復興時期，　概括其重要土地政策如下：

一、北魏之均田：

北魏承中原動亂之後，佔有中國北部平原，其時人煙稀少，土地荒蕪。魏孝文帝雖起至胡族，頗識民生凋蔽，乃採李安世之議而創均田，力圖增產。究其辦法，可得下列五重點：❾

（一）受田種類：平民所受之田，有露田、桑田、麻田和宅田。

（二）還受規定：還受田地，只限於露田。麻田、桑田不受還田限制，人民達賦課年齡，即行受田，老邁和身歿時還田。若依奴婢、牛所

---

❽　同❹，第二十二頁。

❾　孫劍青編著：「中國歷代土地制度史的研究」第六十二頁，六十五年，正中書局。

受得之田，則隨牛和奴婢之有無決定還受。

（三）一般限制：已受田之平民，於其居所之土地，足够分配者，不得無故遷移，更不得避勞就逸而遷移，平民僅及定限之田不許出賣，其田已達應受之限定，則不許再買入。

（四）通融辦法：均田之規定，係將無人耕種之田地，按法定規則，分配予無田而有耕種能力者，並有年齡之限制，因此田地過多者，或超過定額限度者，即不受不還，但田地不足定額限度者或已超過定額限度者，則鼓勵他們買賣。

（五）官吏公田：官吏按等級高下，作爲給田多寡之依據，受給之田地，當其離職時，則須交予後任，不得有變賣之情事。

其後之北齊、北周及隋，大體沿襲北魏之均田制，其中僅授田數額、時間和受還田年齡之規定，稍有更易而已。

二、唐之永業、口分田：

唐高祖滅隋後，於武德七年，實施計口授田制度，將土地分「永業田」與「口分田」，前者占十分之二，後者占十分之八。所謂「永業田」，大抵爲種植桑榆之田，身死由承戶者襲之；所謂「口分田」有如露田，身死則收入官，更易他人。丁男十八歲以上者給田一頃，篤疾廢疾者給田四十畝，寡妻妾三十畝，若爲當戶者則增二十畝，但皆以二十畝爲永業，其餘口分。❿似與均田制頗相近。

均田制由北魏所創，歷北齊、北周、隋朝而至唐代中業，其積弊已多，究其主因乃法制之本身欠妥所致，如規定對遷徙或貧窮無以爲葬者，准其出賣永業田，且對從狹鄉遷居寬鄉者亦可出售口分田而不予收回，自是導致土地之自由買賣，且助長豪富之兼併，再加上天寶年間安

---

❿　參閱同❺，第二五一頁及❷，第四十五頁。

史之亂，均田之法，遂告全廢，土地國有制度到此亦告一段落。

伍、土地私有確立時期

自唐代中業安史亂後，歷五代、兩宋、元、明、清各朝，均田破壞，土地為私人所有，一千二百餘年來，其根深蒂固，牢不可破，土地私有制度因之確立。其間之重要土地政策有：

一、唐代中業後之莊田制：

莊田制度繼均田遭毀壞後取代而起，其時王公以下之各諸侯、百官、豪強、富室等之土地，除由朝廷所賜予外，或買貧民之田，或佔荒蕪之地，而將之普設莊園，廣招莊戶，代為耕種，坐食田租，又置莊吏管理，猶若地主之與佃農，於是莊園之設置，蔚為一時風尚，遍及全國，而其流弊所致，土地兼併、貧富懸殊日甚，為害深遠，直至宋、元、明、清諸朝而未減，此亦為後世「租佃制度」之起源。⓫

二、宋代田制：

五代共五十餘年，各朝國祚極短暫，其田制亦無特殊可言，及至宋代，土地之集中繼續未已，民生愈見塗炭。真宗後，因徭役未善，農民迫賣田產，豪民隱庇差徭，乃立「限田法」，但為環境所迫，未幾即廢。而其黨爭之憂，與邊疆多事，致宋代岌岌可危，積弱不振。神宗即位，銳意求治，用王安石為相，推行新法，以「方田」均賦稅，「免役」省民力，講求「農田水利」以盡地利，然格於士大夫之清議，未能奏效。⓬南宋雖有「經界法」、「推排法」之倡行，惟偏安江南，疆土日蹙，上下酣嬉，對於土地改革，毫無建樹可言。

⓫　同❶，第二二七頁。

⓬　蕭錚著：「平均地權的理論體系」第八十四頁。

三、元代田制：

元爲游牧民族，入主中國後，仍不改其習俗，王公貴戚等時常括占民田，作爲牧場；前代莊園亦大多入官，稱爲「官田」，分賜臣下。其土地政策除人民所有之土地，繼行土地私有制度之外，雖尙有「祖種」、「軍墾」、「賜田」、「職田」諸種處理辦法；然元朝主政者，皆爲蒙古人，以游牧爲主，未知農耕制度之重要，加以王公貴族佔有民田，予取予奪，殘酷剝削，民不聊生，遂引起農民之普遍反抗，導致覆亡之運。

四、明代田制：

元末各地羣雄舉兵叛亂，兵燹連年，地竭民疲，明初一統天下，爲安撫流離，從事生產，乃提倡復墾。初實施「授田」，每人授細田十五畝，倘有餘力，則不限制頃畝，聽任開闢耕作，⑬其後卽盛行莊田制。

莊田制起源於唐代末葉，宋效之，元普遍化，而明代尤盛。太祖分封諸王功臣，賜給勳臣、公侯、丞相田。並有皇莊、中官莊田和寺觀莊田之稱，盡括全國大部份肥沃之土地，莊田規模爲歷代所未有，農民土地遂大量喪失，加以賦稅苛重，相繼逃亡者日眾，爲社會帶來巨大之動亂，而明代政權至此瀕臨末路。

五、清代田制：

滿清入關，爲酬報有功人員，乃圈括明朝之皇莊與官莊之地，分予滿人使用，且允旗人於民間自由圈地，沒收漢人房地，以爲「莊園」、「旗地」，而有莊田、官田之設置，前者分八旗莊田，皇室莊田與宗室莊田，後者包括籍田、祭田、學田、牧場與圍場。

清代除上述之公有土地外，亦繼續實行土地私有制度，其土地集

---

⑬　同❹，第四十四頁。

中，地主僱農耕作，農民生活極為困苦。其間雖曾有限田之議，但為朝臣反對，而未臻實效。復以官方之侵佔、圈地、私有之兼併、壟斷，自乾隆以降，內亂迭起，乃有太平天國之革命，其土地改革之理想為：「凡天下之田，天下人同耕，有田同耕，有飯同吃，有衣同穿，有錢同使，無處不均勻，無人不飽暖也。」其土地政策是「分田照人口，不論男婦，算其家人口多寡，人多則分多，人寡則分寡，雜以九等，如一家六人，分三人好田，分三人醜田，好醜各一半，凡天下田，天下人同耕，此處不足，則遷彼處，彼處不足，則遷此處。凡天下田，豐荒相通，此處荒，則移彼豐處，以賑此荒處，彼處荒，則移此豐處，以賑彼荒處，務使天下共享。」此為天朝田畝制度❹，頗近乎民生主義之土地政策，惟以太平天國年祚甚短，兵戎倥傯，迄無安定局面，故無暇實施。

第二節　　國父遺教之昭示

平均地權為　國父手創之土地政策，吾人欲瞭解民生主義中平均地權之真諦，則應將有關平均地權之遺教，作一有系統之歸納，以仰體國父之本意，而為訂定平均地權土地政策之準繩，亦求產業革命與社會革命得早日畢其功於一役。故本節試從下列三方面以探求平均地權在國父遺教中之構想。

壹、平均地權之思想淵源

國父對平均地權之主張，一方面承繼前節所述我國歷代土地改革之

---

❹　同❷，第五十三——五十四頁。

主流，如其言:「中國古時最好的土地制度是井田制，井田制的道理，和平均地權的用意是一樣的。」「像周朝所行的井田制度，漢朝王莽想行的井田方法，宋朝王安石所行的新法，都是民生主義的事實。」但因時勢變遷，「井田之法，旣板滯而不可復用，則惟有師其意而已。」另一方面則深受西洋思潮及制度之影響， 國父自述其民生主義思想是在西元一八九六年，自美赴歐，於倫敦蒙難脫險後始形成的。當時影響歐洲社會甚大之土地改革運動及其理論，深爲 國父所注意者有:

一、李嘉圖 (David Ricardo) 之差額地租論

李嘉圖根據經濟理論，首創「地租學說」，認爲地租卽指土地固有不滅的地方，由勞動者按時支付給地主之部份。因此地租與任何資本或勞力之使用無關，僅來源於土地所含之自然力，易言之，地租乃不勞而獲之物也。隨後他更指出: 一國之內，土地面積有限，品質（肥瘠）不同， 位置亦爲優劣， 耕種優等地與劣等地， 其所付之代價（勞力與資本）相同，而收穫則有不同，如此產生之地租形成差額，優等地之地租增加，地主未增加勞費，卻坐享其成而犧牲其他階級之利息，此卽爲「差額地租論」，帶給土地改革運動新的理論基礎。

二、約翰密勒 (John Stuart Mill) 之土地社會價值共享說

約翰密勒爲十九世紀著名之經濟學者，受其父之影響，以其由社會造成之增值歸社會所有之觀念，逐而提出土地漲價歸公之具體主張，並於一八四八年發表 「政治經濟學原理」（Principles of Political Economy) 之名著，在研討地租一章中，指出土地非人類所創造，乃全體社會共同繼承之財產，而地租之不斷增漲，是社會進步之功，地主不費所貲，竟坐享其成，實須予以特別課稅，收歸公有。逐於一八七〇年組織「改善租佃委員會」（Land Jenure Reform Association)，以宣揚主張。

三、亨利喬治 (Henry George) 之土地單一稅論

亨利氏爲美國社會學者，出身寒微，備嘗艱辛，而洞悉社會實情，乃於一八七九年發表「進步與貧困」 (Progress and Poverty) 之大作，其書依李嘉圖之地租理論，闡述有關土地公有之見，認爲人口增加後，勢將大力耕作土地，致地租上漲不已，然受益最大者卻爲地主，而此社會繁榮所帶來之好處，悉爲地主所有，亟不公允。故欲救此弊，自不可如約翰密勒所提，僅就「未來的地租」課稅，而須將「現有之地租」授課稅之法，以予沒收。如此，私有土地表面雖未充公，實則其價值已歸公有。以故政府但徵此種土地稅，便足敷一切用度，其他稅收，則可豁免矣，此之謂「單一稅」論。

四、西方國家之先例

從一八九〇年至一九一〇年此一時期，西方諸國如英、德、加拿大、澳洲等皆有關於課徵地主不勞利得之立法，美國亦有若干城市因此種土地上之不勞利得，而激起社會上大風潮，促使　國父徵收地價稅之信心因之而增強。德國於一八九八年占租我國膠州灣（青島）後，於一九〇六年頒布土地法，規定實施土地增價稅辦法；稅率則規定地價稅徵收土地現值百分之六，對土地之出售，須以其純益之百分之三十三又三分之一繳歸政府，於彼時是爲世上最高之不勞利得稅法。同時並規定凡經二十五年屆滿，由政府重行估價，依估價所增價格課取增值稅。德國各城市原行土地移轉稅制，自青島增價稅法實行後（法蘭克福曾於一九〇四年施行），隨後各城市政府紛紛採用。在一九一一年至一九一三年間，曾一度改行帝國土地增價稅，其稅率採累進制，最低稅率爲百分之十，最高爲百分之三十，限於土地買賣移轉時課徵之。

英國於一九〇九年自由黨執政時期制定財政法案，通過實行估定地價，徵課土地增價稅。依照稅法之規定，僅以對基地之增價爲課稅之標

的，於土地因買賣或繼承而轉移時徵課之；另外又規定法人所有之土地
屆滿十五年無移轉時，如地價增漲，亦可對之課稅，但所課徵之稅率極
輕，對於土地之自然增價，僅課稅百分之二十，增價不及原價值百分之
十者免稅。但至一九一七年卽停止徵稅，此因英國推行土地增價稅，全
國徵收之對象不及一千一百萬宗，而卻雇用了估價稅吏數千之眾，徵收
稅款少而開支龐大，且估價制度不合理，故而停止實施。此亦使 國父
深感由地主自由申報地價之法當較爲妥善，進而決定其「照價徵稅」及
「照價收買」之方案。而紐西蘭於一八九一年所規定由地主自報地價，
政府如認過低而可照價收買之徵收地價稅法，亦或多或少影響 國父所
主張的地主自報地價與照價收買之決定。⑮

　　國父將上述諸位學者之理論，依據我國國情，融會貫通，取長補
短，兼容並蓄，乃首創「平均地權」論，以爲我國土地改革之圭臬。民
前七年， 國父於東京組同盟會時，四大政綱中之「平均地權」是以「
定地價」和「漲價歸公」爲實施之法，期使地主將來不勞而獲之增漲地
價收歸公享，此卽受約翰密勒之影響。自民國元年起， 國父在著述及
演講中，又將平均地權之意義加以演進，而兼採亨利喬治之學說與當時
英國土地國有派之主張，增加「照價徵稅」和「照價收買」兩種方法。
使擁有土地者，無利可圖，其不需之土地，遂得出賣放棄，無土地之
人，若不需用土地，亦不願競購，則土地之壟斷自可終止，土地投機自
然消滅，需用土地者，也可廉價取得之。地權之分配卽可自趨平均，而
達成平均地權之目的。

---

⑮　參照侯仲智撰：「都市平均地權中土地漲價歸公之研究」第二章，文化學
　　院五十九年碩士論文。

貳、平均地權之要義說明

　　民國紀元前七年，　國父創立同盟會，即以「驅逐韃虜，恢復中華，創建民國，平均地權」爲革命四大目標。並於同年「中國同盟會軍政府宣言」謂「文明之福祉，國民平等以享之。當改良社會經濟組織，核定天下地價。其現有之地價，仍屬原主所有，其革命後社會改良進步之增價，則歸於國家，爲國民所公享。肇造社會的國家，俾家給人足，四海之內，　無一夫不獲其所。敢有壟斷以制國民之生命者，與眾共棄之。」⑯

　　民國十年六月，於廣州中國國民黨特設辦事處成立會上之演講，亦提及「講到民生主義，兄弟已經定了很好的辦法，這個辦法，就是實行『平均地權』。……平均地權一部分的手續，就是『定地價』。就關於定地價的手續來說 …… 極其簡單而又極公平，就是令人民自己報告地價，政府只限以兩種條件：一條是照原報的地價，行值百抽一的稅率；一條是照原報的地價，政府可以收買。這個辦法便可以使人人不敢欺蒙政府，不致以多報少，或者以少報多，……因爲人民把自己的地價報告到政府了之後，政府一面固然隨時可照價收買，但是一面可以不買，還要照價抽稅。」⑰

　　綜觀以上講詞，得知平均地權之本旨，乃是將土地因社會改良進步所增加之地價，歸諸公享。而欲「使文明之福祉，國民平等以享之。」則必須實施「規定地價」、「照價徵稅」、「照價收買」與「漲價歸公」等平均地權之四大方法。至於其要義，　國父曾有多次說明，謹依

---

⑯　國父全集第一册，叁──二頁。
⑰　「三民主義之具體辦法」一文，見「國父全集」第一册，壹──二一八頁。

其時間先後，擇要恭錄如次：

一、規定地價：

「解決的法子，社會學者所見不一。兄弟所信的，是定地價的法子。」⑱

「卽調查地主所有之土地，使自定地價，自由呈報……國家據其地價，載其戶籍，所報之價，卽爲規定之價。」⑲

「隨地主報多報少，所報之價，則永以爲定，……而此後所有土地之買賣，亦由公家經手，不得私相授受……」⑳

「平均地權一部分的手續，就是『定地價』。兄弟所規定底辦法，極其簡單而又極公平，就是令人民自己報告地價。」㉑

從以上節錄之文字，則規定地價可歸納四個特點：

（一）地價由地主自行申報。

（二）全面實施申報地價。

（三）所報地價永以爲定。

（四）土地之買賣、繼承、贈與，均須由政府登記，不得私自辦理。

二、照價徵稅：

「從前人民所有土地照面積納稅，分上、中、下三等，以後應改一

---

⑱ 民國紀元前六年十二月二日，民報紀元節，在東京演講「三民主義及中國民族之前途」一文，見「國父全集」第一冊，壹——一七七頁。

⑲ 民國元年十月十五日至十七日，在上海對中國社會黨演講「社會主義之派別與方法」一文，見「國父全集」第一冊，壹——二〇三頁。

⑳ 民國九年春「地方自治開始實行法」，見「國父全集」第一冊，叁——三六六頁。

㉑ 同⑰。

法，照價納稅。」㉒

　　「照價納稅之法，淺而易行。宜令有土地之家，有田畝多少，價值若干，自行呈報，國家卽準是以課其若干分之一。」㉓

　　「蓋地是天然的，非人爲的。就地徵稅，義所應有。卽此已足國用，一切各稅皆可豁免。又只抽地之原價，凡需人力，如建築上蓋等，概不抽取，……至抽取之數，鄙意則擬值百抽一。」㉔

　　「荒地有兩種：其一……其二……爲有人納稅而不耕之地，此種荒地，當科以值百抽十之稅。」㉕

　　「照價納稅者，卽爲值百抽一法，例如每畝值二十元，納稅二毫，累進以至於每畝值二十萬元者，納稅二千元。」㉖

　　綜上引述　國父之意見，照價徵稅有以下四個特點：

　　（一）照價徵稅是以素地爲準。

　　（二）稅率爲值百抽一。

　　（三）對荒地課徵重稅，實施值百抽十。

　　（四）行土地單一稅制。

　　三、照價收買：

　　「國家立地契之中，應批明國家當需地時，隨時可照地契之價收

㉒　民國元年四月一日在南京同盟會會員餞別會演講「民生主義與社會革命」一文，見「國父全集」第一册，壹——一八〇頁。

㉓　民國元年五月四日在廣州東園，對新聞界歡迎演講「平均地權」一文，見「國父全集」第一册，壹——一八〇頁。

㉔　民國元年六月九日在廣州行轅，對省議員及報界記者演講「地權不均則不能達多數幸福之目的」一文，見「國父全集」第二册，捌——二十頁。

㉕　同㉒，叁——三六七頁。

㉖　民國十年十二月十日，在桂林對滇、贛、粵軍演講「軍人精神教育」一文，見「國父全集」第二册，捌——一四二頁。

買，方能無弊。」㉗

「若修道路，若闢市場，其所必經之田園廬墓，或所必需之地畝卽按照業戶稅契時之價格，國家給價而收用之。」㉘

「以後地主苟有不以代價換得之地產，槪歸爲國有。地主得自行定價，但國家有權隨時依地主自定之價，購其地產。」㉙

「但政府可以先將地價照現時之額限定，而僅買取所須用之地；其餘之地則作爲國有地未給價者，留於原主手中，任其使用，但不許轉賣耳。」㉚

「有一塊地，價值是一萬元，而地面的樓宇是一百萬元……如有照價收買，就要一萬元地價之外，另要補回樓宇之價一百萬元了。其他之地，若有種樹、築堤、開渠，各種人工之改良者，亦要照此類推。」㉛

歸納以上　國父演講，關於照價收買有要點三：

（一）國家須用土地或地主低報地價時，政府照價收買。

（二）實施照價收買，可採分期分區給價之辦法。

（三）地上改良物應一併收買。

四、漲價歸公：

「上海今日之地價，較昔日增加，奚止千倍？……故吾人當早爲籌

㉗　同㉒，壹——一八一頁。

㉘　同㉓。

㉙　民國十一年十二月九日在上海，對約翰・由萊斯福特談「對於勞資問題及國家社會主義之意見」一文，見「國父全集」第三册，拾壹——四十八頁。

㉚　民國十年十月十日實業計劃第二計劃第一部東方大港，見「國父全集」第一册，叁——二五九頁。

㉛　民國十三年八月十日在廣東高等師範學校，演講「民生主義第二講」一文，見「國父全集」第一册，壹——一四六頁。

謀，使將來土地增益歸之社會，不致爲佔據土地之資本家所有也。」❸❷

「若非地主之力，則隨社會進步而增加之地價……應歸社會公有。」❸❸

「由眾人所用之勞力以發達之結果，其利益亦眾人享有之，不平之土地壟斷、資本專制可以免卻，而社會革命、罷工風潮能消弭於無形。」❸❹

「地價定了以後，我們更有一種法律的規定。……地價漲高，是由於社會改良和工商業進步。……應該歸之大眾，不應該歸之私人所有。比方有一個地主，現在報一塊地價是一萬元，到幾十年之後，那塊地價漲到一百萬元，這個所漲高的九十九萬元……都已歸眾人所有。」❸❺

從以上有關漲價歸公之文字中，吾人可瞭解：

（一）漲價歸公是平均地權重心所在，也是達成民生主義土地政策最重要之一環。

（二）土地因地主施以勞力與資本之漲價，歸地主所有。

（三）土地因社會文明之進步的漲價，全部歸公。

叁、平均地權之具體主張

中國國民黨於民國十二年元旦發表改進宣言，其有關平均地權土地政策者，爲三之甲「由國家規定『土地法』、『使用土地法』及『地價稅法』。在一定時期以後，私人之土地所有權，不得超過法定限度。私

---

❸❷　民國元年「中國之第二步」一文，見「國父全集」第二冊，柒——四十六頁。

❸❸　同❶❾。

❸❹　同❷⓪。

❸❺　同❸❶，壹——一四五頁。

人所有土地，由地主估報價值於國家；國家就價徵稅，並於必要時，得依報價收買之。」⑯

民國十三年一月二十日，中國國民黨召開第一次全國代表大會，發表宣言，並重申三民主義革命之本旨，宣言中「國民黨之本義」內有關「民生主義」一節，謂「國民黨之民生主義，其最重要之原則不外二者：一曰平均地權，二曰節制資本。蓋釀成經濟組織之不平均者，莫大於土地權之爲少數人所操縱，故當由國家規定『土地法』、『土地使用法』、『土地徵收法』及『地價稅法』。私人所有土地，由地主估價呈報政府，國家就價徵稅，並於必要時依報價收買之。此則平均地權之要旨也。」⑰又「國民黨之政綱」中「對內政策」亦云：「由國家規定『土地法』、『土地使用法』、『土地徵收法』及『地價稅法』。私人所有土地，由地主估價，呈報政府，國家就價徵稅，並於必要時得依報價收買之。」⑱

民國十三年四月十二日，國父手訂建國大綱，其中關於平均地權者爲第十條：「每縣開創自治之時，必須先規定全縣私有土地之價，其法由地主自報之，地方政府則照價徵稅，並可隨時照價收買。自此次報價之後，若土地因政治之改良，社會之進步而增價者，則其利益當爲全縣人民所共享，而原主不得而私之。」⑲

綜上所引宣言、大綱，是屬較正式之文件，自較其他演講、著述更爲具體且條文化。平均地權土地政策，不僅以全面規定地價、照價徵稅、照價收買、漲價歸公爲實施綱領，且應從事立法，如「土地法」、

---

⑯　見「國父全集」第二册，肆——三十五頁。
⑰　同前註，肆——四十八頁。
⑱　同前註，肆——五十一頁。
⑲　「國父全集」第一册，叁——三七〇頁。

「土地使用法」、「土地徵收法」及「地價稅法」等作爲實施之準據。

平均地權是　國父爲解決中國土地問題，集古今中外土地政策之精華而創立。吾人從以上歸納，當可增進對民生主義平均地權內容之瞭解，進而確定政策，從事立法，移諸實施，以貫徹主義之主張。惟我們於實現主義過程中，也應有深切之認識：　國父遺敎博大而精深，有體有用，其大經大法之「體」，可經久而不變，而屬實施方法之「用」，則有因時損益之可變性。平均地權土地政策，亦復如此。我們恭讀遺敎之昭示，應本此原則，善解　國父之本意，遵照　國父在其演講本三民主義自序中所言：「尙望同志讀者，本此基礎，觸類引申，匡補闕遺，更正條理，使成一完善之書，以作宣傳之課本，則其造福於吾民族、吾國家，誠未可限量也。」❹因此，如何明「體」達「用」，以便做到國父之期望「適乎世界之潮流，合乎人情之需要」，這當是我們實施平均地權應有之體認與責任。

第三節　訓政時期之建制

民國始肇，以袁世凱稱帝於先，張勳復辟於後，軍閥繼之割據，內戰接踵，致社會混亂而無一統之政府，故土地制度亦無從建立。迨民國六年，　國父決計南下組織軍政府，繼續爲統一全國而奮鬥，乃於民國十一年開府廣州時，成立「土地局」，主辦土地行政，並頒布「土地稅條例」，其內容爲有關申報地價與地價稅等事項之規定。惟當時時局不靖，未能實施；民國十三年，　國父又聘請德國土地問題專家單維廉博

---

❹　民國十三年三月三十日　國父序於廣州大本營，見「國父全集」第一册，壹——一頁。

士 (Wilhelm Schrameier) 爲顧問，著手研擬廣州市土地徵稅方法，單維廉氏以其在膠州所實施之經驗，而擬定「土地登記徵稅法」三十餘條，由土地法規審查委員會審核後，用廣東省政府名義公布施行。上述二法，皆屬徵收土地稅之方法，其條文簡略，僅適用於都市土地，但爲民國肇造以來最早之土地立法。

壹、土地立法之九項原則

民國十六年國民政府奠都南京，全國統一。十七年十月十日頒布「訓政綱領」，軍政結束，開始訓政，並成立五院。隨卽由立法院院長胡漢民先生依據 國父平均地權之遺教，擬具「土地法原則」九項，提經國民黨中央政治會議第一七一次會議通過後，於民國十八年一月十六日送交立法院，作爲制定土地法之依據，亦卽土地法之目的與根本精神所在。此九項原則及所附說明，全文如下：

「國家整塊土地之目的，在使地盡其用，並使人民有平均享受使用土地之權利，總理之主張平均地權，其精義蓋在乎此。欲求此主張之實施，必要防止私人壟斷土地，以謀不當利得之企圖，並須設法使土地本身非因施以資本或勞力改良結果所得之增益，歸爲公有，爲求達此目的之惟一最有效之手段，厥爲按照地值徵稅，及徵收土地增益稅之辦法。茲將此項辦法所根據之原則，及與原則有關係之主要各點，分別說明之：

（一）徵收土地稅以地值爲根據

總理主張由人民（卽土地所有權者）自由申報地價，以所申報之數額爲徵稅標準，但政府得按照申報之價收買之，其目的在使人民不敢因圖避免少數地稅，致將地價短報，用意至善。查政府於此種情形中收買人民土地普通辦法，係將其土地拍賣所得之賣價，先照原地主申報之價償還，餘歸政府所有，但此種辦法，在實施時，每爲社會上及經濟上一

時的情形所迫，致生窒礙，（例如加拿大之溫哥華市，於歐戰後之數年間，將欠繳地稅之土地，每次拍賣，少有應之者。又青島在德人管理時，關於此點，感受同樣困難。）茲擬於此辦法略加以補充。關於都市之土地，在人民申報地價後，政府再加以估定，每年徵收地稅，以政府估定地價為標準，至徵收土地增益稅，則以申報地價為標準，但政府仍保留其按照申報地價收買之權，似此於實行上較為便利也。

（二）土地稅率採漸進辦法

按照根據地值徵稅原則，土地稅率等於地賃之數。蓋地賃既變為地稅，歸諸國家，則地主除用人力資本改良土地以得利益外，無坐享地賃利益之機會，而土地所有權者不能以土地居奇，棄不使用，其結果則地價廉，於是使用土地之權利，必漸趨普遍，前此以壟斷土地圖利之資本，亦必逐漸轉投於生產事業。彼主張根據地值徵稅之經濟學者，每課地稅貴，地價廉，而生產事業發達，即指此也。

關於決定稅率問題，據地值稅專家單維廉氏之主張（單氏德國人，青島土地稅計畫出自其手，總理於民國十三年，曾聘至廣州專研究土地稅問題。）以地方上通行貸款利率之平均數目為稅率之標準，大概主張以按照地值百分之十為廣州土地稅率；惟總理對於土地稅率，曾言各國土地的稅法大概都是值百抽一，並有值百抽一之意（見民生主義第二講），與單維廉氏之說，大有出入。單維廉氏以百分之一之稅率過輕，決不能達到地價低廉之目的，所以單維廉氏在廣州時，主張徹底辦法，竭力維護其高稅率之原則，而廖仲愷先生則以百分之十高稅率為不可行，仍主張百分之一輕稅率，俟將來逐漸增加。當時關於此點之討論，意見兩歧，主張輕稅之意，乃為便於實行起見，或於經濟現狀不願發生重大影響，故決採漸進方法。

（三）對於不勞而獲的土地增益行累進稅

地值稅與不勞而獲的土地增益稅 （以下簡稱土地增益稅） 一併施行，方能收平均地權之效，互相為用，不可缺一。按照地價稅原理，地價稅之增漲，由於人口增加與社會及經濟的進步，非由於地主之力量得來，其增益應歸諸社會，以眾人之財富，還諸眾人，本極合乎社會的公道原則。❹

地值稅按年徵收，土地增益稅則於土地所有權移轉，或經若干年而不移轉時徵收之，其稅率之輕重，互為因果。蓋地值稅輕，土地增益必大；反之，地值稅重，土地增益必微。前者地主以稅率輕微，尚可以土地為投機，後者地主因負重稅，勢必急圖改良或變賣其土地，不能置之不顧，專候漲價而售。若重收地值稅，並決定土地增益稅為土地漲價之全部，其結果則地價廉，生產事業發達，此為地值稅經濟學者所主張之徹底辦法。若地值稅與土地增益稅均輕，其結果則地價仍漲不已，若不完全制止土地之投機，比單維廉氏在廣州土地稅委員會討論稅率輕重之點，所以力辯廣州暫擬地值稅率百分之一，及土地增益稅為增益全部三分之一之條為不可行。至輕課地值，並徵收土地增益全部，即可收徹底之效，又於社會經濟現況不致有劇烈反響，此乃中庸之道，所以總理主張地值稅值百抽一，而增益全部歸公也。惟是法貴施行有序，且貴乎便民，有主張分期辦法，先徵一部份，俟推行便利，然後逐漸加稅率者，有主張累進徵稅者，本立法原則即決採用後者，且主張祇定大體原則，予各地方以斟酌情形決定辦法之餘地。

（四）土地改良物之輕稅

依照根據地值徵稅原則，於徵收地值稅外，所有地面改良物，一概免徵，以收土地改良之效。

---

❹　見民國十八年立法院立法專刊第一輯。

在土地稅實行後，如廣州之房捐及北平之舖捐等類，須一律廢除，或逐漸減輕，否則與按地值徵稅之原則相違，不特無大效可見，及於經濟上發生不良影響。惟從財政上實際情形觀之，若一律廢除，恐生窒礙。查加拿大有數城市於實行地值稅時，地面改良物完全停止徵稅，市庫收支為之不敷，溫哥華一市行之不及數年，卽回復徵收改良物稅辦法，據其當局言，亦因格於財政上實際情形，不能不採權宜措施辦法。以現在中國各都市情形而論，房捐實占市庫收入一大部份，若新稅收入未能抵補之前，卽驟行廢止之，恐亦蹈溫哥華覆轍，此點亟應詳加考慮。查總理在大元帥任內時，頒行土地稅法，規定改良物值千抽五，其意在雙方顧全，不肯偏重，本立法原則採用之。

（五）政府收用私有土地辦法

政府得用價收買私有土地，為國防公益或公營事業之用，但不得收買土地為營利目的。收用私有土地時，所有土地上改良物，政府須予相當賠償。

（六）免稅土地

政府機關及地方公有之土地，不以營利為目的者，經政府許可後，得免繳地稅。

（七）以增加地稅或高地值方法促進土地之改良

現代都市規劃，將市內土地劃分用途，地主須遵政府規定辦法，依時實行使用，逾期不遵辦，卽將該地稅率增加，或估高其地值，以促進土地之改良。至於都市外之荒地，亦依此原則行之。

（八）土地掌管機關

關於土地掌管機關，設省及市（以五萬人口以上者為都市）土地局，及縣土地局，並設一中央機關監督並指揮之。土地掌管機關之職權，為管理公有土地、土地測量、土地登記、保管土地册籍、發給土地

契據、估計地值、解決因本法發生之爭執，以及訂定地稅册等。

關於收稅事項，應由財政機關辦理。

關於減稅或免稅事項，非本法明白規定者，由國民政府決定之。

關於解決本法發生之爭執，設土地仲裁裁判所辦理之。

（九）土地權移轉須經政府許可

土地爲生產之根本要素，且係有一定限量之物，實爲國民生計之基礎，與其他財富之可以用人力增減者不同，故政府於土地權之移轉，認爲於國計民生有妨礙時，可以制止及取消之。查德國人所定之膠州土地法，於土地移轉，須得政府之允許，可爲前例也。

附說明

本原則決定後，先擬都市土地法，祇規定大綱，其餘細則，悉由各都市自行斟酌地方情形辦理，較爲易舉，亦爲進行初步之所必然也。

本土地法原則，係以總理主張爲根據，參以單維廉顧問在廣州時討論之結果。單氏之主張，卽係膠州所已行之辦法，是以本原則亦與膠州辦理相近也。

按膠州地值稅率爲百分之六，按年徵收增益稅，爲土地漲價總數三分之一，凡土地移轉及土地使用目的，須經政府允許，方爲有效，如土地不依政府規定改良，卽收其地值稅率遞年增加至百分之二十四爲止，俟該土地遵照政府規定改良後，卽回復其百分之六稅率徵收之。

膠州辦法實行以後，對於防止土地投機事業，頗有成效，地價亦無突漲之弊，其爲良好的土地政策，世人多稱之，總理亦曾謂可以取法者也。

以上所陳述各點，祇係地值稅之普通原則，土地法於實施上能否得所期的效果，稅率之輕重，固關係甚大，而估計地值方法，於運用上亦甚爲重要，假使稅率既高，可以估低其值，打消高稅率之效力，若稅率

輕微，可以估高地值爲之救濟。查實行地值稅各國，其估計值高至與市價相平者，實占少數，平常不過達至市價百分之五十至七十爲止，其估計至與市價相埒者，膠州行之。近年來美國麻沙出塞州之索福克府，亦號稱估計地值至市價相埒云，是以稅率之輕重，與估計地值之高低，互爲因果，但關於此點之決定，擬請留爲起草法案時之斟酌餘地，不必與稅率原則同時決定，而且各種施行手續及方法，其可以影響於原則者，尚不知多少，均應於草擬條文時，再加斟酌，逐條解釋，較爲詳盡也。

從上述九項原則，即可瞭解當時政府對於土地立法所特別重視之處，乃在改善地權制度與促進土地利用。而改善地權制度之目標，則在消除不勞而獲之地主，其所採取之方法，係以稅去地主爲主要原則，使地主於重稅下，自覺無利可圖而放棄之，或不再作土地投機之企圖，其因公益而徵收之土地，則政府須予相當補償，是以又有買去地主之意義；並以增加地稅或高估地值方法，促進土地之改良，以達地盡其利之目的。故於此九項原則中，除第五項有關土地徵收、第七項有關土地改良、第八項有關土地掌管機關、第九項有關土地登記外，其餘各項均與土地稅有關。㊷

貳、土地法與土地法施行法之制定

一、土地法之制定

民國十八年二月，立法院指定立法委員吳尙鷹等五人爲土地法起草委員，遵照中央政治會議所通過之土地法立法九項原則與 黨政綱之規定，與 國父平均地權之主張，從事擬定土地法；歷時一載餘，於十九

㊷ 參閱仲肇湘撰「爲硏究 國父遺敎開闢新天地」及「關於平均地權論爭種種」。見東方雜誌一卷十期及二卷十一期。

年五月將土地法起草完竣。吳氏等起草土地法時，因民國十三年中國國民黨第一次全國代表大會議決之「國民黨政綱」中，其「對內政策」第十四條有「由國家規定土地法、土地使用法、土地徵收法，及地價稅法」等指示，故其所擬之初稿卽分爲土地法、土地使用法、地價稅法、土地徵收法四種法律草案；後因土地登記對於訂定地籍，異常重要，特增訂土地登記法草案，共成五種法律草案，嗣經立法院審查會議詳加審查，決定仿照民法之體例，採法典式之編制，將原擬五種草案綜合而成土地法。分爲總則、土地登記、土地使用、土地徵收、土地稅五編，共三百九十七條。於民國十九年六月十四日，經立法院會議通過，同年六月三十日國民政府明令公布，是爲我國有史以來第一部土地法。其主要內容：

第一編「總則」，分爲法例及施行、土地所有權、土地重劃、土地測量、地政機關及土地裁判所等五章。

第二編「土地登記」，分爲通則、登記簿册及登記地圖、登記程序、登記費、土地權利書狀等五章。

第三編「土地使用」，分爲通則、市地（包括使用限制與房屋救濟）、租地（包括耕地租用與荒地使用）、土地重劃程序等四章。

第四編「土地稅」，分爲通則、地價申報及估計、改良物價之估計、地價册、稅地區別、土地稅徵收（包括地價稅及土地增值稅）、改良物稅徵收、欠稅、土地稅減免、不在地主稅等十章。

第五編「土地徵收」，分爲通則、徵收準備、徵收程序、補償地價、遷移費、訴訟與公斷、罰則等七章。

二、土地法施行法之制定

土地法雖於民國十九年六月三十日公布，但並未施行。因該法第五條規定：「本法之施行法另定之。」第六條又規定：「本法各編施行之

日期及區域，以命令定之」。故土地法須待土地法施行法制定後，方可施行。民國二十一年六月立法院咨請行政院轉飭內政部負責土地法施行法之起草，迄二十三年春，內政部擬成土地法施行法草案，經行政院審查修正後，送立法院審議，於二十四年三月，經立法院審議修正通過；同年五月八日由國民政府公布。全文分為五編，與土地法同，共九十一條，其要旨有三：一為就土地法未明訂之事項，加以明白規定。二為各地方已舉辦之土地行政事項，於土地法施行後有改正之必要者，於該法中予以適當規定；三為土地法條文有補充規定之必要者，加以補充，以資救濟。次年二月二十五日國民政府明令：「土地法及土地法施行法，自二十五年三月一日起施行」，並將行政院所訂「各省市地政施行程序大綱」（共三十三條）同時公布，以為施行土地法之準繩。

叁、土地法與土地法施行法之修正

　　民國十九年六月三十日公布之土地法，直至二十五年三月一日始施行，事隔六年，國內情勢變化頗鉅，故中國國民黨中央政治委員會土地專門委員會乃將土地法之內容，重新深入研究後，咸以依據　國父遺教及事實需要，實有重加修正之必要，遂擬具修正土地法原則二十三項，於二十六年五月經中央政治會議修正通過，由國民政府發交立法院審議，適對日抗戰事起，該案遂暫行擱置。然於抗日期間，為應局勢需要，立法院乃根據行政院所提各種草案，制定若干種有關土地之特別法，以變更補充土地法之不足。政府並先後公布下列三種條例付諸實施：

　　（一）非常時期地價申報條例：民國三十年十二月十一日公布，後修正為「戰時地價申報條例」，其主要內容，為變更土地法中關於地價申報之程序，卽改定先由地政機關查定標準地價，業主依照標準地價為

百分之二十以內之增減，申報其地價。

（二）戰時地籍整理條例：民國三十二年十二月十七日公布。其內容要點，係將土地測量、土地登記與申報地價三者，聯繫推進，並將土地測量與土地登記之程序及手續予以簡化。

（三）戰時徵收土地稅條例：民國三十三年三月二十八日公布。其要點係將土地法中關於徵收地價稅及土地增值稅之規定，加以變更：土地法規定地價稅行比例稅率，該條例規定改行累進稅率，又土地法規定土地增值稅，於土地所有權移轉時及第一次規定地價後十年屆滿時徵收，行累進稅率，該條例規定祇於土地所有權移轉時徵收，並將最高級累進稅率降低。

以上三種條例施行結果，尚具成效，其中若干原則與辦法，後爲土地法修正時所吸收採用，故三十五年土地法修正公布後，均經國民政府明令廢止。

三十四年八月抗戰勝利，立法院土地委員會卽根據行政院內政部所送土地法修正草案，擬成修正土地法草案及修正土地法施行法草案，於三十五年三月經立法院會議修正通過，同年四月二十九日經國民政府公布施行。修正後之土地法仍分爲五編，第二編改稱「地籍」，其餘四編名稱及次序，與舊土地法同，但各編章節條文內容，則有增刪變更，共成二百四十七條，較舊法少一百五十條。修正後之土地法施行法亦分五編，條文亦有增刪，共爲六十一條，較舊土地法施行法減少三十條。今將修正後之主要內容及其修正要點，概述如下：❹

第一編「總則」，分爲法例、地權、地權限制、公有土地、地權調

---

❹ 鮑德澂著「土地法規概論」第二十頁。五十九年再版，臺灣土地銀行研究處。

整等五章。其重大之修正要點：（一）增加外國人土地權利之規定。（二）增加政府得徵收私有土地創設自耕農場之規定。（三）刪除舊土地法中關於設置地政機關及土地裁判所之規定。就本編內容而論，大都係關於地權之規定，稱爲「總則」，殊欠妥適。

第二編「地籍」，分爲通則、地籍測量、土地總登記、土地權利變更登記等四章。其重大之修正要點：（一）增加地籍測量實施程序之規定。（二）簡化土地登記程序之規定，舊土地法中關於登記程序之條文，其純屬行政手續之規定者，多經刪除。

第三編「土地使用」，分爲通則、使用限制、房屋及基地租用、耕地租用、荒地使用、土地重劃等六章。其重大之修正要點：（一）改定限制耕地地租之標準（將舊土地法限制耕地租不得超過正產物收穫總量千分之三百七十五之規定，改爲不得超過地價百分之八）。（二）增加建築基地租用之規定。（三）變更開墾公有荒地之規定。（四）節刪土地重劃程序之規定。本編主要內容在遵行 國父地盡其利之主張。

第四編「土地稅」，分爲通則、地價及改良物價、地價稅、土地增值稅、土地改良物稅、土地稅之減免、欠稅之處罰等七章。其重要之修正要點：（一）關於規定地稅之程序，採用「戰時地價申報條例」之規定，先由地政機關查定標準地價，然後業主申報地價，但僅得標準地價百分之二十以內之增減。（二）關於地價稅之徵收，採用「戰時徵收土地稅條例」之規定，實行累進稅率。本編之主要內容，在遵行 國父規定地價，照價徵稅，漲價歸公之主張。

第五編「土地徵收」，分爲通則、徵收程序、徵收補償等三章。其重大之修正要點：（一）將土地徵收之目的，分爲興辦公共事業與實施國家經濟政策兩種。（二）增加徵收土地地價之補償，得搭發土地債券之規定。（三）增加保留徵收之規定。本編之主要內容，在遵行 國父

爲公共需要得照價收買私人土地之主張。

　　就上述該土地法之內容而論，其所規定之條款，大牛係私人與國家間之權利義務關係，具有公法之性質；例如地權限制與調整、土地使用管制、地籍測量及土地登記、土地稅及土地改良物稅之課徵皆是。亦有一小部份之條款，係規定私人與私人間之土地權利義務關係，涉及私法之範圍：　例如關於城市房屋與基地租用之規定，　及耕地租用之規定皆是。故該土地法實已融合公法與私法，而成爲現代之社會經濟立法，其在我國法律中所佔之地位至爲重要。

第四節　現行土地法有關平均地權政策之概括規定

　　抗戰勝利後，民國三十六年憲法公布，訓政結束，實施民主憲政，三民主義新中國之建設亦逐步開展。三十八年，政府播遷來臺，勵精圖治，初從事土地改革時，是分由農地與市地兩方面進行之。有關減租保佃，扶植自耕農及實施都市平均地權等均另定專法，付諸實施。而土地法自三十五年公布以還，除第十八條有關外國人在我國取得或設定土地權利之規定，値國際局勢關係，於民國四十四年三月十九日，曾酌予修正外，迄無改易。二十年來，國內社會型態與經濟結構均有重大變遷，土地法自有不合時宜之處，內政部乃於六十三年以不牽動土地法施行法之條文爲原則，就急切需要部份，提出修正案，經行政院轉請立法院審議，於六十四年七月二十四日公布，爲現行之土地法。

　　土地法爲我國土地行政之母法，民國三十五年修正公布時，其中規定與實施平均地權有關「規定地價」、「照價徵稅」、「照價收買」與「漲價歸公」之條文甚多，平均地權土地政策之概括原則，由此可見其端耳（至於六十四年之修正，因以限制農地之移轉，增訂地籍圖重測及

改進土地登記等爲重點，牽涉有關平均地權部份之變動不大，如有修正，則以現行法爲主）。❹現舉其犖犖大者，摘述如下：

壹、規定地價與申報地價

「規定地價」乃實施平均地權土地政策中之第一種基本方法，藉以分別公私土地權利之標準，是社會標準改造之必要條件，並爲實行照價徵稅、漲價歸公，與照價收買等各種辦法之基礎。依土地法規定：各縣市應先辦地籍測量，地籍測量完竣之地區，卽依法辦理土地登記。土地所有權人申請爲土地所有權登記時，應卽申報地價，依土地法申報之地價爲法定地價。土地所有權人申請登記而不同時申報地價者，以標準地價爲法定價。❹而土地法所謂「申報地價」卽「規定地價」也。其程序如左：❹

一、查定標準地價：

查定標準地價之程序，可分爲調查地價，劃分地價等級，計算並公布標準地價及處理異議。

㈠　調查地價：調查地價由市縣地政機關辦理，調查方法係採抽樣調查法，並非對每宗土地逐一調查。土地法第一五〇條規定：「地價調查，應抽查最近二年內土地市價或收益價格，以爲查定標準地價之依據。其抽查字數，得視地目繁簡，地價差異爲之。」

㈡　劃分地價等級：土地法第一五一條規定：「依據前條調查之結果，應就地價相近，及地段相連，或地目相同之土地，劃分爲地價等

---

❹　參閱王鼎臣著「平均地權之理論與實踐」第三章。暨同❹，鮑德澂著該書第四編，第二、三、四章。

❹　參閱土地法第三十八、一四八、一五六及一五八條。

❹　土地法第一四九及一六〇條。

級。」其等級之多寡，當視地價差異情形，衡量決定之。

㈢ 計算並公布標準地價：地價等級劃定後，應就每等級內抽查宗地之市價或收益價格，以其平均數或中數，爲該地價等級之平均地價。每一地價等級之平均地價，應由該管市縣地政機關報請該管市縣政府爲標準地價。此項標準地價應於開始土地總登記時，分區公布，**❹** 俾便土地所有權人於聲請登記所有權時申報地價。

㈣ 異議處理：土地所有權人對於標準地價認爲規定不當時，如有該區域內同一地價等級之土地所有權人過半數之同意，得於標準地價公布後三十日內，向該管市縣政府提出異議，市縣政府接受前項異議後，應卽提交標準地價評議委員會評議之。**❹**

二、業主申報：

㈠ 申報時期與報價限制：土地法第一五六條規定：「土地所有權人聲請登記所有權時，應同時申報地價，但僅得爲標準地價百分之二十以內之增減。」土地所有權人聲請爲所有權登記時，所申報之地價，卽成爲法定地價，如聲請登記而不同時申報地價者，卽以標準地價爲法定地價。

㈡聲請照標準地價收買土地：土地法第一五七條：「土地所有權人如認爲標準地價過高，不能依前條爲申報時，得聲請該管市縣政府照標準地價收買其土地。」土地法施行法第四十一條又補充規定：「照標準地價之土地，其改良物應照估定價値一倂收買之，但該改良物所有權人自願遷移者，不在此限。」

三、編造地價册及總歸戶册：

---

❹ 土地法第一五一、一五二及一五三條。
❹ 土地法第一五四條。

　　規定地價之程序，最後一步驟是將區內所有經辦之土地登記與申報地價之結果，彙集起來，編造成冊及歸戶，以爲徵收地價稅及土地增值稅之依據。正如土地法第一五九條規定：「每一市縣辦理地價申報完竣後，應即編造地價冊及總歸戶冊，送請該管市縣財政機關。」

　　四、重新規定地價：

　　土地法第一六〇條規定：「地價申報滿五年或一年屆滿而地價已較原標準地價有百分之五十以上之增減時，得重新規定地價，適用第一五〇至一五二條及第一五四至一五六條之規定。」易言之，重新規定地價時，仍沿用第一次規定地價之法規及程序。

　　以上乃土地法中「申報地價」之全部程序與作法，大致盡情合理。惟土地所有權人得聲請政府照標準地價收買土地之立法，與　國父所主張由政府照業主申報地價收買其土地之原旨不符，故民國四十三年公布之「實施都市平均地權條例」第二章「規定地價」，即對土地法所定申報地價之程序與方法，作一重大之變更。

貳、照價徵稅與地價稅

　　規定地價後，政府即可照價徵稅，即按照土地所有權人所申報之地價徵收地價稅——素地地租。蓋土地爲天然物，非人爲之財產，故土地所產生之自然收益，即所謂「素地地租」，應歸諸公有公享，任何私人不得佔有獨享。換言之，係對土地之未改良價值所課之稅，向土地持有者徵收之，即爲地價稅。土地法對地價稅有如是之規定：

　　一、課稅標準及期間：

　　土地法第一六七條規定：「地價稅照法定地價，按年徵收一次，必要時分兩期繳納。」即以法定地價爲課稅標準，以一年爲地價稅之課徵期間。實際上，地價稅多年來例按每年度上、下兩次開徵，此不失爲方

便納稅人之一變通辦法。

二、納稅人：

地價稅之納稅人，無疑是土地所有權人，但如設有典權之土地，則由典權人繳納。故土地法第一七二條規定：「地價稅向所有權人徵收之，其設有典權之土地，由典權人繳納，不在地主之土地，其地價稅得由承租人代付，在當年應徵地租內扣還之。」

三、稅率：

各種賦稅之稅率大抵可分為兩種，一為比例稅率：卽課稅物品之數量或價值，與稅額常成劃一之比例。亦卽不論課稅物品數量、價值之多寡，其稅率一律相同。舊土地法行此稅率。二為累進稅率：乃按照課稅物品之數量或價值，分為若干級，逐級增高其稅率，課稅物品之數量或價值愈高，課稅愈重。土地法第一六八條規定：「地價稅照法定地價，按累進稅率徵收之」。現行土地法卽採累進稅率制：

㈠ 累進起點地價：地價情形，各處不同，都市與鄉村之地價，相差甚大。而各都市之地價，又因人口之疏密、工商業之盛衰、土地座落之位置，亦大不相同。至各縣之鄉村農地，因土壤之肥瘠、人口之密度及其他因素，其地價亦互有差異。故地價採行累進稅率，對於開始累進課稅之地價數額，應按各地實際情形訂定之，以求公平。因此，現行土地法對於累進起點地價，祇規定抽象標準，留待各省市斟酌該地方情形，確定其具體數額。

土地法第一七一條規定：累進起點地價，由各省及院轄市政府，按照自住自耕地必需面積，參酌地價及當地經濟狀況擬定，呈請行政院核定之。然依土地法施行法第三十六條及第四十八條規定：累進起點地價應由該管市縣政府擬定，層轉行政院核定，如有增減之必要時，亦同。此二條文皆無明確規定。民國三十六年十一月，前地政部乃依上述土地

法之規定，另定「地價稅累進起點地價擬定辦法」，其規定如下：

1. 市地自住地 必需面積以 一 市畝爲準。其地價稅之累進起點地價，以市地之稅地面積除市地之稅地地價總額，所得之每畝平均地價爲準。

2. 農地自耕地必需面積，以自耕農戶維持五口之家所必需之上等農地耕作面積爲準。其地價稅累進起點地價，以全縣市農地每畝最高地價乘必需之耕作面積得之。

㈡ 累進稅率：現行土地法所定累進稅率，係採超額累進制，共分爲十二級，其第一級最低稅率稱爲基本稅率，茲分述各級稅率及級距於下：

1. 土地所有權人之地價總額，未超過累進起點地價時，按其法定地價數額課稅千分之十五，是爲基本稅率（第一六九條及一七〇條）。此所課「地價總額」係指土地所有權人在同一市縣境內所有各宗土地之法定地價總額。

2. 土地所有權人之地價總額超過累進起點地價時，依左列方法累進課稅（第一七〇條）：

(1) 超過累進起點地價在百分之五百（五倍）以下者，其超過部份加徵千分之二（連基本稅率共爲千分之十七）。

(2) 超過累進起點地價百分之一千（十倍）以下者，除按前款規定徵收外，就其已超過百分之五百（五倍）部份，加徵千分之三（連基本稅率及前一級加徵稅率，共爲千分之二十）。

(3) 超過累進起點地價百分之一千五百（十五倍）以下者，除按前款規定徵收外，就其已超過百分之一千（十倍）部份，加徵千分之五（連基本稅率及前兩級加徵稅率，共爲千分之二十五），以後每超過百分之五百（五倍），就其超過部份追加千分之五，以加至千分之五十爲止

（連基本稅率共爲千分之六十五）。

依照上述規定，地價稅之累進稅率（連基本稅率）共分十二級，其第一級基本稅率爲地價總額千分之十五，係適用於未超過累進起點地價之地價總額。如地價總額超過累進起點地價者，就其每超過五倍之數額爲一級，逐級遞加其稅率，第二級加重千分之二，第三級遞加千分之三，自第四級起，每進一級，各遞加千分之五。地價總額超過累進起點地價至五十倍以上時，其超過部份按照第十二級最高稅率千分之六十五課稅。

茲便於明晰起見，將累進稅率之級數、級距、每級增加率及各級稅率，列表如下：

累進級數	級　　　　　　　　　　　　　距	每級增加率	稅率
第一級	地價總額未超過累進起點地價之數額		15/1000
第二級	超過累進起點地價而未超過五倍之數額	2 /1000	17/1000
第三級	超過累進起點地價五倍而未超過十倍之數額	3 /1000	20/1000
第四級	超過累進起點地價十倍而未超過十五倍之數額	5 /1000	25/1000
第五級	超過累進起點地價十五倍而未超過二十倍之數額	5 /1000	30/1000
第六級	超過累進起點地價二十倍而未超過二十五倍之數額	5 /1000	35/1000
第七級	超過累進起點地價二十五倍而未超過三十倍之數額	5 /1000	40/1000
第八級	超過累進起點地價三十倍而未超過三十五倍之數額	5 /1000	45/1000
第九級	超過累進起點地價三十五倍而未超過四十倍之數額	5 /1000	50/1000
第十級	超過累進起點地價四十倍而未超過四十五倍之數額	5 /1000	55/1000
第十一級	超過累進起點地價四十五倍而未超過五十倍之數額	5 /1000	60/1000
第十二級	超過累進起點地價五十倍之數額	5 /1000	65/1000

四、不在地主之土地加重課稅：

土地所有權人既為不在地主，顯不需用土地，故加重課徵地價稅，以迫使其出賣放棄土地，而使需用土地之人能取得土地，以調節土地之分配，並促進土地之利用。故土地法第一七五條規定：「不在地主之土地，其地價稅照應繳之數，加倍徵收。」所謂「不在地主」，土地法第八條亦明文規定其涵義如下：①土地所有權人及其家屬離開其土地所在市縣繼續滿三年者，②共有土地，其共有人全體離開其土地所在之市縣繼續滿一年者，③營業組合所有土地，其組合於其土地所在之市縣停止營業繼續滿一年者。但土地所有權人因兵役、學業、公職或災難變亂，離開土地所在之市縣者，不適用之。又土地法施行法對於不在地主加重課稅，亦補充規定兩點如下：

1. 不在地主之土地，應由該管市縣政府按年查明造冊，彙報省政府，依法加徵其地價稅。院轄市地區，不在地主之土地，由市政府按年查明，依法加徵其地價稅（施行法第四十四條）。

2. 土地所有權人於其不在地主情形消滅時，應呈報該管市縣地政機關，但自呈報之日起，須經過一年後，始得免除土地法第一七五條之限制（施行法第四十五條）。

五、空地荒地加徵空地稅荒地稅：

土地法對於私有空地與荒地，除課徵地價稅外，又分別加課空地稅與荒地稅，實際上亦係加重課稅，以促進土地之充分利用，並制止私人之壟斷土地。

空地稅：土地法第八十七條第一項規定：「凡編為建築用地，未依法使用者為空地。」例如都市區域之農地，經編定為建築用地，而不實行建築房屋，則為空地。例如農地經編為建築用地後，其所有權人於地上建築簡陋之房舍，其價值尚不及所占地基之申報地價百分之二十者，

則雖依法建築，但並未充分利用其土地，故仍應視爲空地。第八十九條規定：「市縣地政機關對於管轄區內之私有荒地，得劃定區域，規定期限，強制依法使用。」此與上述限期強制依法使用空地之規定相同。前項荒地如逾期仍不依法使用者，則依土地法第一七四條之規定，除徵收地價稅外，應加徵荒地稅，但不得超過應繳地價稅之三倍。易言之，卽採用加重課稅方法，以迫使土地所有權人開拓使用其荒地。

土地法施行法對於空地稅荒地稅，又補充規定如下：

1. 土地法第一七三條及第一七四條所稱「應繳地價稅」，指該空地應繳之基本稅（施行法第四十三條）。易言之，卽計算其應繳之地價稅額，係一律按照基本稅率（卽最低級稅率）千分之十五計算，而不按照累進稅率計算。此與上述不在地主土地加重課稅之計算方法，殊不相同。

2. 空地稅倍數及荒地稅倍數，由該管市縣政府擬訂，層轉行政院核定（施行法第三十六條）。兩稅倍數經確定施行後，如有增減之必要時，應由該管市縣政府層轉行政院核定，並於會計年度開始前確定公布之（施行法第四十二條）。

六、地價稅之減免：

關於土地稅之減免，土地法曾作原則上之規定。至其減免之標準與程序，依照土地法施行法第四十六條之規定，應由中央地政機關與中央財政機關以規則定之。

1. 公有土地之免稅或減免：土地法第一九一條規定：公有土地及公有建築改良物，免徵土地稅及改良物稅，但供營業使用，或不作公共使用者（例如出租與私人使用），則不在此限。

2. 私有土地之免稅或減稅：

(1) 一般情形之免稅或減稅：土地法第一九二條規定：供左列各

款使用之私有土地，得由財政部會同中央地政機關，呈經行政院核准免稅或減免（卽免徵或減徵地價稅）：

① 學校及其他學術機關用地，

② 公園及公共體育場用地，

③ 農林魚牧試驗場用地，

④ 森林用地，

⑤ 公立醫院用地，

⑥ 公共牧場用地，

⑦ 其他不以營利爲目的之公益事業用地。

　　(2) 特殊情形之免稅或減免：

① 因地方發生災難（例如水災、火災），或調劑社會經濟狀況，由財政部會同中央地政機關呈經行政院核准，就關係區內之土地，於災難或調劑期中，免稅或減免（第一九三條）。土地法第九十五條所訂爲救濟城市房屋之不足，得減免新建房屋之土地稅之規定，卽係調劑社會經濟狀況而減免地價稅。

② 因保留徵收，或依法律限制不能使用之土地，概應免稅，但在保留徵收期間內仍能爲原來之使用者，不在此限（第一九四條）。

　　(3) 在自然環境及技術上無法使用之地（例如石山），或在墾荒過程中之土地，由財政部會同中央地政機關呈經行政院核准，免徵地價稅（第一九五條）。

3. 減稅或免稅地之變更：土地法第一九五條規定：「凡減稅或免稅之土地，其減免之原因事實有變更或消滅時，仍應繼續徵稅。」土地法施行法且補充規定兩點如下：

(1) 免稅地變更爲稅地時，應自次年起徵收土地稅（施行法第四十七條）。

(2) 稅地變更爲免稅地時，其土地稅自免稅原因成立之年免除之；但未依免稅原因使用者，不得免稅（施行法第四十八條）。

七、欠稅之懲處：

地價稅係按年徵收，但得分兩期繳納。納稅人應依照政府所定期限繳納，逾期不繳納者，卽成爲欠稅。土地法對於地價稅之欠稅，所定懲處方法有三種：

1. 加徵罰： 地價稅不依期完納者， 就其所欠數額， 自逾期之日起，按月加徵所欠數額百分之二以下之罰鍰，不滿一月者以一月計（第二○○條）。

2. 拍賣欠稅土地： 積欠地價稅等於二年應繳納稅額時，該管市縣財政機關得通知地政機關，將欠稅土地及其改良物之全部或一部，交司法機關拍賣，以所得抵償欠稅，餘款仍交還欠稅人（第二○一條）。司法機關應於拍賣前三十日，以書面通知土地所有權人（第二○二條）。土地所有權人接到通知後，如提供相當繳稅擔保者，司法機關得展期拍賣，但展期以一年爲限（第二○三條）。

3. 提取土地收益： 欠稅土地如有收益者，得由該管市縣財政機關通知縣市地政機關提取其收益，以抵償欠稅，免將土地拍賣。但提取收益，於積欠地價稅額等於全年應繳數額時， 方得爲之。 提取之收益數額，以足抵償欠稅爲限（第二○四條）。

叁、照價收買與土地徵收

「照價收買」爲實施平均地權方法之一。其主要目的有三： 第一、政府爲公共之需要， 如修築道路、 建設新都市地區， 而收買私人之土地，政府按照地主申報之地價給予補償，而將土地所有權由地主手中移轉於政府。第二、爲制裁土地所有權人低報地價，企圖逃稅，而照價收

買其土地，達成報價眞確、地價中平之目的。第三、強制土地所有權者迅速依法使用土地，一則可促進土地之合理利用，一則可防止土地之兼併、壟斷與投機圖利。

現行土地法中未列「照價收買」之章節，僅於第八十九條規定：「市縣地政機關對於管轄區內之私有空地及荒地，得劃定區域，規定期限，強制依法使用。前項私有荒地，逾期不使用者，該管市縣政府得照申報地價收買之。」而詳究土地法第五編「土地徵收」，其規定有關徵收補償事宜中，第二〇八條：「國家因左列公共事業之需要，得依本法之規定，徵收私有土地：（一）國防設備（二）交通事業（三）公用事業（四）水利事業（五）公共衛生（六）政府機關、地方自治機關及其他公共建築（七）教育學術及慈善事業（八）國營事業（九）其他由政府興辦以公共利益爲目的之事業。」第二〇九條：「政府機關因應實施國家經濟政策，得徵收私有土地，但應以法律規定者爲限。」及第二一二條：「因左列各款之一徵收土地，得爲區段徵收：（一）實施國家經濟政策（二）新設都市地域（三）舉辦第二〇八條第一款或第三款之事業」，凡此規定與「照價收買」皆是政府爲公用需要而強制收買私有土地的公權力之行使，但後者尚含有制裁土地所有權者不法之意，是爲二者顯著不同處。故　國父平均地權實施辦法中，並無所謂「土地徵收」，其意在此。而土地法因規定人民報價僅得標準地價百分之二十以內之增減，卽報價不得低於百分之二十，自不發生低報情事，政府主動照價收買自成多餘，因此，未列照價收買之專章。

肆、漲價歸公與土地增值稅

「漲價歸公」乃土地所有權人於申報地價後，土地所增漲之價，若非源於地主之力而係社會之故，則應歸於公家所有。　國父民生主義之

目的是欲共未來之產，而土地之增值爲最大「未來的產」，如能歸公，則社會革命便可成功。平均地權之主旨，卽土地非因個人投施勞力資本，而由社會繁榮致地租增高所獲之自然增值，歸諸公享。土地法對此則有課徵土地增值稅之規定，將私有土地自地價規定後所增漲之價值以歸公家享有，茲分述其法定程序與方法如下：

一、課稅時機與納稅人：

（一）課稅時機：我國土地法所定課徵土地增值稅之時期，分爲土地所有權移轉時課稅與定期課稅兩大類。

1. 土地所有權移轉時課稅：土地法第一七六條規定：土地增值稅，於土地所有權移轉時徵收之。土地所有權移轉之原因不一，有因買賣而移轉者，有因繼承而移轉者，有因贈與而移轉者，於此三種情形之移轉，均須課徵土地增值稅，但有一例外，卽土地法第一九六條規定：因土地徵收或土地重劃，致所有權有所移轉時，不徵收土地增值稅。

2. 定期課稅：此可分爲兩種情形：

（1）依土地法第一七六條：土地所有權雖無移轉而屆滿十年時，亦須徵收土地增值稅。此十年期間，自第一次依法規定地價之日起計算。易言之，在首次依法規定地價後，土地所有權每屆滿十年而無移轉時，如地價增漲，均須課徵土地增值稅。但土地法第一九七條又規定：農人之自耕地及自住地，於十年屆滿而無移轉時，不徵收土地增值稅，此乃明示體恤農人財力艱難之意。

（2）依土地法第一七七條：於政府實施土地改良工程之地區，土地所有權於工程完成後，雖無移轉而屆滿五年時，亦須徵收土地增值稅。因在政府建築道路、溝渠、堤防或其他改良土地工程之地區，例如新建設之都市地區，其地價增漲異常迅速，故特縮短其課徵土地增值稅之期間。

（二）納稅人：依土地法第一八二及一八三條之規定，其納稅人：

1.　移轉課稅者：土地所有權之移轉，絕賣者之納稅人爲出賣人，繼承或贈與之納稅人爲繼承人或受贈人，意卽土地增值稅應由享受不勞而獲增價利益者負擔之。

2.　定期課稅者：規定地價後十年屆滿，或在實施改良土地工程地區五年屆滿而無移轉之土地，其土地增值稅向土地所有權人徵收之。該土地設有典權者，得向典權人徵收之，但於回贖土地時，出典人（卽土地所有權人）應無息償還典權人。

二、課稅標準：

土地增值稅，係以地主不勞而獲之增漲地價爲課稅標準，故地價之增漲，　如係地主投施資本勞力改良土地之結果，　則不應課徵土地增值稅。

土地法對於土地增值之計算，係以第一次規定之地價爲計算基礎，所定計算方法頗簡明，只須計算兩種數額：一爲土地增值總數額，一爲土地增值實數額。

（一）土地增值總數額之計算：土地法第一七八條規定：「土地增值總數額之標準，依左列之規定：

1.　規定地價後，未經移轉之土地，於絕賣移轉時，以現賣價超過原規定地價之數額爲標準。

2.　規定地價後，未經移轉之土地，於繼承或贈與時，以移轉時之估定地價超過原規定地價之數額爲標準（因繼承或贈與時，並無賣價，故須估定當時之價）。

3.　規定地價後，曾經移轉之土地，於下次移轉時，以現移轉價（現賣價或估定地價）超過前次移轉時地價（前次移轉時之賣價或估定地價）之數額爲標準。」

以上各款所稱「規定地價後」，係指第一次規定地價後而言。

土地法第一七九條又規定：「前條之原規定地價及前次移轉時之地價，稱爲原地價。前項原地價，遇一般物價有劇烈變動時，市縣財政機關應依當地物價指數調整計算之，並應經地方民意機關之同意。」蓋一般物價發生劇烈變動而上漲，大都係因貨幣價值跌落之所致。地價係按貨幣計算，地價上漲，如係由於貨幣價值跌落所造成，論其實質並未增漲。故計算土地增值總數額時，如一般物價有劇烈變動，應將原地價依當地物價指數予以調整，方符合土地漲價歸公之原旨。

（二）土地增值實數額之計算：土地法第一八〇條規定：「土地增值總數額除去免稅額，爲土地增值實數額。」至於免稅額究爲若干？依土地法第三十六及四十二條之規定，應由該管政府擬定，層轉行政院核定。在免稅額確定實施後，如有增減之必要時亦同。民國三十六年財政部會同前地政部所訂「調整原地價及免稅額補充辦法」中曾規定：免稅額以原地價百分之十至百分之二十爲限，由各省市參酌地方情形擬訂報核。

（三）土地增值實數額之減除額：從土地增值總數額中，減除免稅額後，是爲土地增值實數額。現行土地法第一七六條規定：「土地增值稅，照土地增值之實數額計算。」而第一八四條又規定：「土地增值實數額，應減去土地所有權人爲改良土地所用之資本及已繳之工程受益費。」由此可見，土地增值稅之課徵，係從土地增值總數額中，先減除免稅額，所餘之數額，是爲土地增值實數額，然後再減除土地所有權人改良土地所用之資本及已繳之工程受益費，而就所餘之土地增值實數額課稅。

土地所有權人如投施資本勞力，以改良土地（如於缺水之農田，開築溝渠，引水灌漑），其使用價值增加，地價遂亦上漲，但因此而增漲

之地價，對於土地所有權人並非不勞而利得，故其改良土地所支出之費用，自應從土地增值實數額中減除，免課其土地增值稅。

此外，土地法第一九八條亦規定：「農地因農人施用勞力資本，致地價增漲時，不徵收土地增值稅。」農地地價之增漲，如係農地所有權人施用勞力資本改良土地之結果，則非不勞而獲之利得，自不應課徵土地增值稅。

三、稅率：

國父主張土地漲價應全部歸公，故土地增值稅之稅率，應爲土地增值實數額百分之一百。但舊土地法所定之土地增值稅，係採漸進主義，行超額累進稅率，分爲五級，以土地增值實數額每超過原地價百分之一百（倍）爲一級距，第一級稅率爲土地增值實數額百分之二十，每進一級，其稅率遞加百分之二十，加至第五級最高稅率百分之一百爲止。

民國三十三年公布之「戰時徵收土地稅條例」，又將土地增值稅率降低，只分四級，最低級稅率仍爲百分之二十，最高級稅率改爲百分之八十。

現行土地法仍採上述條例所定之稅率，其第一八一條規定如下：

（一）土地增值實數額在原地價百分之一百以下者，徵收其增值實數額百分之二十。

（二）土地增值實數額在原地價百分之二百以下者，除按前款規定徵收外，就其已超過百分之一百部份，徵收百分之四十。

（三）土地增值實數額在原地價百分之三百以下者，除按前二款規定分別徵收外，就其已超過百分之二百部份，徵收百分之六十。

（四）土地增值實數額超過原地價百分之三百者，除按照前三款規定分別徵收外，就其超過部份，徵收百分之八十。

茲依據上條規定，　將土地增值稅累進稅率之級數、　級距及各級稅

率，列表於下：

累進級數	級 距	稅 率
第 一 級	土地增值實數額在原地價一倍以下之數額	20/100
第 二 級	超過原地價一倍而未超過二倍之數額	40/100
第 三 級	超過原地價二倍而未超過三倍之數額	60/100
第 四 級	超過原地價三倍之數額	80/100

四、欠稅之懲處：

土地增值稅如不依法繳納，即成爲欠稅，土地法對於增值稅之欠稅懲處如下：

（一）加徵罰鍰：土地增值稅如不依法完納者，自逾期之日起，按月加徵百分之二以下之罰鍰，與地價稅欠稅之罰鍰相同（第二○五條）。

（二）拍賣欠稅土地：土地增值稅欠稅至一年屆滿仍未完納者，得由該管市縣財政機關通知地政機關，將其土地及改良物一部或全部交司法機關拍賣，以所得價款抵償欠稅，餘款交還欠稅人。前項拍賣適用第二○二條（關於拍賣通知）及第二○三條（關於拍賣展期）之規定（第二○六條）。

綜上所舉，除「照價收買」外，土地法對平均地權實施辦法之「規定地價」、「照價徵稅」、「漲價歸公」，均有原則性之規定。惟以政府遷臺後，銳意土地改革，爲應實際環境之需要，乃另定特別法，以資推動。自民國四十三年「實施都市平均地權條例」公布，實施平均地權之辦法已有具體而詳盡之補充立法。而六十六年修正公布之「平均地權

條例」，更是吸盡前述土地法中有關之規定，而成一完整之法典，藉以全面實施平均地權。惟爲追溯早期之建制，本節摘要歸納土地法中有關事項，俾對平均地權政策之形成，增進其瞭解。

第三章 實施都市平均地權法制之演變

第一節 實施都市平均地權條例之創制立法

臺灣爲海島地形，可耕之土地約有九十餘萬公頃，僅佔全省土地總面積之百分之二十五，其農業資源實屬有限。政府於遷臺後，乃一面施行土地改革，一面積極發展工業，務使農業輔助工業之推展，工業促進農業之進步，以求經濟上自力更生，自給自足，並將臺灣邁入現代化工業社會之境地。以是，自民國三十八年至四十一年中，各縣市鎮之人口，遂逐年增多，其土地使用之價值，亦隨人口之大增，與工商業之繁榮而激劇暴漲。以當時爲首之四大都市——基隆、臺北、臺南、高雄——建地四十九等則之地價於四年間，其每甲土地之價格，竟高漲四、五倍之多，其餘各縣市鎮之土地，亦同樣日益上揚。蓋土地暴漲如斯，遂誘引若干不法之徒，從事土地投機之勾當，坐享不勞之得，長此以往，非但大衆之努力成果受少數人投機壟斷，且社會之游資復爲彼等引用至不當之經濟投機事業，其妨礙工商業之繁榮與發展至深且鉅，因此政府對都市土地亟須實施「規定地價」、「照價徵稅」、「照價收

買」、「漲價歸公」，以遏市地投機買賣、操縱壟斷之風，而免全省都市土地問題愈演愈重，❶遂有「實施都市平均地權條例」之制定。

壹、本條例之制定過程

一、本條例之前奏：

實施都市平均地權，當以土地法為依據，但仍需諸多補充以利執行。因臺灣省之實際情況，較諸土地法普遍施行全國之構想，多少有其不同之處，故需特別立法，以資因應。先總統 蔣公有鑒於本省都市土地問題日益嚴重，亟應從事改革，乃於民國四十年一月二日，頒手令予行政院：「臺灣農村土地已實施三七五減租，甚見成效，本年應籌備都市土地改革，遵照 國父平均地權原則，參酌當地實際情形，擬定具體辦法，務限本年下半年籌備完成，一面宣傳曉諭，一面實施為要。」❷行政院當即遵奉指示，交由內政部會同臺灣省政府，依土地法及其他法規之規定，擬定「臺灣省都市土地改革辦法」，於民國四十年八月八日經行政院第一九九次會議通過，同年九月六日由臺灣省政府公布施行。全文共十一條，其要點有下列六項：❸

（一）各都市城鎮土地及建築改良物，按照核定都市計畫為區域，其未核定者，由省政府依照實際發展情況訂定其區域，分別辦理登記估價及總歸戶工作。建築改良物辦竣登記估價及總歸戶後，原有之房捐，

---

❶ 潘廉方撰「實施都市平均地權之研究」，引自「都市平均地權討論集」第五十七頁。可耕地面積係引自「臺灣地區綜合開發計畫」第九十一頁，六十七年十月，行政院經建會。

❷ 內政部檔案「地」類 401.115/35 卷，第一宗。

❸ 郭隆朝著「實施都市平均地權條例釋義」，第十四頁，四十四年，中央文物供應社。

應改徵建築改良物稅。（第二條及第七條）

（二）凡經完成規定地價之區域，應即開徵地價稅，並以歸戶結果，依法累進徵收。如遇物價波動時，應於地價稅開徵前，以物價指數調整之。但於規定地價之地區內，仍爲農地時，得暫行徵收田賦。（第三條）

（三）凡經完成規定地價之地區，自四十一年度起，土地所有權移轉時，或雖無移轉而屆滿十年時，或有工程設施完成屆滿五年時，一律依法開徵土地增值稅，其稅率依土地法第一八一條之規定。（第四條）

（四）土地所有權移轉時，人民如有匿報或短報地價以圖逃避土地增值稅者，得照價收買之。（第五條）

（五）私有空地及不在地主之土地，依土地法第一七三條及第一七五條規定，加重徵稅。但如因防空疏散必要者，省政府得視實際情形報經行政院核准，暫緩實施。（第六條）

（六）省政府得視地方實際情形，按照土地種類及性質，嚴格限制個人或團體私有市地面積最高額，報經行政院核定，其超出規定時，縣市政府得限期令其分割出賣，或依法徵收。又縣市政府對新建都市之擴建區域，得配合都市計畫，徵收私人土地。（第八條及第九條）

是項辦法係遵照　國父平均地權原則，而擬訂的一種較溫和之都市土地改革辦法，但因當時臺灣省政府正全力推行農地耕者有其田要政，人力財力上，實難兼顧，以致未能切實順利實施。

二、本條例之擬定：

臺灣省四十二年二月起，實施「耕者有其田」後，農地改革陸續完成。鄉村地主所獲之地價資金，亦紛紛解凍。然因無正當之出路，遂轉移至都市土地之投機買賣活動，圖不勞而獲取暴利，都市土地問題因而日益嚴重。行政院迫於時勢，乃決定於四十三年內徹底實施都市土地改

革，特將其列入該年度上半年度施政計畫綱要，並舉為是年度六項施政重點之一，內政部乃依據此項政策，自四十二年七月起，著手研究，邀請專家學者，及省政府有關各廳、局主管人員，依 國父遺教、憲法規定及有關之法令，參考世界各國之都市土地改革措施，針對我國都市土地問題實況，並兼顧當時政治之要求，分組討論各項實質問題。卒於民國四十二年十二月制定成「實施都市土地改革條例草案」。（全案凡八章，六十九條，為「總則」、「規定地價」、「照價徵稅」、「照價收買」、「獎勵房屋興建與管理使用」、「罰則」及「附則」）呈請行政院核示，經行政院於同年十二月二十四日第三二一次會議決議，由全體政務委員審查，再三研議整理，而將其名稱修正為「實施都市平均地權條例草案」，復提經行政院第三二三次會議討論，決定再交內政部研討整理，內政部奉令整理完竣，即提請行政院第三四三次會議通過，於民國四十三年五月十九日，函送立法院請予提前審議。

此草案凡七章，四十四條。為「總則」、「規定地價」、「照價徵稅」、「照價收買」、「土地使用」、「罰則」及「附則」。而於行政院致立法院公函中，特列舉其內容要點如下：❹

（一）本條例為全國性立法，其施行區域以命令訂之，內容力求切合臺省實況，以便利實施，至實施本條例之市地範圍，定為依都市計畫實施範圍內之土地，其尚未公布都市計畫之地區，則由省政府視其發展之需要，訂定其區域，務期範圍明確合理，以免爭議。

（二）規定地價為實行照價徵稅（土地增值稅在內）、照價收買之

---

❹　行政院四十三年五月十九日臺四十三（內）三一〇三號函，內政部檔案「地」類 401.115/35 卷，第一宗，及民國四十三年九月十六日立法院公報第十三會期第九期。

基礎工作。按土地法所定之程序，係先由政府查定標準地價，人民對此標準地價有異議時，經評議委員會評議後重行公布，人民卽在此評議後之標準地價增減百分之二十範圍內，申報其地價，作爲法定地價，手續旣繁，其報價又不免均低於標準地價百分之二十，自須加以改進，故本草案擬定爲先由人民自由申報，經評定委員會評定，以評定價爲法定地價，其報價切實不須經過評定者，卽以報價爲法定地價。此項規定地價之方法，與　國父遺敎雖略有出入，但係適應實際情形之技術補充，其精神實相符合。

（三）已規定地價之都市辦理重估地價，重估之程序，擬定爲先由政府查定標準地價，公布後三十日內，如經人民提出異議，卽由評定委員會評定之。因重估係以規定地價爲基礎，故可免除申報手續，規定地價或重估地價屆滿一年，而地價有百分之三十以上增減時，應再辦理重估地價，俾法定地價接近眞實價格。

（四）地價稅爲本案市地課稅之重點，擬以縣（市）都市土地四公畝之平均地價爲累進起點，地價稅率自千分之十五累進至千分之六十五，使面積愈大，地價愈高者，負稅愈重，藉以抑制壟斷，並使土地使用趨於合理。至直接供工廠使用之土地，其地價稅統按法定地價數額千分之十五徵收，但以在都市計畫所定之工業區以內者爲限。

（五）土地增值稅爲實行漲價歸公之方法，土地法原規定除所有權移轉時徵收增值稅外，並得於經歷一定期間後，雖無產權移轉，亦得課徵「定期增值稅」。此項定期增值稅，以旣無產權移轉，土地雖有自然增值，但所有權人並未獲得現款，課以重稅，實將無力繳納，各國已行此稅者，均感課徵困難。故本草案擬廢除定期增值稅，至因產權移轉課稅之土地增值稅，則提高其稅率自百分之五十累進至百分之九十，此與國父遺敎漲價全部歸公之主張雖不完全相符，惟於此推行伊始，欲實行

漲價全部歸公，定多窒礙，故擬暫採累進至百分之九十為止。為防止以多報少之逃稅情事，並規定得照其報價收買，並加重權利人、義務人雙方申報之義務。

（六）為求都市土地使用合理，並限制使用人為妨礙都市建設之使用，對於都市計畫範圍內尚未建築之私有土地，每戶最高面積限制為八公畝，工業用地則視其需要情形分別訂定。土地所有權人所有之土地超過最高限額時，規定於本條例施行一年內自行出售，逾期尚未出售者，當地主管機關得徵收其超過部份，經整理後，放領與需用土地人建築使用。政府並得視都市建設發展之需要，選擇適當地區，施行區段徵收、整理、分割、分宗放領。業已出租之公有建築基地，其尚未建築者，予以切實整理，限制其承租最高面積，其超過部份，應由當地主管機關收回另行放租或放領。限額內之土地，承領人或承租人倘自承領或承租一年內尚未建築亦未呈准延期建築者，當地主管機關得照原價收回或終止契約。

三、本條例之立法：

立法院接至該案，於當月二十五日第十三會期第二十一次院會決定交內政、財政、經濟、民刑商法、法制五委員會審查，該五委員會自四十三年五月二十七日至六月二十六日止，先後舉行全體委員聯席會議九次，並函請內政、財政、經濟、司法等四部部長列席說明及備詢。幾經研討，決將該案交付各該委員會分別推請委員組成之初步審查小組（其委員共二十九人）審查。此小組自六月二十八日起至七月二十四日止，漏夜連續舉行初步審查會議十六次，就五委員會全體委員聯席會議各委員，及臺灣省臨時省議會等各方對本案之意見，於按章研討後，即就全案條文，反覆討論修正，經通過初步審查修正案，提於五委員會全體聯席會議。自七月二十六日起至八月五日止，復連續舉行全體委員聯席會

議六次，照初步審查修正案，逐條討論，就條文內容作切實而重大之修正，最後提報立法院院會，經立法院八月十日至八月十五日第十三會期第三十九次至第四十四次院會討論決議，全案修正通過。並於本條例通過後，附帶決議請行政院注意三事項：一為主管機關於擬定施行細則時，對於第九條第一款規定之「調查土地市價」，應注意土地法第一百五十條及第一百五十一條所規定之程序。二為土地所有權人之地價總額，為照價徵稅累進起點及累進級距計算之依據，如何防止化整為零，逃避計稅之累進，請主管機關於執行時應切實注意。三為本條例施行後，縣市政府對於都市計畫實施範圍內之私有土地所有權人所有面積之最高額，應照土地法第二十八條之規定，切實執行。

貳、本條例之立法爭議

本條例計從行政院所提草案七章，四十四條文，分別整理增刪，而成為八章（增列漲價歸公一章），四十七條文。其立法審議過程，立法諸公意見頗紛歧，爭議殊多，綜其所爭議之重大問題，略可歸納下列八點：❺

一、本條例之名稱問題：

關於本條例之名稱，內政等五委員會審查時，即有兩主張：其一係主張採用原草案「都市平均地權」名稱。惟對其內容，則主張應依據國父「平均地權」之遺教，予以修改充實；其二則謂原草案名稱極為不妥，應予更改。其理由有四：一為如全依　國父平均地權遺教，徹底實施，則可用原名稱，今本條例既非若此，則自不當採用原名稱。其次，平均地權為　國父崇高之理想，且為我國國策，實不宜作法律名稱。其

---

❺　同❸，第五章。

三乃 國父平均地權遺教，係兼指農地與市地而言，並非僅限於都市土地。如以農地已實施耕者有其田，而僅都市實施平均地權，則與遺教顯有未符。其四：如就憲法第一四二條及第一四三條之精神，以觀原草案之內容實質，實亦不應採用原名稱。而其所主張更改的名稱亦有四：（一）「都市土地稅條例」或「都市土地稅稽徵條例」。（二）「都市土地改革條例」。（三）「臺灣省都市平均地權實施條例」或「都市平均地權實施條例」或「都市平均地權初期實施條例」。（四）「都市土地平均條例」。

在上列名稱之爭議中，經內政等五委員會聯席會議表決結果，則多數通過原名稱。蓋以本條例內容雖與原名稱未盡相符，然爲遵行 國父遺教，依據憲法，貫徹平均地權政策，以加強政治號召計，自以採用原名稱爲宜，至於其內容，則予切實修訂，以宏實效。

二、都市土地之範圍問題：

都市土地之範圍，卽本條例施行範圍，此問題在本條例立法時，曾予多方研究。於當時亦有兩種不同之主張：其一主張市地範圍應只限於都市計畫實施範圍內之全部土地，俾其法定範圍明確合理（狹義解釋）。其二主張市地範圍，除上述規定外，並參照原草案規定（定爲依都市計畫實施範圍內之土地，其尚未公布都市計畫地區，則由省政府視其發展需要，訂定其區域）之原意，而授權省（市）政府視各區發展需要，得擬定本條例實施區域及其都市計畫，報請內政部核定實施，並限期依法公布，以應地價暴漲地區之事實需要（廣義解釋）。

上述兩者經討論表決結果，前者獲多數通過，本條例之實際施行範圍，採最狹義之解釋，務期範圍明確，合法合理，以杜弊端。

三、規定地價之方法問題：

規定地價爲照價徵稅、照價收買及漲價歸公之基礎，故其方法如何

規定，關係本條例實施至鉅。其立法之始，或主張規定地價應採地主自由申報之法，徹底實施以符　國父遺敎。或主張兼採地主自由申報地價及報價評定方式：先由人民自由申報，經評定委員會評定，以評定價爲法定地價，其報價切實不須經過評定者，卽以報價爲法定地價。此主張係以評定爲主，申報爲輔，似與　國父遺敎未盡相符。

上二主張，均具相當理由，然亦均拘泥遺敎且不切實際，而有失實踐遺敎之義，故經詳予討論結果，爰採折衷辦法。規定先由主管機關於申報地價前調查土地市價或收益價格，由人民自行參酌依限申報，如有逾期不報又不依限補報者，則主管機關得以公告地價爲其申報地價。如此而以人民申報地價爲主，評議爲輔，將自由申報之辦法，略予變通辦理，自可收其實效。

四、重估地價之問題：

規定地價後，是否需要重估地價，亦爲重要爭議問題之一。此種問題，有兩派根本相反之主張：一派認爲在正常情況下，地價有逐年增漲之趨勢，欲達素地地租共享之目的，則須於地價增漲後，重估地價，而按其重估結果課稅，因而主張已規定地價之都市，辦理重估地價，其程序爲先由政府查定標準地價，公布後三十日內，如經人民提出異議，卽由評定委員會評定之。因重估係以規定地價爲基礎，是以免除申報手續。規定地價或重估地價屆滿一年，而地價有百分之三十以上增減時，應再辦理重估地價，俾法定地價與眞實價格相近。另一派則認爲依　國父遺敎「所報之價，永以爲定」，根本無重估地價之可言，亦卽申報地價以一次爲限，以爲永定，則地主所報之「價」，方有存在基礎。若眞欲重估地價，土地法中已有明定，亦無庸於本條例再事強調。因而不主張規定重估地價，以符遺敎且免重複。

此兩派主張，後者經內政等五委員會審查會中獲勝，惟在院會二讀

時，經討論表決之結果，則多數通過前者之精神，但爲顧及事實而改定爲：「規定地價或重新規定地價，屆滿二年後，而地價已較原規定地價有百分之五十以上之增減時，應依本條例第九條規定之程序，重新舉辦規定地價。」（本條例第十一條）

五、地主分散土地以逃避累進稅之防止問題：

本條例對地價稅之規定，係採累進稅制。欲行之有效，則應先將各地主全部市地予以總歸戶（指縣市總歸戶而非全省或全國總歸戶），再按其總地價累進課徵。惟如狡黠之徒，在名義上將其土地分別贈與其共同生活之親屬，化整爲零以逃累進稅，則累進稅之徵收，勢將落空。且此等情事，亟有可能發生，而減損平均地權之效果。而應否於本條例中明定辦法，以防止之，遂引起另一立法之爭議問題。其主張在本條例中立法者，爲謀有效措施，除將共同生活之家屬，其各所有之土地應歸爲一戶計算，亦提出具體之條文兩種：其一主張在「照價徵稅」章中規定一條爲「都市土地地價稅總額，以永久共同生活之直系血親及家屬所有土地，合併計算」；其二主張在「罰則」章中規定一條爲「本條例施行後，都市土地所有權人將其土地爲虛僞之贈與，或分割與其共同生活之直系血親家屬，希圖逃避累進稅者，處一千元以下之罰鍰。」而持反對意見者，則認爲地主將其土地分散情事，正與平均地權之精神相符合，實無防止之必要。

雙方意見經一再討論結果，最後決定本條例無庸規定，惟以該項情事，確亦值得注意，爰經決議一項（決議文已見前述），送請行政院注意。

六、實施漲價歸公之方法問題：

有關漲價歸公之方法，有兩方不同之主張，爭議頗爲激烈。一方主張應遵照　國父遺教，將土地自然漲價全數收歸公有；一方則以爲應依

據憲法規定，將土地自然漲價，以徵收土地增值稅之方法，逐漸收歸公有（部分歸公）。

上述兩派主張，經再三討論表決結果，多數通過後者之意見。其理由殆可分兩方面言之：

（一）就有關法律及市地政策上，其理由如下：

1.　依憲法第十九條規定「人民有依法律納稅之義務」，而無繳納土地漲價之義務。

2.　依憲法第一四三條第三項規定「應由國家徵收土地增值稅」，而無繳納土地漲價之規定。

3.　土地法早已採用土地增值稅名稱，民間業已熟悉，而不必另立新名稱。

4.　依契稅條例第二條規定，在未開徵土地增值稅區域，應完納契稅，而本條例實施後，不但契稅是否停徵，頗有問題，且該條例是否需修正，亦值得考慮。

5.　「土地自然漲價，收歸公有」，非捐非稅，非罰鍰，亦非充公，日後是否由稅捐稽徵機關徵收，頗滋疑義。

6.　「土地自然漲價，收歸公有」之名稱，如何適用於財政收支劃分法，亦有問題。

（二）就漲價全部歸公之事實困難及其不良影響言：自然漲價悉數歸公，情理誠然，其義至善。惟今日倘突然施行，則不僅政府之人力無法顧及，恐將窒礙土地之改良利用與自由移轉，影響人民私權之行使，而阻擾經濟之進步，並造成社會上之嚴重紛爭。即或在執行技術上得以解決，但下列兩項仍是大問題：

1.　地價增漲，包括自然漲價與改良漲價。前者因社會之進步而產生；後者則出於使用土地人投施資本勞力改良而產生。自然漲價固應全

部歸公，而改良漲價便應歸改良者所享有。但兩者之間，極難清晰劃分。

2. 地價係以貨幣為計算單位，而貨幣之幣值，恒有低落趨勢，逐日漸貶低其購買力。若實施漲價歸公，則今日地主所有之原地價，與昔日地主購買土地時所支付之資金，其對一般商品之交換比率，縱在通貨幣值穩定之際，亦較昔日為低。其低落程度亦視所經時間之久暫而定，故土地之漲價中，恒有一部份因貨幣貶值而形成之漲價在內，情理上，亦應歸地主所享有，但此漲價與自然漲價，亦難區分。

由上面分析，足見都市平均地權實施之始，全依 國父漲價全部歸公之理想，實非一蹴可成。處當時環境下，徵收土地增值稅，而逐漸收歸國有，誠不失為一切可行之途徑。

七、限制私有土地面積之最高額問題：

依本條例「土地使用」章規定，私有空地面積最高額以十公畝為限，但對私有土地所有權人所有面積之最高額，則並無限制。究竟應否限制？ 主張限制者，認為無論就憲法第一四三條規定言，或目前事實需要，均有限制之必要，並主張以一百公畝為限。但反對者以為土地法第二十八條已有原則性規定，無需重列，如予規定，則必影響本條例所定累進地價稅之最高稅率，同時限制太低，恐不易推行，限制過高，將聳人聽聞，形同虛設。

上述兩種意見，最後討論結果，決定於條例中不予規定，而土地法第二十八條之規定，確有嚴予執行之必要，爰經決議一項（決議文見前述），送請行政院注意。

八、照價收買及徵收超額土地地價之補償問題：

照價收買及徵收超額土地，其地價補償，是用現金或債券？ 在本條例中，並無明文規定。至於前者有人主張按地價總值五十萬至三百萬多寡之不同，得搭發土地債券三成至九成；亦有人主張得發行土地債券搭

付之，並主張以照價收買之土地及其附屬建築物爲擔保。而後者，亦曾主張得給付土地債券，其發行辦法另定之。(行政院原草案第三十二條)

其討論表決結果，決定本條例不予規定，蓋土地法第二十九條已有規定（徵收之地價補償，得斟酌情形搭給土地債券），若明文規定債券或現金，則必將刺激人心或加增行政上之困難，故不予規定。

以上所述八大問題，皆爲立法時最爲爭議之問題。其他如地價稅制問題、（例如有認爲本條例所定之累進稅起點，係以面積爲依據，有欠公允，而應以地價爲標準。）罰則問題（有認爲本條例規定罰則條文太多，於現代單一刑法之理想，未盡相符，如必須規定，應予合併爲兩條，一條規定罰鍰，一條規定刑事處分。）及市民居住問題等等，亦均爲立法時所反覆辯論者，惟屬次要於此不贅述。

叁、本條例之內容重點

「實施都市平均地權條例」於民國四十三年八月二十六日由總統命令公布施行。其基本立法精神，是遵照　國父「平均地權」遺敎中之四大辦法而制定，採由地主申報地價原則，以「照價收買」爲控制低報地價之手段，而藉「漲價歸公」之法，達土地之自然增值爲社會共享之目的。又本條例屬土地法之特別法，除變更或排除土地法外，本條例未規定者，仍適用土地法及其他有關法律之規定。（條例第一條）茲將本條例按其章條次序，摘其內容要點如下：

一、關於實施範圍者

本條例對實施範圍定爲依都市計畫範圍內之全部土地。所謂都市計畫，係指依法公布者而言，惟本條例施行前，都市計畫業經實施而尙未公布者，得准用本條例，但應限期依法公布。（參照條例第三、四條）前者指出都市計畫必須依據都市計畫法制定，否則無效；後者則爲顧及

臺灣省實際情況，自不該以有無公布都市計畫者爲限，蓋當時臺省都市計畫經內政部核定公布者，僅有五個市鎮，而有了後者之規定，則臺灣省將有一百一十三個市鎮鄉村可實施本條例， 如此市地改革， 自較普遍。

二、關於規定地價者

（一）規定地價之時期：「 本條例實施後， 直轄市及縣（市）政府，對於轄區內都市土地未依土地法辦理地籍測量及土地登記者，應限期辦理完竣。」、「都市土地未規定地價者，應舉辦規定地價，其已定地價者，自本條例施行後，重新規定地價。」（條例第六、七條）此爲規定地價之時期。

（二）規定地價之程序：都市土地所有權人應依本條例之規定，自行申報地價，其程序如左：（條例第九條）

1. 主管機關應於公告申報地價前，先行分別區段地目，調查土地市價或收益價格， 劃分等級，並將調查結果，提交都市地價評議委員會評議後，分區公告之。

2. 主管機關公告申報地價之期限，其申報期限不得少於三十日。

3. 土地所有權人應於申報地價期限內，自行申報其所有各宗土地之地價， 逾期不申報者， 主管機關應通知土地所有權人， 限期補行申報。

4. 土地所有權人不依前款之規定補行申報地價者，主管機關應通知土地所有權人，以各該區段地目相同土地之公告地價爲其申報地價。

5. 都市地價評議委員會認爲土地所有權人申報之地價過低時，由主管機關規定限期通知土地所有權人，准予另行申報，如其另行申報之地價低於公告地價百分之二十時，得由政府照價收買之。

6. 主管機關於規定地價完竣後，編造地價册及總歸戶册。

（三）都市地價評議委員會之組織：此委員會係當地主管機關依行政規定所組成，其委員中應有民意代表參加，但名額不得超過半數。（條例第五條）

（四）重新規定地價：本條例第十一條有明文規定地價或重新規定地價屆滿二年後，而地價已較原規定地價有百分之五十以上之增減時，應重新舉辦規定地價，並照規定地價之程序辦理。

三、關於照價徵稅者

都市土地應依本條例之規定徵收地價稅，其規定如左：

（一）累進起點地價：地價稅累進點起地價，以各該縣市都市土地五公畝之平均地價爲準。（條例第十三條）前述土地法之規定係以自住地必須面積爲度；前地政部所訂「累進起點地價擬定辦法」規定：市地以自住地一市畝（折合二〇一・六七坪）之平均地價爲準；本條例以五公畝（折合一五一・二五坪）之平均地價爲標準，係將原定計算標準降低四分之一，土地所有權人負擔之地價稅額，乃稍加重。

（二）累進稅率：照條例第十四條規定，其稅率累進如后：

1. 土地所有權人之地價總額未超過累進起點地價時，其地價稅按其申報地價數額千分之十五徵收之。

2. 超過累進起點地價時，其超過部分以每超過累進起點地價百分之四百爲一級距，每一級距內各就其超過部分逐級加徵千分之五，以加至最高稅率千分之六十五爲止。

3. 都市計畫所定之工業區內直接供工廠使用之土地，其地價稅統按其申報地價數額千分之十五徵收之。

（三）加重課稅：關於不在地主之土地加重課稅，本條例第十五條做如是規定：「不在地主之土地，其地價稅應照應繳之數加倍徵收之。」此與土地法第一七五條之規定雷同。

四、關於照價收買者

照價收買之辦法，土地法中無明文規定，本條例特立「照價收買」專章，使成爲實施都市平均地權時，防止地價低報及逃避課稅之利器。

(一)照價收買之對象：若有下列兩種情形之一，依本條例第十六條之規定，政府卽得照價收買其土地：

1. 依本條例第九條第一項第五款規定，在規定地價時，土地所有權人申報地價低於公告地價百分之二十，政府得照價收買其土地。其主旨在制裁低報地價，以圖逃避地價稅。

2. 依本條例第二十五條第二項規定，土地所有權移轉時，原土地所有權人申報土地現值過低，而不接受都市地價評議委員會評議之地價時，政府得照價收買其土地，其目的在制裁低報現值地價，以圖逃避土地增值稅。

(二)照價收買之程序：此程序於本條例第十六條做詳細之標明：

1. 公告與通告：「主管機關查明應行照價收買之土地，須先行公告，並以書面通知土地所有權人或土地移轉之權利人及土地他項權利人。」（第一款）

2. 繳交土地權利書狀：「前款通知人應以通知送達之次日起六十日內，呈繳土地所有權狀，他項權利證明書及有關證件，逾期不呈繳者，宣告其書狀證件無效。」（第二款）

3. 領取地價：「前款通知人呈繳之書狀證件，經主管機關審核無訛，或其書狀證件經宣告無效後，應於三十日內領取地價或他項權利價值，逾期不領取者依法提存。」

(三)照價收買之補償：照價收買除照地主申報之地價補償外，本條例針對下列三種實際情況，作如下規定：

1. 改良土地費用及已繳工程受益費之補償：照價收買土地時，如

土地所有權人有改良土地情事，其改良土地所支之費用及已繳納之工程受益費，經主管機關驗證登記者，應併入地價內計算補償。（條例第十七條）

2. 農作改良物之補償：照價收買之土地，其原有建築改良物之所有權人，願按當時公告地價承購，或承租該項土地者，其建築改良物不得收買。（條例第十八條）

3. 建築改良物之限制收買：照價收買之土地，其原有建築改良物之所有權人，願按當時公告地價承購，或承租該項土地者，其建築改良物不得收買。（條例第十八條）

以上照價收買之規定，於本條例第二十條中，亦條明政府照價收買之土地，直轄市及縣市政府得隨時出售或出租，以處理之。

五、關於漲價歸公者

行政院所提之草案，並無漲價歸公之規定。而立法院審查時，咸謂漲價歸公乃　國父平均地權之最終結論，為貫徹遺教，遂特立專章規定於本條例內，使都市所有權人自行申報地價後，以徵收土地增值稅方式，將土地之自然漲價逐漸收歸公有。（參考條例二十一條）其要點有：

（一）課稅時機及納稅人：本條例與土地法略有不同，蓋本條例並無定期課徵土地增值稅之規定，僅於土地所有權移轉時，依照漲價總數額課徵土地增值稅，但因繼承而移轉者不在此限，此誠可視為課稅之時機。（參考條例二十二條）至於納稅人雖未明確規定，當適用土地法第一八二條，及本條例二十七條：土地因買賣而移轉，逾期不申請登記，則由買受人代為繳納土地增值稅之規定，而推定土地增值稅之納稅人為出賣土地者。

（二）課稅標準：參照條例二十二條規定，其標準為：

1. 自然漲價應依照土地漲價總數額計算。（第一項）

2. 土地漲價總數額應減去土地所有權人爲改良土地所用之費用及已繳納之工程受益費。（第二項）

3. 申報地價遇一般物價劇烈變更時，依物價指數調整計算之。（第三項）

（三）稅率：土地增值稅採累進稅率，依本條例二十三條、二十四條規定如下：

1. 土地漲價總數額在原申報地價數額百分之一百以下者，就其漲價總數額徵收增值稅百分之三十。

2. 土地漲價總數額超過原申報地價數額百分之一百至百分之二百者，除按前款規定辦理外，其超過部分徵收增值稅百分之五十。

3. 土地漲價總數額超過原申報地價數額百分之二百至百分之三百者，除按前二款規定分別辦理外，其超過部分徵收增值稅百分之七十。

4. 土地漲價總數額超過原申報地價數額百分之三百至百分之四百者，除按前三款規定分別辦理外，其超過部分徵收增值稅百分之九十。

5. 土地漲價總數額超過原申報地價數額百分之四百以上者，除按前四款規定分別辦理外，其超過部分應全部收歸公有。

（四）土地增值稅收入之用途：本條例第二十八條規定：「依本條例施行漲價歸公之收入，以爲建築平民住宅及育幼養老救災濟貧衞生等公共福利事業之用。」卽用以發展都市公共福利事業之建設，以增進全民福祉。

諸如上列，漲價歸公之意甚爲明確，至若土地移轉不申請登記，或匿報土地移轉現值而企圖逃避漲價歸公者之防止，本條例第二十五、二十六條亦有詳明規定。

六、關於土地使用者

　　爲促進都市土地利用，「實施都市平均地權條例」有「土地使用」一章以闡明：「直轄市及縣市政府對於都市計畫範圍內及其新擴展地區所需之土地，得限制使用人爲妨礙都市建設之使用。」（條例第二十九條）其限制方式如下：

　　（一）區段徵收之實行：本條例第三十、三十一條規定：直轄市及縣市政府得視都市建設發展需要，選擇適當地區施行區段徵收；其地價補償則按照市價，由都市地價評議委員會評議之，其漲價部分，則準用本條例「漲價歸公」章有關條文規定；徵收之土地經整理分劃後，分宗放領給需地之人建築使用。此等規定可使都市新興地區，實施土地徵收，合理分配使用，提高土地利用價值，調整地權平均，並可防止土地投機壟斷，坐享不勞而獲，使地利公享之。

　　（二）空地面積最高額之限制：照本條例三十四條規定：對於都市計畫實施範圍內，尚未建築之私有土地面積最高額，以十公畝爲限。但對私有土地所有權人的所有面積之最高額限制，則無規定，因空地以外之市地限制面積極其困難，限多則不能收效，限少又執行不通。本條例三十五條亦僅規定地主所有超過十公畝之都市空地面積，應於二年內自行出售，逾期未出售者，當地主管機關得徵收之，整後放領與需用土地人建築使用。

　　（三）公有建築基地之出租限制：依本條例第三十二、三十三、三十六各條文規定：公有建築基地其尚未建築者，應限制其承租最高面積（十公畝），超過限額部分應由政府收回，另行放租或放領給需地之人建築使用；承租人不得將其承租之公有建築基地轉租頂替，違者終止租約；承租或承領之土地，必須於一年內興工建築，逾期未建築亦未呈准延期建築者，當地主管機關得照原價收回或終止租約。

　　至於本條例第二十七條：「政府於住屋缺乏之區域，應興建住屋，

並扶助人民建築，以利民居。」卽一方面由政府籌資興建，一方面由政府扶助人民建築，以解決各都市日益嚴重之屋荒問題，使市民住者有其屋。

七、關於欠稅等罰則者

為貫徹「實施都市平均地權條例」之推行，及加強實施效能，乃規定相當罰則，以令都市刁頑之大地主知所警惕而利施行。有關處罰之規定，可歸為下列幾項：

（一）本條例第三十八條及第四十一條，對土地移轉不為申請移轉登記或申請時虛報土地現值之處罰皆有規定。

（二）本條例第三十九及四十條，則是對地價稅及土地增值稅欠稅處罰之規定。

（三）本條例第四十二至四十四條，對毀損照價收買之建築改良物，妨礙都市建設之使用及承租之公有建築基地有轉租頂替者之處罰規定。

本條例之內容重點已如上述。由其重點可發現，本條例對土地法作了重大修正，且　國父平均地權亦大體恢復舊觀，並具以下諸種特質❻：

（一）實行自報地價：

關於規定地價之方法，土地法係以標準地價為主，申報地價為輔；本條例則以人民「申報地價」為主，評議地價為輔，此項方法雖與　國父遺教略有出入，但係適應當時實際情形之技術補充，其精神實相符合。

（二）加強地價稅制：

---

❻　同❸，第七章。

　　土地法所定地價稅累進級距雖爲累進起點地價之五倍，而其累進稅率，則最初爲加徵千分之二或三，以後每級加徵千分之五，最高加徵千分之五十，連同其基本稅率合計爲千分之六十五。但因此項規定，甚寬緩軟弱，致無法達成稅去素地地租及抑制土地投資壟斷之目的，故本條例特予改進加強之。其改進方法有下列三點:

　　①　將累進起點地價，由原來一市畝降低爲五公畝。

　　②　將累進級距由原來之五倍縮短爲四倍。

　　③　將累進起點地價由原來之千分之二或三提高爲千分之五。

　　(三) 增訂照價收買:

　　土地法對於照價收買，僅規定土地所有權人認爲標準地價過高，而不能按其百分之二十內增減之限制爲申報時，則得聲請該管市縣政府照標準地價收買土地。按此規定一則過簡，二則與　國父遺教出入甚大，故本條例特予改善爲:

　　①　明確規定照價收買之對象及其程序。

　　②　照價收買土地上之建築物，予其所有權人以保障。

　　③　照價收買土地上之農作物，予其經營者以補償。

　　④　照價收買土地之處理，不受處分公有土地之限制。

　　(四) 厲行漲價歸公:

　　土地法及原草案均無「漲價歸公」章之規定，僅以課徵「土地增值稅」代之。惟「漲價歸公」乃　國父遺敎之重心所在，故本條例特列專章，厲行實施:

　　①　土地所有權人自行申報地價後，其土地之自然漲價，以徵收土地增值稅逐漸收歸公有。

　　②　明確規定土地漲價計算方法，及應行收歸公有之場合。（只限於土地權利移轉時爲之，但因繼承移轉者不在此限。）

③ 明確規定土地漲價應予收歸公有之具體辦法。

④ 加強土地移轉時，權利人及義務人申報登記之義務.

⑤ 硬性規定漲價收入之用途。

再者，本條例對土地增值稅，亦予改進加強:

① 廢除免稅額。

② 廢除定期增值稅。

③ 將稅率由原來的百分之二十至百分之八十提高為百分之三十至百分之九十，並規定土地漲價總數額超過百分之四百者，應將超過部分全部收歸公有。

④ 防止土地移轉延不申請登記與匿報土地移轉價格以逃避納稅之企圖。

（五）促進土地使用:

土地法對土地之使用，有專編規定，惟其規定已不合當前政策需求，故本條例特舉五點，以促進其使用:

① 政府得限制土地使用人為防礙都市建設之使用。

② 政府得視建設需要，施行區段徵收。

③ 便利興建房屋者取得建築基地。

④ 限制私有空地最高面積以十公畝為準。

⑤ 明確規定房屋救濟原則。

（六）獎勵工業發展:

關於獎勵工業發展之規定，有下列兩點:

① 直接供工廠使用之土地，其地價稅稅率，一律以千分之十五徵收（以在都市計畫所定之工業區內者為限），以減輕其負擔。

② 工業用地面積不受私有空地面積之限制。

肆、本條例之實施準備

　　民國四十三年八月二十六日，總統命令公布施行「實施都市平均地權條例」；同年九月七日，行政院指定臺灣省爲本條例施行區域；各縣市政府卽積極展開工作。茲簡述實施準備之情況：❼

　　一、準備工作之分配：

　　本條例於四十三年八月十五日，經立法院三讀通過後，內政部爲求積極準備迅卽實施起見，於八月十六日邀請行政院秘書處、有關部會、省府廳局等機關首長及主辦人員，舉行會商，將應行準備之各項工作，分別指定主辦機關負責辦理，諸如：補充法規之研擬，都市計畫之訂定，實施計畫及經費預算之擬訂，工作幹部之講習，地價册之編造，照價收買資金之籌措等等。

　　二、補充法規之訂頒：

　　（一）民國四十三年十月二日公布「都市地價評議委員會組織規程」，又於四十四年九月三十日公布「臺灣省各縣市政府（局）都市地價評議委員會會議規則」。

　　（二）民國四十三年十一月二十五日，修正公布「地價調查估計規則」。

　　（三）民國四十五年元月十九日公布「實施都市平均地權條例臺灣省施行細則」。

　　（四）民國四十五年六月十一日公布「臺灣省實施都市平均地權土地債券發行條例」。

　　三、都市計畫之審核：

---

❼　內政部檔案「地」類 401.9/33卷，第一宗、 401.115/35 卷，第八宗及 402.12/13 卷，第一宗。

按本條例規定實施都市平均地權之地區，其都市計畫須依法公布或限期公布。臺灣省光復後依法公布都市計畫之地區僅有北投等十一處，而於日據時代訂有都市計畫之地區共有七十二處，但因期間已久，遂卽依照都市計畫有關法令予以重新審核，至四十四年三月全部審核竣事，督飭各級主管機關修正報核以便公布實施。

四、督導辦理準備業務:

臺灣省各市鎮之地籍測量、土地登記工作、規定地價、編造地價册及總歸戶册原已大部分辦竣，且有部分已開徵地價稅，本條例公布後，爲謀都市平均地權之實施，特由內政部督導臺灣省政府徹底重加整理，自四十三年上半年起，普遍辦理上述準備工作，並於四十五年分別舉辦省、縣兩級工作人員之講習與實習，以順利推展實施都市平均地權工作之進行。

第二節　實施都市平均地權條例之四度修正

壹、本條例第一次修正

制定「實施都市平均地權條例」爲我國向所未有之立法。故於立法之際無不周詳愼密審議，以求臻完善；但自民國四十三年八月二十六日公布實施，面對現實考驗以還，仍不免發生若干偏差問題，而阻礙此一大政策之推行，就中最嚴重者，爲都市房租之暴漲，而使多數市民產生恐慌，其屋荒程度竟遠較本條例實施前爲重，於是不滿之聲四起。再者都市大地主亦竭盡辦法逃避增值稅，政府稅收遂有名無實，而造成社會權益之不公平。行政院爲求本條例更能適切實際情況，復根據內政部採納各方意見所呈擬之實施都市平均地權條例修正條文草案，經第五二八

次院會修正通過後，於民國四十六年十月三十日函請立法院審議。

　　該草案所擬條文要點有（一）關於加強平均地權政策之實施者；(二)關於促進都市建設之發展者；（三）關於獎勵工商建設之發展者，其修正條文計有五條，並擬新增條文五條以資運用。此次內政部之修正，旨在將地價稅基本稅率減低為千分之十，以利地價稅之徵收，及規定照價收買時得一併收買其建築物，以利照價收買之實施。❽

　　立法院接到行政院函請審議實施都市平均地權條例修正條文草案一案後，經提四十六年十一月五日該院第二十會期第十二次會議報告決定，交內政、財政、經濟、民刑商法四委員會聯席審查。四委員會審畢後，經該院第二十會期第三十一次會議至二十一會期第十二、十三、十五、十八、二十次會議審議，至第二十四次會議時，又決議本案重付內政、財政、經濟、民刑商法四委員會審查。四委員會於第一次與第二次重新審查過程中，曾邀請內政部長、財政部次長，及內政財政兩部各主管人員列席說明備詢，前後舉行會議十六次，幾經審議，反復辯論，再三推敲，始審查完畢。於民國四十七年六月三日向該院第二十一會期第二十九次會議再度提出審查報告，又經該院熱烈辯論審議，最後該院於民國四十七年六月二十四日第二十一會期第三十二次會議修正通過。全文共五十四條，就原條文修正者三條，增列者七條。於民國四十七年七月二日由總統公布施行，是為本條例第一次之修正。

　　本條例所修正要點，有行政院首次提出修正草案所擬修正各點而為立法院採納者，亦有立法院另加增訂者。茲扼要分述如下：

一、關於第二章「規定地價」部分

---

❽　詳見行政院四十六年十月三十日，臺四十六（內）五九一五號函，內政部檔案「地」類 401.115/35 卷，第十宗，暨民國四十七年六月三日立法院公報第二十一會期第十二期。

增列第十一條規定：「都市土地，經都市計畫編爲道路、溝渠或其他供公共使用者，其土地所有權人申報之地價不得超過該地之公告地價。」行政院所具理由爲 國父對地主之申報地價，原無限制高報的主張，僅以照價徵稅使地主不敢以少報多；惟經都市計畫編爲公共使用之都市土地，依法均限制建築使用，故其地價稅亦均依土地法第一九四條規定予以減免，因而地主高報地價後，旣無重稅負擔，而於政府徵收時，又可獲得高額補償。故行政院特擬增訂第十一條條文，以防地主預知其某地將由政府徵收而於申報地價時故意抬高報價，圖苛索補償之現象。且公告地價，均經地價評議委員會評議，以此價而予以限制，政府與地主可兩得其平。

二、關於第三章「照價徵稅」部分

照修正條文第十五條（原十四條）規定，地價稅基本稅率，由原來千分之十五減爲千分之七；而對累進稅率則略有提高。因行政院鑑於地價稅開徵後，一般人對於千分之十五之基本稅率，皆感過重，小地主難以負荷，自用土地者尤感沈重，而對大地主之土地亦未收抑制土地集中壟斷迫其廉售之效。遂而主張降低基本稅率爲千分之十，以減輕人民負擔，並調整累進稅率，以期平均地權目標早日達成。當此案於立法院審議時，最受激烈討論者乃爲減低基本稅率爲千分之十的問題，有主張減低爲千分之二，或千分之五，或千分之七，亦有主張最低不得少於千分之十，同時社會輿論亦紛紛提出意見，以爲地價稅基本稅率不可過低而贊成行政院所擬之千分之十通過，以符 國父「値百抽一」之原則。蓋土地所得之收益中，一部分是天然力所生之結果，不是地主私人所「應有」，徵收地價稅之意義，旨在徵收地主私人所「不應有」部分，若地價稅基本稅率過低，則地主不僅佔其所「應有」部分，亦侵及其「不應有」之部分。然就實際而論，地主除基本稅率千分之十外，尚有戶稅及

防衛捐，合計實徵稅額達千分之十九點五，實屬過高，非一般小地主所可負荷；　故立法院衡量實際情況，　於是修正地價稅基本稅率為千分之七，加上戶稅及防衛捐，其實徵稅額為千分之十五點六。至於行政院所擬修正提高累進稅，改定級距，立法院予以通過；其要點為超過累進起點地價在百分之五百以下者，其超過部分加徵千分之五，超過累進起點地價在百分之五百以上者，就其超過百分之五百部分，以每超過百分之五百為一級距，每一級距內，各就其超過部分逐級加徵千分之十，以加至最高稅率千分之六十二為止。

　　增列第十六條文規定：「公有土地之地價稅，統按其申報地價數額千分之七徵收之，但供公共使用者免徵地價稅。」此即公用地免徵地價稅，公有地免課累進稅；因實施都市平均地權，係以私有土地為對象，現各級政府雖擁有多數土地，並無投機壟斷可言，且當時所有徵收公地之地價稅款，多係採用轉賬與記賬方式，並無現款支付；再者，自臺省實施平均地權後，市民最不滿者是公有出租房地領導提高租金，而使一般地主將地價稅轉嫁於租戶，若公有地不予課徵累進稅，則稅負既輕，宅地租金自可減低，行政院為顧及事實，減少行政手續及減輕公有土地承租人之負擔起見，而增列本條，經立法院審議，予以採納通過。

　　三、關於第五章「漲價歸公」部分

　　增列修正條文第二十七條第三項規定：「依前項評議地價，應以政府公布之物價指數為計算標準。」此項修正係立法院在修正本條例三讀當中，提出之文字修正。

　　另增列第三十一條規定：「實施本條例之地方，應視地價稅收入遞增比例，按年擬訂都市計畫實施進度，編列都市建設經費預算，盡先興辦道路水電等公共工程。」行政院鑑於本條例規定，實施都市建設，與實施都市平均地權，有不可分離之關係。年來臺省實施都市平均地權之

區域，土地稅收雖較過去大量增加，然因未撥款都市建設，地利未歸公享，人民嘖有煩言，特擬增列此條，使土地稅部分，應提成撥充都市建設之用，以使當地市民確能享受平均地權利益，體認平均地權之政策效果，以符平均地權促進地盡其利，達成地利公享之主旨，行政院所擬此條文，即爲立法院予以採納通過。

四、關於第六章「土地使用」部分

增列第三十五條規定：「直轄市及縣（市）政府，得視都市發展之需要，選擇無建築物地區，徵得該地區私有土地全體所有權人三分之二而其所有土地面積亦超過重劃區內土地總面積三分之二者之同意，舉辦土地重劃，其重劃區內供公共使用之道路溝渠廣場等所需土地，由該地區土地所有權人按其土地受益比例，共同負擔，其餘土地，依各宗土地原定地價數額，比例分配與原所有權人。」舉辦土地重劃，爲促進市地利用，發展都市建設必要措施，修正案中做此規定，實屬切要。

另新增訂第四十二、四十三及四十四條三條文。行政院所擬原草案關於管理房地租賃，並無增訂條文，但立法院審查本案時，有人民陳溪木者向立法院請願，請修改土地法第九十七條，其認爲房租與地租皆爲千分之十頗不合理，地租應低於房租。立法院就此一請願案做熱烈之討論研究，又自實施都市平均地權後，房地主藉詞提高房地租金，已普遍引起糾紛，影響平均地權政策之推行，幾經激辯，最後乃參照陳溪木請願意旨，爲配合政策平抑基地租金計，而於本章增列管理房地租賃之條文三條，新增第四十二條規定：「實施本條例之地方，其建築基地租金，以不超過該宗地申報價額年息百分之二爲限。」較土地法第九十七條之規定，降低百分之八。新增四十三條爲：「房屋連同基地出租時，除基地租金適用前條規定外，房屋租金以不超過該房屋價額年息百分之十爲限。前項房屋價額，由直轄市及縣（市）政府查估之。」此與土地

法第九十七條規定相同，旨在獎勵人民投資興建房屋。又新增第四十四條：「約定基地或房屋之租金超過前兩條規定者，得由承租人申請該管市縣政府強制減定之。」

貳、本條例第二次修正

「實施都市平均地權條例」自四十七年七月一日首次修正公布後，依臺灣省政府及各方面反應，認仍未臻周妥，亟應就有關條文再予修正。又以實施以來，都市土地地價繼續暴漲，不僅土地稅收少有起色，且阻礙工商業發展，影響民生。其地價上漲固因人口之增加和都市建設之故，然法律上之缺憾，而予投機者有可乘之機，亦情勢顯然。臺灣省政府於向行政院呈報該省實施都市平均地權地區地價上漲情形時，曾列舉照價收買之有效執行問題、舉辦重新規定地價之原地價問題、評議地價以物價指數為計算標準問題、基地地租之過低問題等，於執行上頗有窒礙。行政院以其關係至鉅，乃令據內政部呈擬本條例第二次修正草案到院，先交財政部、司法行政部、經濟部、美援運用委員會及臺灣省政府提具意見。此期間中國土地改革協會、國父遺教研究會及中國地方自治學會等學術團體，及各方有關人士亦分別提供建議。復由行政院將有關意見及建議發交內政部邀請有關機關會商整理具復，內政部亦迭經分函各有關機關，再請提供意見及資料，並先後舉行會議多次，反覆研討結果，已就臺灣省政府指陳疑義及窒礙難行之處及各方所提意見，於第二次修正本條例草案內，分別予以修正或增刪。行政院將此修正草案提于第七五九次院會討論通過後，於民國五十二年一月八日函送立法院審議。立法院將此案提出該院第三十會期第三十次院會報告決定：交內政、財政、經濟、司法等四委員會聯席審查。然本條例第二次修正草案雖經交付該四委員會聯席審查，但尚未正式集會提付討論；行政院復於

此時，以本案關係重大，有關方面迭次表示意見，再經由內政部會同財政部研商，擬具重加修訂之實施都市平均地權條例修正草案，報行政院提經五十二年七月二十五日第八二五次院會通過，於民國五十二年七月二十九日，函送立法院請就重加修訂之修正草案審議，並請將原送請審議之修正案予以撤回。立法院再將其提經五十二年八月六日該院第三十一會期第三十九次院會准予撤回原送之修正草案，並將重加修訂之修正草案，仍交付內政、財政、經濟、司法四委員會聯席審查。

在行政院致立法院公函中，附載重加修訂之修正草案，列舉修正要旨十六項，其要點為：　（一）都市土地範圍之確定；　（二）地價稅累進起點地價基本稅率之調整及所有權人申報地價過低之處理；　（三）對於直接供工廠使用土地課徵地價稅之優待；　（四）增訂照價收買土地價款之發放辦法；　（五）增列照價收買土地限期交付之規定；　（六）增訂自用住宅用地及直接提供工廠使用自有土地出售後，另行購買自用住宅或遷廠用地得申請退還已繳納增值稅之條文；　（七）增訂出售自用住宅地面積未超過一公畝者，　其土地增值稅之徵收僅以百分之二十為止之條文；　（八）增訂編製土地現值表之條文，以為土地權利變更登記申報現值之參考；　（九）簡化土地增值稅申報查徵程序；　（十）重訂土地增值稅之稅率；　（十一）增訂獎勵檢舉土地移轉匿不申請登記案件並取消代管之規定；　（十二）加強都市土地重劃規定以利都市建設；　（十三）限制私有未建築土地面積扣除受法令限制不能建築之土地；　（十四）改訂滯納罰則；　（十五）增訂短匿地價稅罰則；　（十六）增訂重新規定地價後土地有移轉時計課增值稅之標準。❾

立法院內政、財政、經濟、司法四委員會，於五十二年八月十九日

---

❾　詳見民國五十三年二月十日立法院公報第三十二會期第十五期。

至十二月二十八日間，及五十三年一月四日、一月六日，先後舉行聯席
會議二十四次，對本條例第二次修正草案，詳加研討熱烈辯論後，提報
院會，於五十三年一月二十七日該院第三十二會期第三十五次會議，三
讀通過，完成立法程序。於同年六月六日由　總統命令公布施行。第二
次修正之本條例共爲八章六十條，較第一次修正條文增加六條。❿ 茲將
修正條文之內容要點，按本條例章次分析如下：

第一章「總則」：有關確定都市土地範圍，擴大實施面積之修正

第一次修正條例第三、四、十條所規定都市平均地權之實施範圍，
皆以都市計畫實施範圍內之全部土地爲限。 將實施都市平均 地權 之範
圍，局限於都市內已繁榮及短期內可發展的地區，亦卽都市之一部分土
地而已；簡言之，實施平均地權之土地，多爲地價已上漲之土地，而於
有大幅漲價之土地， 反非實施平均地權之對象； 致使民國四十七年以
後，各城市近郊之土地地價飛漲，實是一大敎訓。故本次修正條例乃針
對上述缺點，將第一次修正條例第三、四、十條均予刪除。修正於其第
三條規定：「本條例所稱都市土地如左：一、依法公布都市計畫範圍內
之全部土地。二、計畫建設之港口、商埠、工礦業發達及新闢都市，或
其他尚未完成都市計畫地區，經內政部核定實施本條例之全部土地。」
因此其實施範圍，較之第一次修正條例的規定，明確而擴大，而都市計
畫是否已經公布，亦不再成爲實施都市平均地權之要件，平均地權遂可
充分發揮其實效。 同時又將 第一次修正條例 第十一條修正爲 第四條：
「依都市計畫編爲道路、溝渠或其他供公共使用之土地,其所有權人申報
之地價， 或移轉時之土地現值， 不得超過該地之公告地價。」 此爲防
止地主故意高報地價，以圖在政府徵收其土地時，可獲得鉅額補償之投

---

❿　金光華撰「實施都市平均地權制度的研究」第七十三頁，五十四年文化學
　　院碩士論文。

機取巧情事發生。

第二章「規定地價」：有關對低報地價作有效處理規定之修正

第一次修正條例第九條其中規定土地所有權人另行申報之地價，仍低於公告地價百分之二十時，僅有政府照價收買一途；由於政府財力籌措之困難，無法負荷收購大批故意低報地價地主之土地，以致照價收買辦法徒具虛名。本次修正條例，爲補救此一縫隙，特於第九條第四款規定：「土地所有權人申報之地價，低於公告地價百分之二十時，由主管機關規定，限期通知土地所有權人另行申報。其另行申報之地價，仍低於公告地價百分之二十時，得由政府照其申報地價收買，或照公告地價徵收地價稅。」此項規定，實質上卽恢復現行土地法依公告地價徵收地價稅之彈性規定。就政府而言，可依照價收買，或照公告地價徵稅，而不致對低報地價之地主每感執行上之困難。就低報地價者而言，是冒有效收買之風險，或照公告地價納稅？則地主權衡利害，卽不會申報低於公告地價百分之二十地價。

此一修正要點，於立法院審議時，曾引起激烈辯論，許多委員以爲此項修改有違　國父遺敎照價收買的辦法，而加以反對；然　國父「平均地權」之主要目的，在使人民有平均享受使用土地之權利及土地因社會繁榮進步而得到之利益歸諸公有公享。可知　國父平均地權之目的，是不可變的，而爲達此目的之一切方法，則可因時因地而適用。是以本次修正條例第九條所規定「彈性的徵收地價稅辦法」並無違背　國父「平均地權」原則，僅爲方法上之因時損益而已。

第三章「照價徵稅」：有關地價稅基本稅率及累進稅率予以合理調整之修正

第一次修正條例第十五條所定地價稅基本稅率爲千分之七，實屬過低，較諸農地課徵之田賦爲輕，甚不公平合理。故本次修正條例第十四

條，將地價稅基本稅率改爲千分之十五，以符合 國父「值百抽一」至「值百抽二」之遺敎，並可抑制土地集中壟斷。

關於地價稅累進起點地價，第一次修正條例第十四、十五條規定爲以各該縣市都市土地五公畝之平均地價爲準，超過累進起點地價者，按累進級距加徵累進稅，最高加徵至申報地價總額之千分之六十二爲止。本次修正條例第十三、十四條修改規定爲將累進起點地價提高爲都市土地七公畝（約二百一十一・七五坪）之平均地價爲準，且規定計算平均地價時，不包括工廠用地及農業用地在內，以免此二類土地將平均地價拉低，並將地價稅累進最高稅率提高爲千分之七十。按此修正內容，一則是減輕小地主累進課稅之負擔，一則是加重大地主之課稅負擔，迫其自動出售土地，防止土地操縱壟斷，取締不勞而獲，逐漸達成平均地權之目的。

本次修正條例第十四條第一項第三款規定：「……如係自用住宅用地，其地價總額雖已超過累進起點地價，而其面積未超過三公畝者，免予累進課稅，但在商業區內之土地不在此限。」又第二項：「自用住宅用地，面積在三公畝以內者，其地價稅按其申報地價數額千分之十徵收之。」皆是爲保護及優待自住使用土地人，而減輕其負擔。

本次修正條例新增第十二條規定：「 地價稅向土地所有權人徵收之。其設有典權之土地由典權人繳納。土地爲公有或共同共有者向管理機關或管理人徵收之。」以明確納稅義務人之身分。 新增第十六條規定：「經都市計畫編爲農業區及綠帶之土地，其地價稅統按其申報地價千分之十徵收之。」新增第十七條規定：「都市土地現爲農地使用，在限期建築使用前，其地價稅統按其申報地價千分之十五徵收之。」此種分別土地使用情形，及依負擔能力訂定地價稅率之辦法，頗符量能課稅原則，甚是合理公平。

第四章「照價收買」：有關配合本次修正條例第二章規定地價之修正規定

第一次修正條例第二十條規定照價收買之土地，其原有建築改良物之所有權人，願按當時公告地價承購或承租該項土地者，其建築改良物不得收買。由於前述規定之土地租用租金限制不得超過申報地價年息之百分之二，極其有利，故原建築改良物所有權人均願承租而不願承購。使政府因收購土地，既凍結資金又須擔負地價稅及管理費用，因而為嚴防土地所有權人故意報低地價以逃避地價稅之目的無法達成。本次修正條例規定政府可照價收買，亦可按公告地價徵收地價稅，並將上述之第二十條刪除，如此即可靈活運用而抵制蓄意低報地價之情事。

至於政府照價收買其補償價款之給付，本次修正條例新增第二十一條規定：「照價收買之土地補償，每戶地價總額在一萬元以下者全部發給現金，每戶地價總額超過一萬元者，除一萬元發給現金外，其超過部份以土地債券償付之，前項土地債券由省市政府依法發行之。」如此除有限的一萬元外，可撥發土地債券，政府財力足可應付，使以往未能徹底執行之照價收買辦法而發揮其宏效。

第五章「漲價歸公」：有關健全漲價歸公辦法之修正

行政院提出之修正草案有一項規定：「重新規定地價後土地移轉時，其增值稅之徵收，應准將重新規定地價與前次規定地價增稅額所負擔之地價稅予以抵繳。」即為重新規定地價之後，仍照原規定之地價徵收土地增值稅。此理論似造成政府對同一土地而承認有兩個地價存在，即徵收地價稅時，以重新規定之地價為基數，徵收土地增值稅時則又仍照原規定之地價，如此將使人深感政府不公平而有所困惑。再者此法於執行上必遭致困難，因於徵收增值稅時再退還已繳之一部份地價稅，其手續實繁重且易生疏弊。故立法院審議時，經激辯後刪除此條草案，而

將第一次修正條例第二十四條予以修正爲第二十七條，於其第三項明確
規定：「重新規定地價後土地有移轉時，其增值稅之徵收，應以重新規
定之地價爲計算基數。」並另新增第二十九條，作有關維護住宅用地之
利益及優待工廠用地遷建之規定。

　　關於土地增值稅稅率，第一次修正條例規定土地漲價數額在原申報
地價百分之一百至百分之四百者累進課稅，稅率自百分之三十起累進至
百分之九十止，其超過百分之四百以上部份全部歸公。本次修正條例將
稅率降低，其第三十條規定經比照土地法規定，其漲價超過百分之四百
以上者雖仍全部歸公，但其徵收稅率則降低爲自百分之二十、四十、六
十至百分之八十止。

　　關於審核地價現值標準之公告，新增第三十一條規定：「直轄市及
縣（市）政府對於轄區內之都市土地，應分別區段、地目、地價等級，
經常調查其地價動態及市價，編製土地現值表，每六個月提經都市地價
評議委員會評定，予以公告，作爲都市土地權利變更登記時，申報土地
現值之參考。」而將第一次修正條例第二十七條第三項：「依前項評議
地價，應以政府公布之物價指數爲計算標準。」予以刪除。因物價指數
與土地自然增值相差甚遠，且物價指數僅爲貨幣購買力變動之表示，而
土地自然增值則係因社會改良經濟發展人口增加所致。故新增此條文，
使各級政府定期調查各地地價動態，編製土地現值表，予以評定公告，
俾便利人民瞭解，且防執行機關之流弊。並對審核土地現值之程序及所
需時間，於本次修正條例第三十二條作一規定，較諸第一次修正條例第
二十七條大爲簡化縮短；審核決定時間，明定爲接受申請之日起五日內
以書面通知原申請人，限於十日內重新申報，逾期不報，或申報之土地
現值仍屬過低時，主管機關得照其申報現值收買或照公告現值徵收土地
增值稅。

關於獎勵檢舉匿報者，本次修正條例新增第三十四條規定都市土地所有權移轉登記並申報土地現值時，主管機關得接受人民檢舉查明責令補行申報，徵收土地增值稅，並給予檢舉人以所徵土地增值稅總額百分之五的獎金，此項規定可使土地所有權移轉時，當事人如期辦理申報，減少隱匿逃漏土地增值稅。

漲價歸公稅收之用途，原僅規定用於興建平民住宅、育幼、養老、救災、濟貧等消極用途；為配合都市建設，本次修正條例第三十七條又增列用於興建市區道路及上下水道等公共設施，此對都市發展有很大的關係。

第六章「土地使用」：有關加強都市土地重劃規定，以利都市建設之修正

第一次修正條例第三十五條規定土地重劃，須選無建築物之地區，且徵得所有權人三分之二之同意始可舉辦。然臺灣人口稠密，無論都市或其近郊，皆不易覓得上項規定之地區，故於執行上極感困難。本次修正條例第十四條為補救此一缺點，乃將「無建築物地區」改為「適當地區」，並將須徵得重劃區私有土地所有權人三分之二的同意改為二分之一。放寬條件則易辦理，自有利於都市建設計畫之合理實施。

關於建築基地租金，第一次修正條例第四十二條規定以不超過該宗土地申報價額年息百分之二為限。本次修正條例第四十八條將其提高為百分之三，但仍屬過低，因如按現在規定之地價稅率累進課稅，不但租金將為稅所吞盡，地主反須負擔倒賠補繳累進稅金。而租有公私土地建屋出租謀利者其不當利得反受保障，殊不公允。

第七章「罰則」：有關加重逾期罰則之修正

地價稅逾期滯納金，第一次修正條例第四十六條規定逾一個月加徵百分之三，兩個月加徵百分之六。本次修正條例第五十二條及第五十四

條之規定，將地價稅及應行歸公之土地漲價，逾期未繳納者，每逾三日加徵百分之一，逾六十日經催繳仍不繳納者，移送法院強制執行。並新增第五十三條規定，凡減免地價稅之土地，減免原因事實消滅時，土地所有權人或管理人應卽向主管徵收機關申報，恢復徵稅。否則一經查出或被檢舉者，除追補所短匿應繳稅額外，並按短匿稅額處二倍之罰鍰。

　　本次條例之修正最具特徵處，卽都市平均地權法制之「質變」，如地價稅之徵收與前此二次條例（原條例及第一次修正條例）之規定，迥然有異，事實上卽恢復土地法之依公告地價爲準的徵收辦法；而漲價全部歸公亦幾於取消，可謂對　國父遺教最大膽之修正，但此種修正並無悖於　國父平均地權之基本精神，而是以　國父平均地權之理想原則爲目標，爲顧及社會情況及大眾利益，而採因時損益的溫和漸進辦法，以達平均地權之目的。

叁、本條例第三次修正

　　實施都市平均地權條例於民國五十三年二月六日第二次修正公布實施後，由於土地增值稅之徵收，明定以重新規定之地價爲計算基數，致增值稅收入急劇減少，漲價歸公因之不能有效執行，亦無法抑制土地之投機壟斷，而其風復熾，地主每任土地閒置拒售，以是都市地價日趨上漲，造成地價不正常之現象，影響土地利用都市發展與國民住宅之進行。爲期有效遏止都市土地投機壟斷，實應從政策方面重加審愼檢討修正，並寬籌資金，加強辦理照價收買與超額土地之徵收等工作。內政、財政兩部經重新全盤檢討後，擬具修正草案報經行政院第一○二六次院會通過，於五十六年七月十一日函送立法審議。立法院將此案提出該院第三十九會期第三十八次會議決定：交內政、財政、經濟、司法四委員會聯席審查。經召集兩次聯席會議審查中，行政院又於五十六年十

月二十六日、十二月二十一日先後提出再修正草案，並撤回原修正草案。

其新提修正草案要點為（一）增訂超額土地等之徵收，所需資金之籌集，得發行土地債券之規定；（二）增訂區段徵收、土地重劃、都市改造及超額土地徵收之土地得隨時公開出售之規定；（三）修正規定地價或重新規定地價年限；（四）改訂自用住宅用地地價稅稅率；（五）增訂經都市計畫編為農業區綠帶土地，及其他現為農地使用之土地得徵收田賦之規定；（六）增訂徵收空地稅之規定；（七）增訂騎樓地，按建築改良物層數比例減徵地價稅之規定；（八）提高照價收買土地現金補償標準之規定；（九）明定經法院執行拍賣之土地，其增值稅之徵收應優先於一般債權代為扣繳；（十）修正土地增值稅之計算基數及土地現值表編製、公告期間並調整稅率；（十一）增訂設定典權應預繳增值稅之規定；（十二）增訂土地所有權移轉或設定典權時，應使用公定契紙；（十三）增訂都市計畫範圍內出租耕地，出租人得申請終止租約收回建築使用之規定；（十四）修正都市建築基地出租租金限制之規定；（十五）加強罰則條文，以防止土地投機及不辦理移轉登記逃避納稅之行為。⑪

立法院於五十六年十月三十一日第四十會期第十一次院會及同年十二月二十二日第四十會期第二十六次院會，先後交付併案審查。嗣經內政、財政、經濟、司法四委員會於五十六年十一月十五日起開始審查，至同年十二月三十日共召開十三次聯席會議方審查竣事，提經五十七年一月二十六日立法院第四十會期第三十八次會議三讀通過。總統於五

---

⑪　行政院五十年十月二十六日，臺五十六（內）第八四一九號函，詳見內政部檔案「地」類 401.115/35 卷，第二十五宗。

十七年二月十二日公布，是爲第三次之修正。❷ 茲將本次修正重點依條
例章次擇要列舉如下：

一、關於第一章「總則」部分

（一）增訂超額土地等之徵收所需資金之籌集，得發行土地債券之
規定：爲使縣市政府辦理照價收買、區段徵收及超額土地徵收，以謀求
都市改進之需要，增訂第四條：「實施都市平均地權所需照價收買、區
段徵收及超額土地徵收之資金，得由省（市）政府依法發行土地債券，
土地債券之發行，另以法律定之。」以資因應而有效執行。

（二）爲提高照價收買、實施區段徵收、土地重劃與超額土地徵收
等現金補償標準，乃將第二次修正條例第二十二條修正爲第五條，規定
每戶總額三萬三千元以下者，全部發給現金，以上者則其現金補償採累
退辦法，規定比率搭發土地債券以資適應。

（三）增訂區段徵收、土地重劃都市改造，及超額土地徵收之土地
得隨時公開出售之規定：爲使區段徵收、土地重劃，及超額土地徵收等
工作順利推行，俾需用土地人及早獲得土地建築使用，各該土地亟宜以
迅速簡便之方式處理，隨時公開出售。依土地法第二十五條之程序及第
二次修正條例第二十五條之規定，均不足適應，故予刪除，增訂如上之
規定於第六條。

（四）另爲明確劃分內政部及財政部之權責，爰將第二次修正條例
第二條增訂其後段，有關地價稅及土地增值稅之徵收及土地債券之發行
事項，歸財政部主管。又因都市計畫法第四十八條對於公共設施保留
地，得按照市價徵收補償，似再無現值高報之必要，乃刪除第二次修正

---

❷　立法院公報，法律案專輯，第九輯，「實施都市平均地權條例第三次修正
　　案」，五十八年初版，立法院秘書處編印。

條例第四條。

二、關於第二章「規定地價」部分

（一）第二次修正條例第八條後段有「其已定地價者，自本條例施行後重新規定地價」之規定。行政院函送之草案並未提出修正，嗣經立法院審議時，咸以本條例實施多年已無必要，主動予以刪除。

（二）修正規定地價或重新規定地價年限： 第二次修正條例 第十條：「規定地價或重新規定地價，屆滿二年後，而地價已較原定地價有百分之五十以上之增減時，應以前條規定之程序，重新舉辦規定地價。」其屆滿二年卽應重新規定地價，時間距離稍短，民間負擔較重而迭有反應，遂將屆滿二年之規定改爲屆滿三年，而修正爲第十二條，以合理減輕人民負擔。

三、關於第三章「照價徵稅」部分

（一）增訂地價稅以土地使用人爲代繳義務人及地價稅單送達之規定：第二次修正條例第十二條已明定地價稅向土地所有權人徵收之，惟實施以來，發現納稅義務人住所遷移延不申報，以致行踪不明，土地產權糾紛權屬不明， 或共同共有土地無管理人等， 均影響徵稅工作之執行。故特比照田賦徵收實物條例第十條規定增訂第十五條，以解決此項徵收困難。又遇有納稅義務人拒收納稅單或其行踪不明等，爲使稅單能合法送達，乃參照所得稅法第九十八條規定，增訂第十六條以利執行。

（二）改訂自用住宅用地地價稅稅率：自用住宅用地地價稅稅率，依第二次修正條例第十四條第二項規定，其面積在三公畝以內者，按其申報地價數額千分之十徵收。茲爲保障自用住宅用地，安定人民生活，減輕居住者負擔，將自用住宅用地之稅率，由千分之十減低爲千分之七，乃修正如第十八條第二項之規定。

（三）增訂經都市計畫編爲農業區、綠帶土地及其他現爲農地使用

之土地，得徵收田賦之規定:

1.　關於農業區及綠帶土地: 第二次修正條例第十六條規定，都市土地編為農業區及綠帶之土地，統按千分之十徵收地價稅，惟依「田賦徵收實物條例」第三條規定，徵收地價稅之區域，其土地經編定為農業區及綠帶，仍為農地使用者，得按各該土地原有田賦之賦額徵收田賦，為求劃一規定，故將第二次修正條例第十六條參照田賦徵收實物條例之規定，仍予徵收田賦，並為防止土地所有權人高報地價，以圖將來移轉時逃避增值稅，特規定凡高報地價者，仍予徵收地價稅，增訂為第二條第二項。

2.　關於農業區及綠帶以外，現為農地使用之土地: 都市土地現為農地使用，在限期建築使用前，統按其申報地價千分之十五徵收地價稅，以重稅使土地所有權人儘速建築，促進土地利用，此為第二次修正條例第十七條之規定意旨。惟該項土地在公共設施未敷設前，業主建築使用困難殊多，非有意投機居奇，為顧及此種事實，爰將該條文增訂為第二十一條第二項: 「前項土地在公共設施尚未開始實施前，準用前條第二項之規定辦理。」

(四)　增訂徵收空地稅之規定: 按空地稅為抑制土地壟斷，打擊土地投機，促使土地利用之有效辦法，本次修正草案，參照土地法第八十七條、第一七三條及土地法施行法第四十三條規定，增訂第二十四條以徵收空地稅，規定空地之範圍，分期加徵空地稅之稅率，並得照價收買，如有漲價，準用本條例有關土地增值稅之規定。

(五)　增訂騎樓地，按建築改良物層數比例減徵地價稅之規定: 近年來由於都市建築物趨向高空發展，騎樓用地雖為供公共通行而設，但因可在其上空建築房屋，故實際仍有益於土地所有權人，遂增訂第二十五條，規定騎樓用地，未有建築改良物者，免徵地價稅，如有建築改良

物，應按其層次予以比例減少課徵地價稅。

四、關於第五章「漲價歸公」部分

（一）明定經法院執行拍賣之土地，其增值稅之徵收應優先於一般債權代為扣繳：第二次修正條例第二十八條有關法院執行拍賣之土地，應行繳納之增值稅，雖規定由法院於承買人所繳價款內代為扣繳，卻無優先於其他債權之明文，因而土地出售人多以其他債權名義逃漏增值稅，乃修正該條而成為修正條文第三十二條，使增值稅得優於其他一般債權，而由執行法院代為扣繳，以防止投機逃稅，貫徹平均地權政策之執行。

（二）修正增值稅計算基數：第二次修正條例第二十七條第三項規定，重新規定地價後，土地有移轉時，其增值稅之徵收，應以重新規定之地價為計算基數。即為第一次規定地價後，地價繼續上漲，土地所有權人如於第二次規定地價前將土地移轉，則此期間之土地增值須依法繳納土地增值稅，但若土地所有權人待第二次規定地價後，始將土地移轉，其在兩次規定地價期間之增值，依法則無須繳納，如此稅負既失公平，對漲價歸公之政策尤多阻礙，且由上述稅負之差異，土地所有權人在即將重新規定地價時，必儘量延遲土地分割移轉，甚或虛偽安排，避免繳納增值稅，為改進前述各項缺陷以確實執行漲價歸公政策，乃將原條文第二十七條、三十一條修正增刪，並增訂第三十四條，將增值稅之計算基數，修正為依原規定地價及前次移轉時申報之現值，就其超過總數額計算課徵，此所謂原規定地價係指五十三年規定地價及五十三年後擴大實施之地區辦理規定地價者，以其第一次規定之地價為原規定地價。並規定辦理土地移轉繳納土地增值稅時，在其持有土地期間內，因重新規定地價增繳之地價稅，就其移轉土地部份，准予抵繳其應納之土地增值稅於第三十一條第三項。又第二次修正條例規定土地現值表每六

個月編製公告一次，爲便於執行起見，改爲每年編製公告一次於第三十九條。

（三）調整增值稅累進稅率，並增訂工廠用地移轉增值稅減半徵收之規定：第二次修正第三十條規定增值稅率，自百分之二十起，分五級累進，最高至百分之一百，卽「土地漲價總數額超過原規定地價，或前次移轉時申報之現值數額在百分之四百以上者，除按前四款規定分別辦理外，其超過部份應全部收歸公有。」納稅人對此規定，心裏威脅甚大，行政院爲期減少逃稅，並參照土地法第一八一條規定，建議將上款規定刪除，而由百分之二十累進至百分之八十稅率則維持不變，又爲扶植工業發展，增訂對工廠用地增值稅累進部份予以減半徵收，爲立法院所接受，成爲修正條文第三十五條。

（四）增訂自用住宅用地之增值稅率，並明定自用住宅用地之認定標準：查自用住宅用地，爲人民基本居住生活所必需，自應予保障，特增訂第三十六條：「都市土地所有權人出售其自用住宅用地，面積未超過三公畝者，其增值稅統按土地漲價數額百分之十徵收之，超過三公畝者，其超過部分面積之土地漲價依前條之稅率徵收之。」又爲明確自用住宅用地之認定標準，增訂第三十七條：「前條所稱自用住宅用地，應以該土地所有權人居住該地，經辦竣戶籍登記屆滿一年以上，且無出租或供營業用者爲限。」藉此而防土地所有權人於其所有各宗土地輾轉設定戶籍，投機取巧變相逃避累進增值稅。

（五）增訂設定典權應預繳增值稅之規定：爲防以長期出典方式代替買賣，逃避增值稅起見，而增訂第三十八條，規定都市土地設定典權支付典價時，出典人應預繳增值稅，於回贖土地時得申請退還。

（六）增訂土地所有權移轉或設定典權時，應使用公定契紙：爲防止逃漏漲價歸公，加強地籍管理，及保障人民權益，特修訂原條文第三

十二條，刪除移轉時申報現值低於土地現值（即百分之二十爲限）之規定；並規定都市土地所有權移轉或設定典權時，應使用公定契紙，應向政府購用並規定有效期間，俾便查考，而成爲修正條文第四十條。

（七）修正漲價歸公收入之用途：第二次修正條例第三十七條係規定漲價歸公收入之用途，茲爲籌措九年國民義務教育所需經費，行政院於五十六年十二月二十一日再檢送本條文修正草案，函請立法院併案審議，經立法院接受修正爲第四十五條，規定漲價歸公之收入亦得用爲國民教育之經費。

五、關於第六章「土地使用」部分

（一）增訂學校用地不受面積最高額之限制：按學校用地自非一般住宅用地可比，似與工業用地情形相同，其尚未建築之最高額面積亦不宜比照一般住宅用地限於十公畝，應視其實際需要而決定，乃將第二次修正條例第四十四條第二項修正爲第五十二條第二項：「前項所有面積之最高額，以十公畝爲準，但工業用地及學校用地，應視其實際需要分別訂定之，計算尚未建築土地面積最高額時，對於因法令限制不能建築之土地應予扣除。」

（二）增訂都市計畫範圍內出租耕地，出租人得申請終止租約收回建築使用之規定：都市計畫範圍內之三七五出租耕地，出租人收回建築，申請終止租約時，迭起糾紛，除影響都市發展，妨礙土地利用，亦且增加紛擾，爲促進土地高度利用，減少民間爭紛並顧及佃農生活，乃參照獎勵投資條例第三十八條第二項關於出租人終止租約時，除應補償承租人爲改良土地所支付之費用，及尚未收穫之農作改良物外，並應給與該土地申報地價三分之一之補償規定，而增訂第五十六條准予出租人爲收回自行建築或出售供作建築使用者，得終止租約收回耕地，但終止租約屆滿一年後，尚未建築使用者，縣（市）政府得按其申報地價收買

之，以資配合執行。

（三）修正都市建築基地出租租金限制之規定：第二次修正條例第四十八條規定，實施本條例之地區，其建築基地租金，以不超過該宗土地申報價額年息百分之三為限，似嫌過低；為減少租賃糾紛，並顧及一般土地租賃實況，故將基地租金略予提高，以不超過該宗土地申報價額年息百分之五為限，而成為修正條文第五十七條。

（四）增訂徵收土地發放補償金時，代扣土地稅捐之規定：土地法施行法第五十九條所規定，被徵收土地應有之負擔，應由縣市地政機關於發放補償金時，代為補償或扣繳，其所稱「負擔」應包括該土地應繳納之稅在內，茲為加強被徵收及收買土地應納土地稅之扣繳，特增訂第六十條，俾為依據。

六、關於第七章「罰則」部分

近年來人口不斷增多，地價急劇上漲，從事土地投機壟斷、居間操縱，及逃避增值稅者，亦日漸加多，為防投機操縱者破壞土地政策，及土地買賣延不辦理登記或未辦移轉登記再行出售，以圖逃漏漲價歸公，特加強處罰條文，規定應繳納之罰鍰或滯納金，未依限期繳納者，移送法院執行之。其修正條文為第六十一、六十七及六十八條，並增訂處罰條文如第六十五、六十九及七十條，以利土地政策之推行。

綜上列舉，本條例第三次修正，全文共七十三條，就原文修正者十九條，增列者十五條，為歷次修正「實施都市平均地權條例」最徹底者，尤其對「照價徵稅」與「漲價歸公」部分之修正幅度不可謂不大。其加強第二次修正條例「質」變之程度，全為適應現實環境需要，自較前次周妥而進步，期能抑制土地投機，打破社會不平，並促進土地利用，共享地利；而對發展都市建設，創造社會福利，推行國民教育等重大政策，亦有莫大之裨益。

肆、本條例第四次修正

　　三度修正後之「實施都市平均地權條例」已堪稱周密而完整，但僅限於都市土地，故民國五十八年三月間，執政黨中央舉行第十次全國代表大會時，卽通過「策進全面實施平均地權及貫徹耕者有其田綱領」案，政府乃據以研議而擬修訂實施都市平均地權條例，以期擴大至全面實施，惟茲事體大，其間牽涉之問題頗廣，且各方意見殊難齊一，爲從長計議，故修正草案遲遲未定稿。而行政院鑒於第三次修正條例第三十二條末段之規定「……土地增值稅，並由執行法院於承買人所繳價款內，除法律另有規定外，優先於一般債權代爲扣繳。」每易生土地增值稅應否優先於抵押權扣繳之爭議，且爲免第三次修正條例第四十五條所規定之有關育幼、養老、救災、濟貧、衞生等公共福利事業，興建國民住宅，市區道路，上下水道等公共設施及國民教育政務，因財源減少而難以發展，乃提出第三十二條之修正草案：「土地增值稅之徵收，就土地之自然漲價部分，優先於一切債權及抵押債權。經法院執行拍賣或交債權人承受之土地，其拍定或承受價額爲該土地之移轉現值，執行法院應於拍定或承受後五日內，將拍定或承受價額通知當地主管機關核課土地增值稅，並由執行法院於買受人或承受人所交價金內，解繳之。」於民國六十一年六月二十二日，提經一二七八次行政院會通過，函請立法院審議。立法院隨卽於第四十九會期第三十八次會議決定，交內政、財政、司法三委員會審查，嗣經由該三委員會於同年八月三日至十九日，先後舉行聯席會議三次，會同審查，並將行政院修正草案再修正爲：「經法院執行拍賣或交債權人承受之土地，其拍定或承受價額爲該土地之移轉現值，執行法院應於拍定或承受後五日內，將拍定或承受價額通知當地主管機關核課土地增值稅。前項土地增值稅之徵收，由執行法院優

先於抵押權代爲扣繳。」提報立法院六十一年十月三十一日第五十會期第九次會議三讀通過修正爲：「土地增值稅之徵收，就土地之自然漲價部分，優先於一切債權及抵押權。經法院執行拍賣或交債權人承受之土地，其拍定或承受價額爲該土地之移轉現值，執行法院應於拍定或承受後五日內，將拍定或承受價額通知當地主管機關核課土地增值稅，並由執行法院代爲扣繳。」⑬總統於六十一年十一月十一日公布施行，是爲本條例之第四次修正。

第三節　土地法暨歷次實施都市平均地權條例
內容之異同

　　本文第二章第四節中，已敍述土地法有關平均地權之規定。本章第一節對實施都市平均地權之創制立法，亦論述甚詳，前節係摘要列舉歷次「實施都市平均地權條例」之修正重點，則我們自土地法至歷次實施都市平均地權條例修正演進中，卽可瞭解有關規定地價、照價徵稅、照價收買、漲價歸公，及土地使用諸立法規定。惟欲更闡明其間之變動情況，本節擬就縱面過程，將其內容及修正要點關乎平均地權者，擇其重點，依「實施範圍」、「規定地價」、「照價徵稅」、「照價收買」、「漲價歸公」與「土地使用」等項，列表對照比較如後（其中土地法無涉平均地權事項者從略）：

---

⑬　立法院檔案地政類總一七二，地政三十，第一冊。

壹、實施範圍

土 地 法	（略）
四十三年 原　條　例	①依法公布都市計畫實施範圍內之全部土地。 ②本條例施行前都市計畫業經實施尙未公布者得準用之， 　但應限期依法公布。
四十七年 第　一　次 修 正 條 例	（同原條例）
五十三年 第　二　次 修 正 條 例	①依法公布都市計畫範圍內之全部土地。 ②計畫建設之港口、商埠、工礦業發達及新闢都市，或其 　他尙未完成都市計畫地區，經內政部核定實施本條例之 　全部土地。
五十七年 第　三　次 修 正 條 例	（同第二次修正條例）
六十一年 第　四　次 修 正 條 例	（同第二次修正條例）

貳、規定地價

土　地　法	①縣市政府公布標準地價，如符合異議條件，應再提交標準地價評議委員會評議之。 ②土地所有權人申報地價，僅可就標準地價為百分之二十以內之增減。 ③地價申報滿五年，或一年屆滿而地價已較原標準地價有百分之五十以上之增減時，得重新規定地價。
四十三年 原　條　例	①縣市政府就地價調查結果提交都市地價評議委員會評議後，公告地價。 ②地主自由申報地價，若低於公告地價百分之二十時，得由政府照價收買之，但對高報地價者，則無規定。 ③規定地價或重新規定地價屆滿二年後，而地價已較原規定地價有百分之五十以上之增減時，應重新規定地價。
四十七年 第　一　次 修　正　條　例	①增訂規定：都市土地編為公共用地者，其申報之地價不得超過公告地價。 ②餘同原條例。
五十三年 第　二　次 修　正　條　例	①地主申報之地價，若仍低於公告地價百分之二十時，得由政府照其申報地價收買，或照公告地價徵稅。 ②餘同第一次修正條例。
五十七年 第　三　次 修　正　條　例	①規定地價之時間，本次修改為每隔三年，而地價已較原規定地價有百分之五十以上增減時，應重新規定地價。 ②餘同第二次修正條例。
六十一年 第　四　次 修　正　條　例	（同第三次修正條例）

叁、照價徵稅

土　地　法	①基本稅率爲千分之十五，並採累進稅率徵收地價稅。 ②累進稅率以超過累進起點地價百分之五百（卽五倍）爲一級距，分爲千分之十五、十七、二十、二十五、三十、三十五、四十、四十五、五十、五十五、六十、六十五，共十二級。 ③累進起點地價以自住地一市畝（二〇一‧六七坪）之平均地價爲準。 ④私有空地加徵空地稅，以應繳地價稅之三倍至十倍爲範圍。 ⑤私有荒地加徵荒地稅，以應繳地價稅額至其三倍爲範圍。 ⑥不在地主之地價稅加倍徵收之。 ⑦供公共使用之公有土地免徵地價稅。 ⑧地價稅向所有權人徵收，其設有典權之土地，由典權人繳納。
四十三年 原　條　例	①基本稅率爲千分之十五，並採累進稅率徵收地價稅。 ②累進稅率以超過累進起點地價在百分之四百（四倍）爲一級距，分爲千分之十五、二十、二十五、三十、三十五、四十、四十五、五十、五十五、六十、六十五，共十一級。 ③累進起點地價以都市土地五公畝（一五一‧二五坪）之平均地價爲準。 ④都市計畫所定工業區內之工廠用地，地價稅率爲千分之十五。 ⑤不在地主之地價稅加倍徵收之。

四十七年 第 一 次 修 正 條 例	①基本稅率降低爲千分之七，並採累進稅率徵收地價稅。 ②累進稅率修正爲超過累進起點地價未達百分之五百（五倍）者，其超過部分加徵千分之五，超過在百分之五百以上者，以每超過五倍爲一級距，遞加千分之十，分爲千分之七、十二、二十二、三十二、四十二、五十二、六十二，共七級。 ③增訂公有土地之地價稅率爲千分之七，供公共使用者，免徵地價稅。 ④餘同原條例。
五十三年 第 二 次 修 正 條 例	①基本稅率提高爲千分之十五，並採累進稅率徵收地價稅。 ②累進稅率修正爲超過累進起點地價未達百分之五百（五倍）者，其超過部分加徵千分之五，超過在百分之五百以上者，以每超過五倍爲一級距，遞加千分之十，分爲千分之十五、二十、三十、四十、五十、六十、七十，共七級。 ③累進起點地價修正爲以都市土地七公畝（二一一·七五坪）之平均地價爲準。 ④增訂三公畝以內之自用住宅用地之地價稅率爲千分之十。 ⑤工廠用地之千分之十五稅率，修正擴大其比照範圍。 ⑥增訂都市計畫內之農業區及綠帶土地，其稅率爲千分之十。 ⑦農地使用之都市土地在限期建築使用前，其稅率爲千分之十五。 ⑧餘同第一次修正條例。

五十七年 第　三　次 修　正　條　例	①增訂土地使用人爲地價稅代繳義務人之規定。 ②增訂送達地價稅納稅單之規定。 ③自用住宅用地之地價稅率降低爲千分之七。 ④增訂都市計畫內之農業區及綠帶仍作農地使用之土地徵 　收田賦之規定。 ⑤增訂空地之範圍，限期使用及分期加徵空地稅之規定。 ⑥增訂公共通行之騎樓走廊地免徵或減徵地價稅之規定。 ⑦餘同第二次修正條例。
六十一年 第　四　次 修　正　條　例	（同第三次修正條例）

肆、照價收買

土　地　法	①土地所有權人認爲標準地價過高，不能以其百分之二十 　以內增減申報時，得聲請該管市縣政府照標準地價收買 　其土地。 ②逾期不使用之私有荒地，政府得照申報地價收買之。
四十三年 原　條　例	①土地所有權人申報地價低於公告地價百分之二十，政府 　得照價收買。 ②土地所有權移轉之申報現值過低，申請人不接受都市地 　價評議委員會評議之地價時，政府得照價收買。 ③除地價補償外，尙有改良土地費用及已繳工程受益費， 　農作改良物之補償規定。 ④建築改良物限制收買。 ⑤照價收買之土地得隨時出售或出租。

四十七年 第 一 次 修 正 條 例	（同原條例）
五十三年 第 二 次 修 正 條 例	①刪除建築物限制收買之規定。 ②增訂發行土地債券以償付照價收買之土地補償規定。 ③增定對逾期不交付土地之強制執行規定。 ④修正照價收買之土地出售不受土地法限制之規定。 ⑤餘同第一次修正條例。
五十七年 第 三 次 修 正 條 例	①修正搭發土地債券以償付照價收買土地之補償規定。 ②餘同第二次修正條例。
六十一年 第 四 次 修 正 條 例	（同第三次修正條例）

伍、漲價歸公

土　地　法	①土地增值稅照土地增值之實數額計算，該實數額應減去土地所有權人為改良土地所用之資本及已繳納之工程受益費。 ②土地所有權移轉時，或雖無移轉而屆滿十年，及實施土地改革工程地區屆滿五年，課徵土地增值稅。 ③土地增值稅率按土地漲價之倍數分為百分之二十、四十、六十、八十，共四級。

四十三年 原　條　例	①土地增值稅以土地移轉時申報土地現值，超過原規定地價之數額爲土地漲價數額計算，該漲價總數額應減去土地所有權人爲改良土地所用之費用及已繳納之工程受益費。 ②本條例僅列移轉增值稅，未列定期增值稅。 ③土地增值稅率按土地漲價之倍數分爲百分之三十、五十、七十、九十及一百，共五級。 ④實施漲價歸公之收入應作公共福利事業之用。
四十七年 第　一　次 修　正　條　例	（同原條例）
五十三年 第　二　次 修　正　條　例	①增列各級政府出售之公有土地，免徵土地增值稅。 ②增值稅計算之基礎修改爲：重新規定地價後土地所有權移轉時，應以重新規定之地價計算增值稅。 ③土地增值稅稅率按土地漲價之倍數修改爲百分之二十、四十、六十、八十及一百，共五級。 ④增列嚴密課徵土地增值稅之各種規定。 ⑤擴大漲價歸公收入之用途。 ⑥餘同第一次修正條例。

五十七年 第 三 次 修 正 條 例	①土地增值稅計算基礎重予修正爲：凡在五十三年規定地價以後未經移轉之土地，茲後移轉時，卽以五十三年規定地價爲計算增值之基礎，其在五十三年規定地價後曾經移轉之土地，則以前次移轉時申報之現值爲計算基礎。 ②增訂以重新規定地價後增繳之地價稅，准予抵繳土地增值稅。 ③土地增值稅稅率按土地漲價之倍數修正爲百分之二十、四十、六十、八十，共四級。 ④增訂自用住宅地在三公畝以下者，其土地移轉時之增值稅統按土地漲價百分之十徵收，不予累進。 ⑤再增列加強嚴密課徵土地增值稅之各種規定。 ⑥再擴大漲價歸公收入之用途。 ⑦餘同第二次修正條例。
六十一年 第 四 次 修 正 條 例	①本次僅修正一條（卽第三十二條），土地增值稅之徵收，就土地之自然漲價部分，優先於一切債權及抵押權。 ②餘同第三次修正條例。

陸、土地使用

土 　 地 　 法	（略）

四十三年 原 條 例	①直轄市及縣市政府得施行區段徵收，整理分割放領與需地之人建築使用。 ②限制承租公有建築基地之最高面積，並限制其轉租頂替。 ③限制都市計畫實施範圍內尚未建築之私有土地面積，其最高額為十公畝（三〇二、五坪），超過部分逾二年未出售者，主管機關得徵收放領與需用土地之人建築使用。 ④承領或承租之土地，應於一年內興工建築，逾期未建築時，主管機關得照原價收回或終止租約。 ⑤政府應興建住屋並扶助人民建築以利民居。
四十七年 第 一 次 修 正 條 例	①增訂舉辦市地重劃之規定。 ②增訂建築基地租金不得超過申報價額年息百分之二。 ③增訂房屋租金不得超過房屋價額年息百分之十。 ④餘同原條例。
五十三年 第 二 次 修 正 條 例	①超過十公畝之空地，主管機關得視都市建設發展較緩之地段，准予超過二年延期出售。 ②餘同第一次修正條例。
五十七年 第 三 次 修 正 條 例	①政府對區段徵收整理分割之土地，得分宗公開標售。 ②增訂都市計畫範圍之出租耕地，出租人得有權收回建築。 ③建築基地租金提高至年息百分之五為限。 ④餘同第二次修正條例。
六十一年 第 四 次 修 正 條 例	（同第三次修正條例）

第四章　全面實施平均地權之立法

第一節　行政院草案之提出

　　臺北、臺中、高雄等重要市鎮，自民國四十五年起，卽依「實施都市平均地權條例」之規定，辦理規定地價，開徵地價稅與土地增值稅等事項，實施都市平均地權；期能遏止土地之投機，並分散地權，提高土地利用，以達漲價歸公之目的。究其實施以來，爲應實際情況，檢討利弊得失，曾酌衡條例而作數度之修正，使之更臻妥適，已如前述。惟其實施範圍每限於都市土地，致條例施行區域外之郊區土地與全面鄉村土地，仍徵收實物田賦，其因人口增加，建設進步而增漲之地價，逐歸私人享有，至屬不公，且民間迭有反應，尤以民國五十年十一月十一日，中國土地改革協會第五屆會員代表大會所通過之「全面實施平均地權方案」，卽建議政府亟速修正立法以全面實施平均地權，實爲全面平均地權立法而權生之先河。❶

---

❶　內政部檔案「地」類 401.115/35 卷第二十五宗。

壹、立法之原則

上提改進建議，用意至佳，但因政府之準備工作未周，復兼顧實情，不欲貿然全面實施，故隨後所修正之條例，仍以都市土地爲限而無突破。迨近年來，政府從事各項重大建設之地區，地價隨之急速增漲，土地投機與漲價歸私之情況愈烈；執政黨乃於民國五十八年召開第十次全國代表大會，通過「策進全面實施平均地權及貫徹實施耕者有其田綱領」，發交從政同志貫徹執行。其綱領如左：❷

（一）爲貫徹平均地權之全面實施，除已實施平均地權之都市地區外，其他都市地區及都市地區以外各地目之土地，應分期分區舉辦規定地價；土地所有權人申報地價過低時，政府得照申報地價收買其土地。

（二）已經舉辦規定地價地區各地目之土地，應徵收地價稅，但農地在未變更使用前，得仍徵田賦，並隨賦徵購稻谷。

（三）地價稅採累進稅率，但對於自用住宅地，應從輕課稅，對於不在地主之土地及都市地區內之空地，應加重課稅。

（四）已經舉辦規定地價之地區，其因社會進步與改良而自然增漲之地價，應歸公享，各地目土地，所有權移轉時，對自然增漲之地價，一律徵收土地增值稅，土地所有權人申報之移轉價值過低者，政府得照申報價值，收買其土地。

（五）土地增值稅採累進稅率，並應將現行稅率酌予提高，以抑制土地投機，而達地利公享之目的。

（六）新開發之都市地區及新社區，政府得實施市地重劃，以提高土地利用，並得依法實施區段徵收，經規劃整理後，除保留爲公共設施

---

❷ 內政部檔案「地」類 432/29 卷第一宗。

之用地外，分宗售予需要土地之人民建築使用，在前項新開發地區內，政府得興建住宅出租，或售予人民，並鼓勵人民興建住宅以利民居。

（七）政府應通盤規劃，從速訂定全面土地開發計畫，編定土地使用類別，嚴格管制土地使用，禁止濫施建築。

內政部 為執行此項綱領， 旋即會同有關機關訂定 「策進 全面實施平均地權及 貫徹實施耕 者有其田綱領執行 項目預定進程詳 細作業進度表」，報奉核定後，作為各級政府執行本案之進度。但由於「實施都市平均地權條例」之範圍，僅以都市土地為限，欲貫徹全面實施平均地權政策，則首須將該條例之實施範圍予以修正，或擴大實施地區。故內政部即著手研擬修正條例之工作。因鑒於該條例之規定地價、照價徵稅、照價收買、漲價歸公及土地使用等若干實際問題，尚有需予配合修正之必要，乃會同有關機關首長、執政黨負責同志與專家學者，共研擬定「全面實施平均地權確定地價政策及地價稅與土地增值稅課徵標準」二十三項立法原則，報奉五十九年十一月二日執政黨中常會第一三七次會議准予備查後，據以研訂實施都市平均地權條例修正草案。此二十三項立法原則如左： ❸

全面實施平均地權確定地價政策及地價稅與土地增值稅課稅標準：

（甲）地價政策部分

一、地價是否永以為定問題，決定如下：

「全面實施平均地權規定地價後，每屆滿三年，應予重新規定地價一次。」

二、如何分期舉辦規定地價問題，決定如下：

（一）都市土地。

---

❸　內政部檔案「地」類 432/29 卷第四宗。

（二）都市外土地均應依照「策進全面實施平均地權及貫徹實施耕者有其田綱領執行項目預定進程詳細作業進度表」規定進度分期實施， 依程序由省（市）政府報由內政部核轉行政院辦理。

三、申報地價應否限制問題，決定如下：

（一）申報地價低於公告地價百分之八十時，得照價收買，或照公告地價80％徵收地價稅。

（二）申報地價高於公告地價百分之二十時，以公告地價 120 ％為申報地價。

（乙）地價稅課徵標準部分

四、地價總歸戶之範圍問題，決定如下：

「地價總歸戶以省區（包括鄰近之直轄市）為範圍，俾瞭解每一地主分佈各市縣之土地總面積，作為限制私有土地面積最高額，辦理徵收私有超額空地，與私有空地限期建築之依據。在稅額劃分，稅地查勘通報等問題，尚未解決前，仍以各該市縣之地價歸戶結果課徵地價稅。」

五、地價稅累進起點地價及累進級距，累進稅率問題，決定如下：

（一）地價稅累進起點地價，以各該直轄市及縣市土地七公畝之平均地價為準，但不包括工廠用地及農業用地在內。（即暫維現制）

（二） 地價稅累進級距及累進稅率： 關於地價稅稅率結構之改善，係依據「小地主應從輕課稅，中地主宜維持現狀，大地主可加重課稅」之原則。關於小地主從輕課稅部份，已有各種優惠稅率之規定，足以實現此一原則。為期中地主之地價稅負擔得以維持現狀，則現制之累進起點地價及累進級距與累進稅率

均不宜作過多之變動。為期對大地主加重課稅，則應對高稅率部份酌予縮短其累進級距，至於最高稅率則避免提高經協調決定地價稅累進級距及累進稅率如下：

(1) 在累進起點地價以下者，課徵千分之十五。

(2) 超過累進起點地價在五倍以內部份，課徵千分之二十。

(3) 超過累進起點地價五倍以上至九倍以內部份，課徵千分之三十。

(4) 超過累進起點地價九倍以上至十二倍以內部份，課徵千分之四十。

(5) 超過累進起點地價十二倍以上至十四倍以內部份，課徵千分之五十。

(6) 超過累進起點地價十四倍以上至十五倍以內部份，課徵千分之六十。

(7) 超過累進起點地價十五倍以上部份一律課徵千分之七十。

六、自用住宅用地如何從輕課稅問題，決定如下：

「自用住宅用地，面積在三公畝以內者，統按其申報地價千分之五課稅。」

又為獎勵民間投資興建國民住宅，凡經政府核准之興建國民住宅用地，在動工興建後至使用執照發給後一年內統按千分之十五課徵地價稅。

七、都市計畫編為農業區及綠帶土地如何課稅問題，決定如下：

「於規定地價後仍暫收田賦。」

八、直接供工廠使用之土地如何課稅問題，決定如下：

「凡在都市計畫工業區內，或在工業區公布前已在非工業區設立之工廠，其直接供工廠使用之土地，統按其申報地價千分之十五

課徵地價稅。」

九、都市土地現爲農地使用者如何課稅問題，決定如下：

（一）都市計畫範圍內公共設施已實施完竣前仍爲農地使用之土地，暫徵田賦。

（二）都市計畫範圍內公共設施已實施完竣之地區，現仍爲農地使用之土地，在限期建築使用屆滿前時，統按申報地價千分之十五課徵地價稅，在限期建築使用屆滿後，並應予累進課稅。

前二項公共設施，指道路、自來水、排水系統及電力四項，但無自來水地區則以其他三項爲準，公共設施已實施完竣地區，課徵地價稅。土地之深度自道路兩旁按左列深度計算：

（1）在住宅區者，其深度爲四十公尺至七十五公尺。

（2）在商業區者，其深度爲三十公尺至六十公尺。

（3）在工業區者，其深度爲七十五公尺至一百五十公尺。

（4）在其他地區（農業區除外）或尚未分區使用之地區，其深度爲五十公尺至一百公尺。

十、公有土地之地價稅課徵問題，決定如下：

「公有土地除法令另有規定者外，統按其申報地價千分之十五課稅，但國有財產法對國有土地課稅之規定未臻明確，應予補充明白規定。」

十一、不在地主之土地如何課徵地價稅問題，決定如下：

「不在地主之土地，其地價稅按應繳數額加倍徵收之。」

又關於不在地主之定義，乃照土地法第八條規定，「惟爲優待僑胞，凡經常居住中華民國境外之中華民國國民，在中華民國境內有居住所用地者，應不視爲不在地主，但其居住所用地以一處爲限。」

十二、空地應如何加重課稅問題，決定如下：

「私有土地經編爲建築用地，已完成公共設施而未依法使用者
爲空地，土地建築改良物價值不及所佔基地申報地價百分之二十
者，視爲空地。私有空地經政府視都市發展情形，分別指定區域
限期使用，其逾期二年未使用者，應按該筆土地申報地價百分之
十加徵空地稅，並應優先就已編爲建築用地未依法使用之空地加
徵。」

十三、都市計畫公共設施保留地之課徵地價稅問題，決定如下：

（一）都市計畫公共設施保留地，仍爲農地使用者，暫收田賦。

（二）都市計畫公共設施保留地，在保留期間不作任何使用，並
與其使用之土地隔離者，免徵地價稅或田賦。

（三）都市計畫公共設施保留地，仍爲建築使用者，統按其申報
地價千分之十五徵收地價稅，其爲自用住宅用地在三公畝以
內者，仍照申報地價千分之五課稅。

十四、都市計畫範圍外之農、林、漁、牧等直接生產用地之課稅問
題，決定如下：

應仍暫收田賦。又此項土地係指田、旱、林、養、牧、鑛、鹽、
池、原、水、溜、溝、線、道、堤等十五種地目，而爲農、林、
漁、牧等直接生產使用之土地。又農舍用地仍於規定地價後暫收
田賦。

（丙）土地增值稅部分

十五、土地增值稅課徵之時機問題，決定如下：

業已規定地價之土地，於土地所有權因買賣、交換、贈與、政府
徵收，或其他原因而移轉時，應就土地之自然漲價徵收土地增值
稅，但公有土地所有權之移轉，免徵土地增值稅。私有土地因繼

承而移轉時，在對工商企業所有土地之定期增值稅制度尚未建立前，仍應依法課徵遺產稅，俟繼承人將其土地移轉時，再課土地增值稅。

十六、土地增值稅課徵之原規定地價問題，決定如下：

（一）民國五十三年之規定地價，爲原規定地價。

（二）民國五十三年以後規定地價者，以其第一次規定地價，爲原規定地價。

（三）規定地價後土地移轉者，以前次移轉申報之現值爲原規定地價。

十七、土地增值稅課稅級距及累進稅率問題，決定如下：

（一）土地增值稅，按土地漲價之倍數累進課稅。並將現行各級累進稅率（20%、40%、60%、80%），分別提高爲 30%、50%、70%及90%。

（二）購買荒地或空地，未加改良利用或建築，而將其出賣者，其土地增值稅，按其應繳額加徵 10 %（最高稅率可至99%）。

（三）購買荒地或空地，於改良利用或建築後出售者，其土地增值稅，按其應繳稅額減徵 20%。

十八、自用住宅用地出售後另行重購時之退稅問題，決定如下：

「都市計畫範圍內，土地所有權人，出售其自用住宅用地或華僑出售其在國內之居住所用地面積未超過五公畝者，於一年內另行購買三公畝以內之都市土地或十公畝以內之都市外土地作自用住宅用地者，得申請就其已繳增值稅額內，退還其不足支付承購土地地價之數額，都市計畫範圍外土地所有權人出售其自用住宅用地面積未超過十公畝者，亦得依前開規定申請退稅。」

十九、直接供工廠使用之自有土地出售後另行重購時之退稅問題，

決定如下：

直接供工廠使用之自有土地，經事業主管機關核准其遷移計畫，於一年內另於其他都市計畫工業區，或政府編定之工業用地區域內購地建廠，其土地面積未超過原有面積百分之三百，而其地價總額超過原出售地價扣除繳納增值稅後之所得數額時，得依照前項規定，申請在其繳納增值稅額內，退還其不足支付承購土地地價之數額。

二十、直接生產用地出售後另行重購時之退稅問題，決定如下：

「直接供農林漁牧使用之自有土地出售後，一年內另行購買其他農林漁牧土地自任耕作使用，土地面積未超過原面積百分之三百者，得申請退稅以支付其不足之地價。」

二十一、出售土地重購退稅之補徵問題，決定如下：

「土地所有權人因重購土地退還土地增值稅者，其重購土地再行移轉時，應以第一次出售土地之原規定地價計徵土地增值稅，但其已納未退部份之稅額應予扣除，重購之土地改作其他用途者，並應補繳。」

二十二、典權預繳增值稅問題，決定如下：

「土地設定典權，支付典權出典人應預繳土地增值稅，但出典人回贖土地時，得申請無息退還其已繳納之土地增值稅。」

二十三、因重新規定地價而增繳之地價稅，應否准予抵繳增值稅問題，決定如下：

地價稅與土地增值稅二者性質不同，不應准予抵繳，且抵繳稅額之計算極爲繁複，而課稅資料保管之期限，永無止境，誠屬無法執行，應將現行抵繳條文予以修正廢除。

貳、草案之擬定

內政部遵照上開立法原則，詳確檢討條例施行以來所發生之各項問題，且會同有關機關派員組團前往日本等鄰近友邦地區考察其土地利用與土地賦稅情形，並研析結果，而擬具全盤性實施都市平均地權條例修正草案，邀約有關機關代表與專家學者集會研商整理；全文共一百一十七條，計修正條文四十五條，增訂條文四十四條，文字修正條文十一條，刪除條文八條，維持原條文十五條。於六十一年三月二十日報院。其中諸如：依土地利用情況爲查估地價之標準，廢止地價稅與土地增值稅之累進稅率，統一徵收土地之地價補償標準，加強辦理市地重劃，獎勵興建國民住宅建設新社區，擬訂區域綜合開發計畫等有關條文，均對現行條例作重大變更或補充。惟當時臺灣省政府及臺北市政府仍未正式提出具體意見，司法行政部、經濟部均尙有保留意見，內政部亦認爲修正草案有再充實之必要，且二十三項立法原則未能涵蓋全部修法之問題，爰再擬具「依平均地權條例立法原則尙難解決之主要問題」報院請併案審議，此主要問題全文如下：❹

> 依平均地權條例立法原則尙難解決之主要問題，現行都市平均地權條例乃用土地稅方法，以割分土地爲目的。蓋從地政立場，似認爲割分土地卽可達成地權平均之目的；從財政立場卽認爲在割分土地之手段中可增加稅收。然事實上人人能否達到有土地可用？或方法上是否有良好增加稅收之手段？不無疑問。此外此一條例尙產生許多社會不平問題，使不管有土地者或無土地者均對此一政策有不良批評。茲於本文將先就依現行都市平均地權條例及近來中央決定之

---

❹　同❸。

二十三項之補充立法原則，尚難解決之主要問題列舉如下：

一、關於地價之規定問題：

依照現行辦法，無論是課徵地價稅或是課徵土地增值稅，其地價均係以過去二年之土地移轉市價（時價）之平均數或中位數爲準，所不同者，前者是每三年調整一次（稱爲公告現值）。

規定地價與公告現值雖一致或相接近，但與實際市價相差甚遠，前兩者僅約爲後者之一半，其偏差之原因：（一）全區段中於兩年間有移轉者僅屬少數，自不能代表全區段之地價，（二）基層地價調查人員及縣市地價評議委員，爲同情土地所有權人地價稅負擔增加過速，或稅捐稽徵人員爲爭取徵稅成績（徵收率）而從低評估。因之產生左列後果：

（一）公告現值，大約僅約爲土地自由移轉之實際市價之一半，故僅以公告現值爲漲價標準，課徵土地增值稅，則超過公告現值之另一半市價卽歸私有，亦卽增值稅之大部份被其逃漏。

（二）規定地價係以少數宗別之移轉地價爲依據，故對土地未移轉之地主而言，其規定地價實屬偏高，其地價稅負擔過重，致居民不滿，但就以高價購買土地興建高層建築物而言，其規定地價又嫌偏低，失去地價稅之增收。

（三）徵收土地之地價補償，係以公告現值爲準，公告現值旣約爲市價之一半，且需繳納土地增值稅，故土地所有權人之地價所得，尚不及市價之一半，尤其公共設施保留地，因難以漲價，土地所有權人，所得地價更低，而要購買同價值之土地卽需以時價購買，則實無法再購回同價值之土地，此在地政上最爲世人所指責，並爲舞弊之所在。

二、土地增值稅課徵之問題:

（一）規定地價為實施照價徵稅及漲價歸公之基礎，又規定以五十三年之地價為漲價歸公之基數，其與地價每三年調整一次之矛盾暫不論，茲全國土地如能同時一次辦理規定地價，並自規定地價之日起，徵收土地增值稅，土地所有權人之負擔卽屬公平合理，但目前臺灣地區，因受財力、人力等因素限制，必須分期分區辦理規定地價，而分期舉辦規定地價，則先規定地價地區內之土地與後規定地價地區內之土地出售時，前者漲價歸公多，漲價歸私少；而後者漲價歸公少，漲價歸私多，相形之下極為不公平。

（二）農林漁牧等直接生產用地，多受法令限制，不能任意建築，且對承購人之資格亦有限制，故移轉不易，農民保有之期間必長，保有期間既長，其土地漲價之數額必大，一旦移轉，其土地增值稅之負擔必高，則與市地可隨時移轉以減輕增值稅負擔之情形比較，甚為不公平。

三、空地稅課徵之問題:

空地重稅，雖有促進其建築使用之作用，但由於地價稅已採累進稅率（最高累進率已高達地價總額的百分之七），空地稅原規定須按基本稅額加徵二倍至五倍，現修訂條例原則，更提高至十倍，稅負殊嫌過重，且對土地建築改良物不及所佔基地申報地價之比率的百分之十視為空地之規定，將改為百分之二十視為空地，因而歷史之商業中心地區，其建築改良物價值因折舊逐次降低，而地價反而逐次上漲之結果，勢將均被視為空地，如衡陽路、成都路等繁榮區之建築物，現雖尚堅固可用，但依現行法（百分之十視為空地）已成為空地，若再將此項比率修改為百分之

二十，則問題將更擴大。反而地價較低（每坪數千元——亦不算低）地上僅有簡陋建築之土地，倒可免徵空地稅。兩者均將引起都市計畫上之重大困擾。

四、土地稅累進之問題：

（一）地價稅累進率最高已達百分之七，此項重稅負擔，迫使地主對其土地爲過度之使用，致使應供爲公眾使用之停車、防火、採光，以及庭院美觀等所需之有效空地，大爲減少，對於都市交通環境衞生等，影響極大。

（二）此次修訂條例草案增值稅之累進稅，雖由 20%、40%、60%、80%提高爲30%、50%、70%、90%，但土地所有人，仍可以多次移轉土地方式，於地價漲至一倍時即行移轉，使增值稅之徵收，始終停滯在30%最低稅率階段，換言之，卽地主可藉此漏洞，經常保持70%之漲價歸爲私有。

（三）市地重劃時，土地所有權人除提供土地以爲公共之用外，尚且因重劃後，地價上漲之結果，應負擔過重之累進土地增值稅，市地重劃可能反而對土地所有權人不利成爲阻碍市地重劃之原因。

五、問題矛盾之原因與對策：

考上述各項矛盾之原因，以我國對都市平均地權所採取之基本政策，亦爲累次修正實施都市平均地權條例之一貫立法原則，乃以天然土地爲課徵地價稅及土地增值稅之標的爲基本原因。其實天然土地未開發建設並無買賣價值，耕者有其田政策乃土地平均地權政策之一環，其能成功之原因，在其田是經開墾、整地、施設灌溉排水後之耕地，而非天然土地，在都市之天然土地若未予開發整地建築，其實亦無法居住或工業生產，則土地如未開發建設，

自無利用價值，如無利用價值，亦即無分配問題（平均地權）之可言。

觀察他國之主要土地政策，似有下列兩種可供借鑑：（一）土地之買賣時價，與課徵地價稅之地價分開，並對徵收地價，繼承地價亦另行規定，兼顧社會利益與個人權益，地價稅不予累進，增值稅亦有者按一定比率徵收而不累進（如日本）。（二）根本不設置土地稅，而於土地開發建築後視其收益情形，即土地與建築物不予分開，就其房地產業課徵產業稅。並以減免稅負方法獎勵土地之開發、建設（如新加坡）。惟土地為天然物與空氣、水或光線等為人類生存之必需，原應為全人類所共享，然前者土地稅辦法既然給予買賣價值，由於人口增加，都市之發展，地價必然上漲，非但多數人民不易取得土地，亦導致政府不易徵收土地從事建設，後者產業稅辦法即對土地利用者課稅即可抑止地價之上漲，又課稅方法單純，且由於獎勵開發建設之結果可增加稅收，對於「居者有其屋」理想之達成亦較為有利，而認為符合國父遺教「地價永以為定」、「漲價歸公」及「地盡其利」之主張。

其後經行政院第一二二三次院會討論決定，將內政部所提修正草案，二十三項立法原則及其對二十三項立法原則所提之主要問題，一併送請各首長詧閱研議。惟各有關機關對條例修正草案意見分歧，復涉及土地稅之立法問題，故條例修正草案曾數易其稿。其中內政部正式報院者，除上述六十年三月外，尚有六十年十月、六十一年三月、六十二年十二月計四度之多。而其最後一次修正草案，經行政院指定連震東、俞國華兩政務委員邀集有關首長，專案審查修正，於六十五年四月提報行政院第一四七二次院會通過，同年五月二十五日函請立法院審議，是為

全面實施平均地權立法之草案。

叁、草案之內容

　　行政院所提之草案，形式上雖係就六十一年之「實施都市平均地權條例」加以修正而成，而詳究其內涵，則頗多突破性之制定，按「平均地權條例」之名稱乃由「實施都市平均地權條例」修正而成，其草案全文八章八十四條中，修正條文三十七條，增訂條文二十六條，文字修正條文十五條，維持原條文六條，與其稱爲修正，毋寧視爲制定。茲就修正之重點，舉要臚陳如後：❺

　　第一章　總　　則

㈠　對照價收買或區段徵收應償付之補償地價，提高現金給付金額，降低債券搭配比例：

　　現行條例規定，政府於實施照價收買或區段徵收時，每戶應領補償地價在三萬三千元以下者全部發給現金；超過三萬三千元以上部分，則搭配部分土地債券，地價總額在二十萬以上部分，並得全部以債券償付之，此項現金給付標準，較之當前實際地價情形似屬偏低，爰經針對實際情況，將現金給付金額酌予提高，凡補償地價總額在十萬元以下者，全部發給現金。補償地價超過十萬元者，始就其超過部分搭發部分土地債券，至其搭配比例，亦酌予降低。（修正草案第六條）

㈡　增訂政府依法徵收私有土地之地價補償標準：

　　現行有關法律，對於徵收私有土地地價補償標準規定不一。如土地

---

❺　行政院六十五年五月廿五日臺六十五內字第四三〇二號函，見立法院第五十七會期第二十四次會議議案關係文書，院總第二四八號。

法規定係依法定地價；獎勵投資條例規定依照市價；都市計畫法則規定照公告土地現值；且各法之適用範圍亦不一致，極易造成紛爭，為期今後徵收私有土地均能依同一合理標準給予補償而杜紛紜，特增訂本條例實施地區內，政府徵收私有土地，一律按照公告土地現值給予補償。（修正草案第十條）

(三) 增訂徵收私有出租耕地時，應給予佃農補償之條文：

現行法律，對於徵收私有出租耕地時，如何給予佃農補償問題均未有規定，為貫徹我國保護佃農之一貫政策，並期所有承租耕地之佃農均能在同一標準之下享受同等待遇，故參照獎勵投資條例第五十四條之精神，於本條例中規定政府徵收私有出租耕地應按補償地價扣除增值稅後餘額三分之一給予佃農。公有出租耕地因公撥用時亦同，俾資劃一，並適用於全面。（修正草案第十一條）

第二章 規定地價

(四) 擴展舉辦規定地價土地之範圍，以全面實施平均地權：

規定地價為實施平均地權之首要工作，現行條例僅規定都市土地應舉辦規定地價，故目前都市外土地，迄未辦理，以致政府不能以照價徵稅、照價收買及漲價歸公等方法，達到促進地盡其利公享之目標。為謀平均地權之全面實施，本修正草案特明訂本條例施行區域內，未規定地價之土地，應即全面舉辦規定地價，但偏遠地區及未登記之土地，得由省（市）政府劃定範圍，報經內政部核准後分期辦理。（修正草案第十三條）

(五) 修正土地所有權人申報地價之限制：

現行條例規定，土地所有權人申報之地價，低於公告地價百分之二十時，由主管機關規定期限，通知土地所有權人另行申報；另行申報之地價，仍低於公告地價百分之二十時，政府得照其申報地價收

買或按公告地價徵收地價稅，而對於土地所有權人高報地價，並未
有任何限制。實施以來，少數土地所有權人對於公共設施用地故意
報高地價以謀取超額補償。不僅影響地方建設，且在民間造成不平
及糾紛，故特參照土地法限制高報地價之精神，規定申報地價不得
超過公告地價百分之一百二十，或低於公告地價百分之八十，並免
除另行申報手續，以期便民。（修正草案第十六條）

(六) 簡化規定地價之程序：

規定地價之程序，依現行條例規定，除應由土地所有權人自行申報
外，對逾期不申報者並應通知補行申報；對申報地價低於公告地價
百分之二十者，並應通知另行申報。此種「補報」、「另報」之規
定，程序繁複，曠費時日，徒增人力物力之浪費。故修正草案將
「補報」、「另報」予以刪除，明確規定申報地價之期限爲三十日。
（修正草案第十五條、第十六條）

(七) 修正重新規定地價之要件：

現行條例規定，規定地價或重新規定地價屆滿三年，而地價有百分
之五十以上增減時，應舉辦重新規定地價。此一規定，在執行上每
每發生「地價百分之五十以上增減」之爭議。因同一地區，地價漲
跌之程度並不相同，如部分土地地價增減百分之五十以上（如增減
百分之五十一）予以重新規定地價，而增減未達百分之五十者（如
百分之四十九）不予重新規定地價，則兩者之地價稅負擔，必將顯
著失平。爰將「地價已較原規定地價有百分之五十以上增減」之限
制予以刪除，而只須屆滿三年卽可重新舉辦規定地價。（修正草案
第十四條）

第三章　照價徵稅

(八) 放寬自用住宅用地之面積限制，並將其地價稅率由千分之七降低至

千分之五;

現行條例規定，都市內自用住宅用地，面積在三公畝以內者，其地價稅按申報地價千分之七課徵。爲因應平均地權全面實施後，都市計畫範圍外農村自用住宅用地面積較大之實際需要，故對都市計畫外自用住宅用地從輕課稅之面積限制，放寬爲七公畝，同時放寬設籍居住者之範圍，以利民居。又爲減輕自用住宅用地持有人之負擔，並將自用住宅用地之地價稅率，由千分之七降低爲千分之五。（修正草案第八條、第二十條）

(九) 增訂農業用地從輕課稅並得徵收田賦之規定:

現行條例第二十條對於都市計畫範圍內之農業區及綠帶土地之地價稅，已採從輕課徵之原則予以課徵田賦。本條例修正後，其實施範圍擴及全面。爲顧及農民負擔，配合農業發展，對於農業用地之地價稅，除規定依土地稅法之規定課徵地價稅外，並規定得暫徵田賦。（修正草案第二十二條）

(十) 增訂對都市計畫公共設施保留地減免地價稅之規定:

私有土地經依都市計畫編爲公共設施保留地後，在政府未徵收使用前，限制不得妨礙都市計畫之使用，其與非公共設施保留地相較，使用價值懸殊，而政府又限於財力，一時無法全部徵收，如不於保留期間從輕課稅，顯失公平。故增訂條文，明訂對都市計畫公共設施保留地在保留期間，已爲建築使用者，按基本稅率千分之十五課徵地價稅；未爲任何使用且與使用中之土地隔離者，免徵地價稅。（修正草案第二十三條）

第四章 照價收買

(一) 加強實施照價收買並明訂地價計算標準:

照價收買爲實施平均地權之重要手段，爲貫徹實施及便於執行，故

分別列明得予實施照價收買土地之原因及其地價之計算標準。（修正草案第二十六條、第三十條、第三十一條、第三十三條）

㈡　增訂對低報地價土地實施照價收買之時限：

現行條例僅規定土地所有權人申報之地價低於公告地價百分之八十時，政府得實施照價收買亦得照公告地價課徵地價稅。但兩者之間究竟採取何者？其取捨期限未予規定，故於實施收買時每有爭執發生。為杜絕紛爭特增訂條文，明訂政府對於決定照價收買之土地，應於規定地價當期地價稅開徵前辦竣公告，否則，即僅得照公告地價百分之八十徵收地價稅而不能再行實施收買，俾政府與人民均有所遵循。（修正草案第二十八條）

㈢　增訂照價收買土地時，得將建築改良物予以一併收買之規定：

照價收買為防止低報地價之唯一有效措施。必須加強運用始克貫徹平均地權政策之推行。根據歷年實施之經驗，低報地價之土地，多為地上建有建築物者，因土地所有權人洞悉政府缺乏法律依據，不能連同建築物一併收買，乃故意低報地價，為期匡補，故增訂地上建築物如同為土地所有權人所有者，得一併收買。（修正草案第三十三條）

第五章　漲價歸公

㈣　修正土地增值稅稅率結構，以加強漲價歸公：

現行土地增值稅，係按土地漲價倍數之多寡，分為百分之二十、四十、六十、八十共四級累進稅率課徵。由於第一級稅率偏低（僅為百分之二十），且各級稅率之差距甚大（每級稅率差距均高達百分之二十），故常誘使投機者以輾轉買賣土地方式，於土地漲價未超過一倍時即行出售，以逃避高級稅率。同時，現行最高累進稅率高達百分之八十，因稅負較重，土地出售後地主實得無幾，故亦嘗有惜

售情事，影響土地之正常交易甚而妨礙都市土地之合理利用。爲謀改進，本草案乃將增值稅率改爲百分之四十、五十、六十共三級，期以提高 第一級稅率及縮小 各級稅率差距方式， 加強漲價歸 公效果，並以降低高級稅率方式，促進土地之合理交易及正常利用。(修正草案第三十九條)

㊤ 增訂政府徵收私有土地時應減徵土地增值稅及土地所有權人另行購買土地時得申請退稅之規定：

政府因公共建設徵收私有土地時，補償地價如超過原規定地價者，均就其超過部分徵收土地增值稅。惟土地徵收爲政府強制之行政措施，與土地所有權人自願出售土地情況迥然有別，爲兼顧土地被徵收人之利益，並減少政府執行徵收土地之阻力，特增訂條文，明訂政府徵收私有土地時，其土地增值稅應予減徵。又如被徵收之土地爲自用住宅用地 、 自營工廠用地或自耕之農業用地者， 被徵收人如另購使用性質相同之土地時，得申請依法退還其已納之土地增值稅。 (修正草案第四十一條、第四十三條)

㊥ 對於購買荒地或空地後出售者，視其改良利用與否，增訂獎勵或懲罰之規定，以促進土地利用並防止投機：

爲促進土地之開發利用，對私有空地或荒地經改良利用或建築使用後移轉所有權者，減徵其土地增值稅，以示獎勵。反之，爲防止土地投機，對購買空地荒地，未經改良利用或建築使用而出售者，加徵其土地增值稅，以示懲罰。 (修正草案第四十二條)

第六章 土地利用

㊦ 增訂土地所有權人得按其原有土地價值之比例，優先依開發成本買回區段徵收土地之規定：

區段徵收，係以促進土地利用，發展地方建設爲目的，故徵收之土

地除公共使用者外，整理後均以分宗標售予需用土地人為原則。茲為兼顧土地被徵收人之權益，使開發利益均霑，特增訂原土地所有權人並得按其原有土地價值比例優先買回之規定。至於原土地所有權人買回土地之價格，則以補償地價加公共設施費用為準。（修正草案第五十二條及五十三條）

㈤　加強土地重劃之實施：

(1)土地重劃，為促進土地利用，發展都市建設及便利農地耕作之重要手段。惟依照現行條例第四十九條規定，每一重劃地區，均需徵得該地區私有土地全體所有權人二分之一，而其所有土地面積亦超過重劃區內土地總面積二分之一者同意始可辦理。根據歷年來辦理之經驗，在臺灣地區除高雄市外，其他市鎮每因土地所有權人習於守舊，極難大量辦理，為求今後重劃工作確能全面展開，故參照都市計畫法第五十八條之規定，將辦理重劃之條文予以加強，除在適當地區內經土地所有權人過半數得申請優先辦理重劃外，各級地政機關，亦得選擇適當地區擬具土地重劃計畫書，報經上級主管機關核定後辦理，或由政府訂定辦法，獎勵土地所有權人自行組設團體辦理重劃。（修正草案第五十四條、第五十五條、第五十六條）

(2)又土地重劃實施程序及作業方法，至為複雜。現行條例對於土地重劃僅作原則性之規定，亟須予以補充。爰根據歷年實際辦理之經驗，增訂條文俾政府與人民均有所遵循，以利實施。（修正草案第五十四條至第六十五條）

㈥　修訂終止耕地租約時對佃農補償之規定：

現行條例第五十六條規定：「都市計畫範圍內之出租耕地，出租人為收回自行建築或出售作為建築使用而終止租約時，出租人除應補

償承租人爲改良土地所支付之費用及尙未收穫之農作改良物外，並
應給與該土地申報地價三分之一補償」，在執行上每多發生困擾。
蓋土地所有權人因出售而收回耕地者，按申報地價三分之一補償承
租人後，原地主尙須依法繳納土地增值稅，故地主實際所得可能較
佃農爲少，甚且有不敷繳納土地增值稅情事。故參照獎勵投資條例
第五十四條之立法原則，將原條文修正爲：耕地出租人於終止租約
收回耕地時，除應補償承租人爲改良土地所支付之費用及尙未收穫
之農作物外，並應按照終止租約當時公告土地現值預估土地增值稅
後餘額三分之一補償承租人，其爲出售供他人建築者，亦應給與
該土地承租人繳納土地增值稅後餘額三分之一之補償。並增訂公有
出租耕地亦應依照辦理之條文，以臻公平。（修正草案第七十六
條）

第二節　立法院之審議過程

立法機關討論並決定國家政策而使之成爲法律，此乃現今民主國
家之共通制度；我國憲法第六十二條及六十三條規定，立法院代表人
民行使立法權，卽有議決法律案之權；因此，全面實施平均地權之立
法，必須由行政院將研訂之法律案草案送請立法院審議，以完成法定程
序。

立法機關旣以制定法律等爲其經常之工作，而法律案關係國家政策
及人民權利義務至鉅，且均具專門與技術之性質，勢必考慮周詳，愼重
審議；故各國立法機關，例有委員會之設，以司審查之職，再提報大會
討論。我國憲法第六十七條規定，立法院得設各種委員會，立法院依此

規定乃設有: 內政、外交、國防、經濟、財政、預算、教育、交通、邊政、僑政、司法及法制等十二委員會，❻復依立法院組織法第十八條第二項「立法院於必要時，得增設其他委員會或特種委員會」之規定，另設資格審查委員會、程序委員會及紀律委員會。其中程序委員會司編列立法院會議議程之工作。

　　各國立法機關審議法律案之正常程序，大抵先經委員會之審查，不經審查而逕由院會討論者乃屬例外；我國立法院組織法第七條規定: 「政府機關依憲法提出之議案（包括法律案），應先經立法院有關委員會審查，報告院會討論，但必要時得逕提院會討論。」立法院議事規則第二十九條第二項復作補充規定: 「政府提出之議案於朗讀標題後，卽應交付有關委員會審查。但有出席委員提議，二十人以上連署或附議，經表決通過，得逕付二讀。」是以我國立法院審議政府法律案，以先經過有關委員會之審查為原則，以逕付二讀為例外。而政府機關所提之法律案，究應交付何種委員會審查，依立法院程序委員會組織規程第五條第二項之決定，係由程序委員會依照一定之標準，擬議分配有關委員會，再提報院會核定，若議案性質與其他委員會有關聯者，則配由主管審查之委員會與有關委員會同審查之。

　　全面實施平均地權之立法，關係國家內政、財政，及經濟政策，且條例中並有罰則規定，故其修正法案卽分別屬內政部、財政部、經濟部及司法行政部所掌理事項。行政院於六十五年五月二十五日函請審議「實施都市平均地權條例修正草案」後，立法院程序委員會卽依該委員會組織規程第五條規定，擬請院會將該修正草案交付審查，正式展開立法

---

❻　立法院組織法第十八條。

工作。其審議過程，照立法院議事規則第三十七條之規定，應經三讀會
議，茲分就第一讀會、第二讀會、第三讀會之程序，概括綜述如次：

壹、第一讀會

民國六十五年 六月一日， 立法院第 五十七會期第 二十四會議決定
「實施都市平均地權條例修正草案」交付內政、財政、經濟、司法四委員
會審查。立法院秘書處卽於同年月三日檢附政府提案等資料函請內政等
四委員會審議。❼茲將四委員會聯席審議之議程順序，舉要分述如下：

一、政府首長列席說明

立法院各委員會審查法律案，如係政府提案者，其審查工作之初步，
均先請有關部門之首長──部長或政務次長，至少應有一人代表該部列
席審查會議，說明該法律案之起草經過，立法要旨及該部對該法案之看
法， 並答覆委員質詢。 民國六十五年六月二十一日， 立法院召開 「實
施都市平均地權條例修正草案」（本節以下簡稱本修正草案）第一次聯
席會議， 內政部張部長豐緒、 財政部費部長驊、 司法行政部汪部長道
淵、經濟部孫部長運璿（先行離去）楊次長基銓等均列席，分別對修正草
案提出說明， 並答覆委員們之詢問，至同年七月五日第五次聯席會議，
所有登記發言之三十五位委員均已發言完畢，且經各部有關首長或其代
表分別加以答覆。

二、廣泛討論

審查政府法案，詢問答覆結束後，卽行廣泛討論。惟此階段，政府

---

❼　立法院公報，法律案專輯，第二十四輯，內政（二）「平均地權條例案」
　　（上、下冊），第六十九頁，六十八年初版，立法院秘書處編印。

首長無庸列席，係由立法委員就法案之立案精神詳加檢討，彼此交換意見，表明對該案之態度和主張；但如遇法案內容較簡單者，於詢問及答覆時，若委員間之意見已充分表達，且意見相近，即常省此階段而逕行逐條討論之程序。本修正草案於第五次聯席會議結束詢問及答覆後，當即由主席徵求與會委員決定是否大體討論或進行逐條討論，時周委員文璣以詢答後已有概括之瞭解，主張逕行討論，但費委員希平、陳委員桂清持不同意見，以本法案事關重大，應照正常程序進行大體討論，嗣經主席再徵求與會委員無異議後，進行大體討論。❽旋即由七位委員相繼表示意見，廣泛討論結束，決議下次會議進行逐條討論，並授權召集委員安排座談會及實施實地考察事宜。❾

三、逐條討論

所謂逐條討論者，即於審查法案時，依草案修正之條文順序，依次朗讀，逐條討論，逐一通過。在此階段有關部會主管司人員須列席說明。本修正草案係於六十五年七月八日第六次聯席會議時，進行逐條討論。至同年十一月八日第二十五次聯席會議全案審查結束，先後共舉行會議二十五次。且審查期間為集思廣益，博採眾議，曾於七月二十二、二十三兩日，八月九日及九月十二日分赴臺中中興新村臺灣省政府，桃園縣及臺北市政府實地考察，並邀請各界人士分別舉行座談會三次，聽取各界人士對本修正草案之意見，備為審議之參考，極盡周詳考量，審慎研修。而本修正草案條文於逐條討論時，一經朗讀未加討論即經與會委員全體無異議通過者計十九條，經討論後全體無異議照案通過者三十

---

❽ 同❼專輯第二〇〇頁。
❾ 同❼專輯第二一〇頁。

二條，全體無異議修正通過者二十七條，討論後表決照案通過者四條，討論後表決修正通過者二條，並增訂三條，合計八章八十七條。茲依本修正草案之聯席審查會議有關情形列表說明如下：❿

會期	會次	時				間	地　點	出席委員人數	政府列席首長人數			主　席	備　註
		年	月	日	星期	時			部長	次長	其他代表		
第五十七會期	1	65	6	21	1	上午及下午	第六會議室	81	4	1		牛委員踐初	政府首長列席說明及答覆委員詢問階段
	2	65	6	24	4	上　午	第六會議室	77	1	2	1	牛委員踐初	
	3	65	6	28	1	上午及下午	第八會議室	65	1	2	1	蔡委員友土	
	4	65	7	3	6	上午及下午	第六會議室	59	2	2		蔡委員友土	
	5	65	7	5	1	上午及下午	第七會議室	68	1	3		劉委員錫五	廣泛（大體）討論階段
	6	65	7	8	4	上午及下午	第七會議室	62			4	劉委員錫五	
	7	65	7	10	6	上　午	第七會議室	61			4	劉委員錫五	逐條討論階段
	8	65	7	12	1	上　午	第七會議室	66			4	牛委員踐初	

❿ 本表係參照❼專輯第七十一、一一二、一二九、一六二、二一二、二四一、二五六、二七〇、二八六、三一八、三四九、三六八、三九六、四三〇、四六四、四九八、五二三、五四九、五七六、六〇八、六三八、六七二、七〇六、七三七等頁資料製成。

	9	65	9	27	1	上　　　午	交　誼　廳	78		4	楊委員寶琳	
	10	65	9	29	3	上午及下午	交　誼　廳	95		4	楊委員寶琳	
第	11	65	9	30	4	上午及下午	第七會議室	89		4	楊委員寶琳	
	12	65	10	2	6	上　　　午	第七會議室	77		4	楊委員寶琳	
五	13	65	10	4	1	上午及下午	交　誼　廳	88		4	周委員慕文	逐條討論階段
	14	65	10	6	3	上午及下午	交　誼　廳	83		4	周委員慕文	
	15	65	10	7	6	上午及下午	交　誼　廳	87		4	周委員慕文	
十	16	65	10	13	3	上午及下午	交　誼　廳	71		4	劉委員錫五	
	17	65	10	14	4	上午及下午	交　誼　廳	75		4	劉委員錫五	
八	18	65	10	18	1	上午及下午	第七會議室	76		4	楊委員寶琳	
	19	65	10	20	3	上午及下午	交　誼　廳	86		4	楊委員寶琳	
	20	65	10	21	4	上午及下午	交　誼　廳	77		4	楊委員寶琳	
會	21	65	10	27	3	上午及下午	第七會議室	73		4	周委員慕文	逐條討論階段
	22	65	10	28	4	上午及下午	交　誼　廳	80		4	周委員慕文	
期	23	65	11	3	3	上午及下午	第七會議室	76		4	劉委員錫五	
	24	65	11	4	4	上午及下午	交　誼　廳	93		4	劉委員錫五	
	25	65	11	8	1	上　　　午	交　誼　廳	93		4	楊委員寶琳	

此外，委員會審查之決議如有 委員不表同意時， 得依規定 手續保留其在院會之發言權，亦卽少數意見未在委員會中被採納者，仍可訴諸院會請求公決，惟缺席委員及出席委員若未聲明保留其在院會之發言權，則不得在院會提出與委員會決議相反意見。❶ 本修正草案在聯席審查時計有：吳基福委員對本法案名稱、第十一條及十六條；冷彭委員對第九、十一、三十八、四十二、四十五等五條；費希平委員對第六、十一、十六、十七、十八、四十、四十二、四十五、四十七、五十八、六十、八十三等十二條；邱家湖委員對第十六、十七兩條；何景寮委員對提議增訂第三十六條未獲通過及第四十、六十兩條；高語和委員對第四十二、四十五兩條；彭蘭康委員對第四十五條；王耀淨委員對六十四條均聲明保留院會發言權。❷

四、審查報告

按立法院各委員會組織法第十一條規定：各委員會審查議案之經過與決議，應以書面提報院會討論。本修正草案於六十五年十一月八日第二十五次聯席會議全案審查完畢後，卽由四委員會提出審查報告，於同年月二十三日函請立法院秘書處查照提報院會討論。

其審查報告之內容，除包括前述行政院函請審議之八章八十四條原修正草案要點外，並提出聯席審查會議通過之八章八十七條審查修正草案全文對照表。除有關部份文字修正或條次變動外，究其對本修正草案作重大修正之內容列舉如下：

（一）本修正草案第六條對照價收買與區段徵收土地應行償付之地價，發給現金與搭發土地債券之比例，作同一規定，聯席會議委員咸以

---

❶ 立法院議事規則第十三條。

❷ 同❼專輯第七五六頁。

照價收買係因土地所有權人之錯失，而區段徵收則純爲強制性之行政措施，兩者性質迥異，其搭發土地債券之比例則應有別，乃予修正並增列第二項「依第五十三條規定徵收之土地，每戶總額在十萬元以下者，全部發給現金，超過十萬元者，其超過部份得在半數以內搭發土地債券。」

（二）本修正草案第十四條規定　「每三年應重新舉辦規定地價一次。」恐其窒礙難行，經予修正爲「規定地價後每三年重新規定地價一次，但必要時得延長之，其重新規定地價者亦同。」之彈性規定。

（三）本修正草案第十八條但書僅規定工廠用地及農業用地不採累進稅率，而免稅土地亦應包括在內，經修正後但書改爲「但不包括工廠工地、農業用地及免稅土地在內。」

（四）本修正草案第二十三條對都市計畫公共設施保留地在保留期間仍爲建築使用者，將其基本稅率由「千分之十五」減爲「千分之十」。

（五）本修正草案將條例第二十五條對供公共通行之騎樓走廊減稅及免稅之規定，因擬將其列入土地稅減免規則而予以刪除，惟經與會委員決議恢復並酌加修正爲：「供公共通行之騎樓走廊地，未有建築改良物者，應減徵地價稅，其減徵辦法由行政院定之。」（此卽增訂三條文之一）

（六）本修正草案第三十二條規定照價收買之土地對地上農作改良物之補償，由依種植費用估定修正爲「並參酌現值估定」，另增訂第二項「依法徵收之土地，準用前二項之規定。」

（七）本修正草案第三十五條將條例第三十一條第三、四兩項有關因重新規定地價增繳之地價稅准予抵繳增值稅之規定刪除，各委員決議恢復並將文字酌加修正。

（八）本修正草案第四十一條對被徵收之土地，按其情形分別減徵

增值稅之規定，由百分之十及百分之二十修正爲百分之二十及百分之四十。

（九）增訂第四十五條文爲：「農業用地移轉後爲自耕農業使用者，以該宗土地增值稅額百分之二十，由政府輔助自耕農地承受人，但取得後如繼續耕作不滿五年者，應追繳其補助之金額。前項耕地承受人，以取得耕地後其持有總面積不超過三公頃者爲限。同一農產專業區內，交換自耕農業用地，經直轄市或縣（市）主管機關證明者免繳增值稅。」以配合農業發展政策，加速農業現代化。

（十）本修正草案第六十二條僅規定土地重劃對地上權、永佃權及地役權有影響時如何補償，而對土地改良物所設定之抵押權卻未予規定。審查時增訂第二項：「土地建築改良物經設定抵押權或典權，因土地重劃致不能達其設定目的者，各該權利視爲消滅。抵押權人或典權人得向土地所有權人請求以其所分配之土地設定抵押權或典權。」

（十一）增訂第六十八條條文：「農地重劃辦法由行政院定之。」本修正草案第六章「土地利用」有十二條之多，對市地重劃實施程序及作業方法均詳有規定，而對農地重劃之規定卻付闕如，特予以增訂。

貳、第二讀會

立法院第五十八會期第十九次院會於六十五年十一月二十六日上午開會討論，其內政、財政、經濟、司法四委員會所審查行政院函請審議之「實施都市平均地權條例修正草案」，經朗讀審查報告全文，並由楊委員寶琳補充說明，本修正草案正式進入「第二讀會」階段。

本修正草案經聯席審查會議所推定之代表楊委員補充說明後，於十一月三十日上午第二十次院會卽進行廣泛討論，而發言者僅冷彭、吳基福、周樹聲、李文齋、費希平等委員；當日下午同次院會隨卽開始逐條

討論；此項討論係法律案於二讀會中之必經階段；按立法院之慣例，其院會所逐條討論者係以審查案爲對象，而非以政府原提案或委員提案爲討論標的；且此階段中會議之進行程序是由秘書處職員逐條朗讀審查案條文，若委員們對審查案之意見完全贊同，無人發言討論，則以全體無異議之口頭表決方式通過。如有委員對審查案之意見完全贊同，無人發言討論，則以全體無異議之口頭表決方式通過。如有委員對審查之意見持不同看法時，則展開討論。照立法院議事規則第三十一條規定，對審查案有不同意見之委員，欲提出修正動議應於原案二讀會廣泛討論後提出之，此時所提之修正動議均爲具體之修正文字；而法律案之表決慣例只採口頭表決或舉手表決。

案經五十八會期第十九次院會至第二十五次，第二十七次至第二十九次，第三十二次及第三十三次院會討論審議，於民國六十六年元月十四日結束第二讀會。茲將本修正草案於第二讀會逐條討論階段之討論及表決情形列表說明如次：❸

討論情形	表決方法		表決人數	條　　　　次	條數
未經討論照案通過	口頭表決		全體無異議通過	2, 3, 5, 12, 20, 23～26, 28～37, 41, 44, 46, 48～59, 61～67, 69～76, 78, 79, 81, 82, 84～86	56
經過討論	照案通過	口頭表決	全體無異議通過	4, 7～10, 14, 17, 19, 39, 40, 43, 80, 83, 87	14
		舉手表決	多數通過	11, 18, 45	3
	修正通過	口頭表決	全體無異議通過	1, 13, 15, 16, 21, 22, 27, 38, 47, 60, 68, 77	12
		舉手表決	多數通過	6, 42	2

❸ 本表參照同❼專輯第八二一頁至一一七七頁資料製成。

上表所列照審查案所通過者計七十三條，經過討論而口頭表決後全體無異議修正通過者計十二條，舉手表決多數贊成修正通過者有二條。

本修正草案在院會二讀審查時，共保留十三條條文，亦是立委們爭論之焦點，其中爭執最烈者有下列六條：

（一）第六條有關照價收買與區段徵收應行償付地價與搭發土地債券之問題：依行政院原草案係視照價收買與區段徵收爲同一性質，故規定每戶總額在十萬元以下者全部發給現金；超過十萬元者按搭配土地債券比例分別償付。而多數立委則認爲照價收買與區段徵稅性質不同，搭發債券之比例應有區分；故二讀通過之條文卽照此意予以劃分：照價收買之土地，每戶總額在十萬元以下者，全部發給現金；超過十萬元，其超過部份按比例搭發土地債券。至區段徵收之土地，則將全部發給現金之總額提高爲二十萬，其超過部份搭發債券。

（二）第十一條有關規定出租土地被政府徵收後佃耕權之補償問題：原草案規定依法徵收之土地係出租耕地時，除由政府補償承租人爲改良土地所支付之費用及尚未收穫之農作改良物外，並應因土地所有權人以所得之補償地價扣除土地增值稅後，其餘額三分之一補償耕地承租人。若干立委以爲出租土地因徵收而終止租約與所有權人因收回自用而終止租約，其性質迥異，則補償之負擔者亦應不同，但二讀表決結果仍照原案通過。

（三）第十八條有關地價稅採累進稅率，起徵點之標準問題：原草案以各該直轄市及縣市土地七公畝之平均地價爲累進起點；惟部份委員認爲起徵標準不宜訂太高，故主張將七公畝改爲十公畝。並經二讀表決結果，仍照審查意見七公畝通過。

（四）第四十二條有關被徵收土地其土地增值稅之減徵成數問題：原草案規定一律減徵百分之十；而公共設施保留地則減徵百分之二十。

立委諸公於審查會初始，即力主被徵收土地之減徵成數增爲百分之二十，公共設施保留地提高至百分之四十。院會復將被徵收之土地，其增值稅減徵成數再提高爲百分之四十，而公共設施保留地亦提高爲百分之七十，終獲二讀通過。

（五）第四十五條有關農地移轉後，承受人仍爲農業使用者時，如何徵收土地增值稅之問題：此條爲審查會新增訂者，規定政府以該宗土地增值稅額百分之二十，補助自耕農地承受人，但如繼續耕作不滿五年者，得追繳其補助費。其意在避免農地移轉他用，且有獎勵含意在內。二讀會予以通過。

（六）原審查案新增之第六十八條「農地重劃辦法，由行政院定之」，立法院會二讀會對農地重劃究應採授權立法或法律規定頗有爭論，最後院會口頭表決，修正爲「農業用地之重劃，另以法律定之」。

叁、第三讀會

立法院議事規則第三十七條規定「法律案及預算案應經三讀會議決之」，即第三讀會爲法律案立法過程中最後必經之程序；又同規則第三十四條規定第三讀會應於第二讀會之下次會議行之。因此，本修正草案應於立法院第五十八會期第三十三次院會結束二讀後之第三十四次院會進行第三讀會。

民國六十六年元月十八日立法院第三十四次院會展開平均地權條例修正案之三讀。依立法院議事規則第三十五條規定：「第三讀會除發現議案內容有相互牴觸，或與憲法及其他法律相牴觸者外，祇得爲文字之修正。」而本修正草案經二讀會通過之條文於三讀會中，除標點符號之修正外，有關文字之修正列表說明如次：❹

---

❹　本表係參照同❼專輯第一一八〇頁至一二〇五頁資料製成。

條　　次	說　明	第二讀會通過之條文	第三讀會通過之條文
第 五 條	第一項 末　句	省或直轄市	省（市）
第十四條	末　句	其　他	（刪除）
第十五條	第四款 首　句	主管機關	（刪除）
第廿五條	第　二 句　起	未有建築改良物者，應免徵地價稅；其地上有建築改良物者，應減徵地價稅；其減徵辦法，由行政院定之。	無建築改良物者，……；有建築改良物者，……；減徵辦法……。
第三一條	第三款 首　句	依第二十七條第三、四、五款規定	依第二七條第三至第五款規定
第三四條	第一項 第二句	其地上建築改良物	地上建築改良物
	第一項 末　段	其地上建築改良物非屬土地所有權人所有者	但不屬土地所有權人所有者
第三七條	末　句	所有權之人	所有權人
第三九條	中間句	公　布	公　告
第四一條	第一項 兩　處	徵收之	徵　收
第四五條	第二項	其持有總面積	持有總面積
	第三項	免徵增值稅	免徵土地增值稅
第四八條	第二款	當　時	當　期
第五二條	首　句	策　進	促　進
第五四條	第二項 末　句	最高最低	最高及最低

第六一條	第一項中間句	登記與交接	登記及交接
第六九條	第一項第二句	其尚未建築者	尚未建築者
第八二條	第一項兩　處	轉租、頂替	轉租或頂替

本修正草案於第五十八會期第三十四次院會討論完成三讀，「實施都市平均地權條例」正式修正爲「平均地權條例」，並將條文、文字如上表所列修正通過，其法定程序至此始告完成。

第三節　本條例內容之分析與檢討

「實施都市平均地權條例」修正草案，六十五年五月二十五日行政院提出，六月三日立法院交付審查，其內政、財政、經濟、司法四委員會於十一月八日審查完竣，院會於六十六年元月十八日三讀通過修正爲「平均地權條例」；同年二月二日總統公布之，四月一日行政院發布「平均地權條例施行細則」，據此而全面實施平均地權。嗣後爲配合土地稅法之修正，曾於六十九年元月二十五日再修正公布，惟僅於第四十一條作補充，增列第二項「前項土地於出售前一年內，曾供營業使用或出租者，不適用前項規定。」對六十六年之修正條例並未有變動。茲將本條例之內容暨其未盡完善之處加以分析探討如次：

壹、本條例內容之分析

民國四十三年制定「實施都市平均地權條例」，四十五年擇定臺灣地區之重要城市陸續推行；十數年來，曾一再針對實行上之缺失，四度

修正條例， 其實施地區及面積亦多次擴大， 惟其範圍每以都市土地為限； 近年來各項建設全面展開，經濟迅速成長，新的人口集結中心亦逐漸形成， 影響所及， 原條例已無法適應實際環境之需要， 乃作全面修正。茲就「平均地權條例」（本節以下簡稱條例）各章次內容舉要說明於下：

關於第一章「總則」

所謂「總則」即本章所規定之條文，對以後各章皆適用之。其重點有：

（一）立法意旨及與其他法律之關係：平均地權之實施，依本條例之規定；本條例未規定者，適用土地法及其他有關法律之規定（條例第一條）； 前者揭櫫本條例之宗旨，後者則標明其法律地位，係「土地法及其他有關法律」之特別法。

（二）主管推行機關：法令之執行，宜由一定之機關擔任，俾責有攸歸，並收事權統一之效；本條例規定之有關主管推行機關為：

1. 主管機關：中央為內政部，省（市）為省（市）政府，縣（市）為縣（市）政府。但有關土地債券之發行事項，由財政部主管（條例第二條）。

2. 輔助機關：本條例對申報地價之規定，係由土地所有權人在公告地價之百分之二十限額內自行申報，因此為求公告地價公平合理，防止主管機關之擅斷， 另規定直轄市及縣（ 市 ）應組成「地價評議委員會」以司評定本條例第十五條之公告地價、第三十四條之改良物價額及第四十六條之土地現值等工作。該委員會應由地方民意代表及其他公正人士參加，依「地價評議委員會組織規程」組成之。

3. 主辦單位：依條例施行細則第二條之規定，省（市）及縣（市）政府之所屬單位，在實施本條例時，其主辦業務劃分如左：

①　關於規定地價、照價收買、土地現值表之編製公告、土地移轉現值之審核、區段徵收、土地重劃、最高面積限制、土地使用類別之認定及業務聯繫處理，在省政府爲民政廳及所屬地政局（現行政組織已調整爲地政處，但施行細則似應配合修正），在直轄市政府爲地政處；在縣（市）政府爲地政科。

②　關於地價稅及土地增值稅之徵收，在省政府爲財政廳所屬稅務局，在直轄市政府爲財政局及稅捐稽徵處；在縣（市）政府爲縣（市）稅捐稽徵處。

③　關於土地債券之發行事項，在直轄市政府爲財政局。

④　關於都市計畫之範圍，及其公共設施保留地與土地使用分區之界線、工業用地範圍及面積之訂定、都市建設發展較緩地段及公共設施完竣地區範圍之勘定，與空地、荒地之改良利用等事項，在省政府爲建設廳或農林廳，在直轄市政府爲工務局或建設局；在縣（市）政府爲建設局或工務局或農林科。

（三）各種土地名稱之意義：本條例已擴大實施範圍至全國土地，故條例中第三條、第八條及第九條卽對不同使用性質之各項土地，界定其意義如後：

1.　都市土地：指依法發布都市計畫範圍內之全部土地。

2.　非都市土地：指都市土地範圍外各地類、地目之全部土地。

3.　農業土地：指供農作、森林、養殖、畜牧及與農業經營不可分離之房舍、曬場、農路、灌溉、排水及其他農用之土地。

4.　工業用地：指依法核定之工業區土地及政府核准工業或工廠使用之土地。

5.　自用住宅用地：指土地所有權人或配偶、直系親屬於該地辦竣戶籍登記，且無出租或供營業用之住宅用地。

　　6.　空地：指已完成道路、排水及電力設施，於有自來水地區並已完成自來水系統，而仍未依法建築使用；或雖建築使用，而其建築改良物價值不及所占基地申報地價百分之十，且經直轄市或縣（市）政府認定應予增建、改建或重建之私有建築用地。

　　（四）照價收買與區段徵收償付地價之籌集與標準：照價收買或區段徵收土地所需之資本，省（市）政府得依「臺灣地區平均地權土地債券發行條例」規定，發行土地債券（條例第五條）。而其償付標準本條例第六條則分別提高規定如左：

　　1.　照價收買土地應行償付之地價，每戶總額在十萬元以下者，全部發給現金；超過十萬元者，其超過部份，依左列規定，搭發土地債券：

　　①　超過十萬元至二十萬元部份，搭發土地債券六成。

　　②　超過二十萬元至三十萬元部份，搭發土地債券八成。

　　③　超過三十萬元至四十萬元部份，搭發土地債券九成。

　　④　超過四十萬元部份，全部以土地債券償付之。

　　2.　區段徵收土地應行償付之地價，每戶總額在二十萬元以下者，全部發給現金；超過二十萬元者，其超過部份，得在半數以內搭發土地債券。

　　（五）本章之第七條係保留第四次修正條例第六條，並酌予修正為「依本條照價收買、區段徵收及土地重劃而取得之土地，得隨時公開出售不受土地法第二十五條之限制」。此外，並增訂下列規定：

　　1.　統一徵收之補償標準規定：政府依法徵收時，應按照徵收當期之公告土地現值，補償其地價（條例第十條）。

　　2.　徵收出租耕地之佃農補償規定：依法徵收之土地為出租耕地時，除由政府補償承租人為改良土地所支付之費用，及尚未收穫之農作

改良物外，並應由土地所有權人，以所得之補償地價扣除土地增值稅後餘額三分之一，補償耕地承租人（條例第十一條第一項）。

3.　地籍總歸戶之規定：地籍總歸戶爲推行國家土地政策之基礎，亦爲平均社會財富及施行經濟政策之重要資料；故本條例第十二條特規定於其施行區域內之地籍總歸戶，由中央主管機關訂定辦法，報請行政院核定行之。

關於第二章「規定地價」部分

地價之規定爲推行土地政策，實施平均地權以解決土地問題之基本工作，土地法已設有相當規定，本文第二章第四節詳有論述；而實施都市平均地權條例公布後，規定地價工作所應遵循之程序，卽因被規定地價之土地是否爲適用該條例之市地而有所變易，現行條例旣爲土地法之特別法，且擴及全部土地，其規定地價自應以本條例之程序爲準。而所謂規定地價乃依一定程序估定之法定地價。本條例第二章作如下規定：

（一）規定地價或重新規定地價之時期與範圍：本條例施行區域內未規定地價之土地，應卽全面舉辦規定地價。但偏遠地區及未登記之土地，得由省（市）政府劃定範圍，報經內政部核定後分期辦理（條例第十三條）。規定地價後，每三年重新規定地價一次，但必要時得延長之；重新規定地價者亦同（條例第十四條）。

（二）規定地價或重新規定地價之程序如左（條例第十五條）：

1.　調查地價：直轄市及縣（市）主管機關辦理規定地價或重新規定地價應先分別區段、地目，調查最近一年之土地市價或收益價格。

2.　評議地價：依據前項調查地價之結果，劃分地價等級及地價區段，並提交「地價評議委員會」評議，此與土地法須待土地所有權人提起異議後，方提交「標準地價評議委員會」評議之規定，於程序上有所不同。

3. 分區公告：將評定結果按土地所在地之鄉、鎮、市、區分別公告地價等級表、地價區段圖及宗地單位地價。主管機關公告申報地價之期限，不得少於三十日。

4. 申報地價：舉辦規定地價或重新規定地價時，土地所有權人應於公告地價期間內，向地價申報處與閱覽處，自行申報地價。本條例對申報地價並作上、下限之規定，即土地所有權人申報之地價超過公告地價百分之一百二十時，以公告地價百分之一百二十為其申報地價；申報之地價未滿公告地價百分之八十時，除照價收買者外，以公告地價百分之八十為其申報地價；未於公告地價期間申報地價者，應以公告地價為其申報地價（條例第十六條）。此等申報地價僅得為公告地價百分之二十以內增減，實恢復土地法原有之規定。

5. 編造地價冊及總歸戶冊：依據申報地價而編造地價冊及總歸戶冊之規定與土地法第一五九條同。目前仍按縣（市）總歸戶，與本條例第十二條訂定地籍總歸戶辦法尚有一段差距。

又本條例申報地價之程序已刪除「補報地價」及「另報地價」，較諸第四次修正條例更為簡化。

關於第三章「照價徵稅」部分

照價徵稅係對已規定地價之土地，按其申報地價依法徵收地價稅（條例第十七條）。而本條例第三章作此規定，乃為實現　國父照價抽稅、地利歸公之平均地權遺教。惟地價稅亦屬土地稅之一，現行土地法已有規定，而與本條例同時立法之土地稅法草案中復作詳細規定，故本條例於修正立法之際，即將第四次修正條例第十四至十六條及第六十二、六十三條有關納稅義務人、納稅時期、稽徵程序及欠稅之懲處等予以刪除，而移列於土地稅法內。換言之，即本章對照價徵稅僅作如下之原則性規定：

（一）誅徵地價稅部份：地價稅採累進稅制，其累進起點地價及稅率規定爲：

1.　累進起點地價：本條例第十八條爲「地價稅採累進稅率，以各該直轄市及縣（市）土地七公畝之平均地價爲累進起點地價；但不包括工廠用地、農業用地及免稅土地在內。」依此規定比諸第四次修正條例，兩條例之累進起點同爲七公畝之平均地價，惟其標準除不包括工廠用地及農業用地外，本條例增列免稅土地亦不包括在內。

2.　累進稅率：實施都市平均地權條例規定地價稅行累進稅率，與土地法同，但其所定累進起點地價及稅率，則與土地法之規定有別；且曾迭加修正，至本條例共分七級，其第一級最低稅率稱爲基本稅率，土地所有權人之地價總額未超過土地所在地直轄市及縣（市）累進起點地價時，其地價稅按基本稅率千分之十五徵收，超過累進起點地價時，依左列規定累進課稅（條例第十九條）：

①　超過累進起點地價未達百分之五百者，其超過部分加徵千分之五。

②　超過累進起點地價在百分之五百以上者，除按前款規定徵收外，就其超過百分之五百部份，以每超過百分之五百爲一級距，每一級距內各就其超過部份，逐級加徵千分之十，以加至最高稅率千分之七十爲止。

前項規定與五十三年第二次修正條例相同，茲便於比較，擬將四十三年原條例、四十七年及五十三年兩次修正條例暨現行條例所定累進稅率列表如下：⑮

---

⑮　王鼎臣編著：平均地權之理論與實踐，第八十二頁。（其中五十七年及六十一年修正條例與五十三年修正條例相同。）

累進級次	四十三年原條例 級距	稅率	四十七年修正條例 級距	稅率	五十三年修正條例 級距	稅率	六十六年本條例 級距	稅率
第一級	地價總額未超過累進起點地價之數額	15‰	地價總額未超過累進起點地價之數額	7‰	同上	15‰	同上	15‰
第二級	地價總額超過累進起點地價而未超過四倍之數額	20‰	地價總額超過累進起點地價而未超過五倍之數額	12‰	同上	20‰	同上	20‰
第三級	超過累進起點地價四倍而未超過八倍之數額	25‰	超過累進起點地價五倍而未超過十倍之數額	22‰	同上	30‰	同上	30‰
第四級	超過累進起點地價八倍而未超過十二倍之數額	30‰	超過累進起點地價十倍而未超過十五倍之數額	32‰	同上	40‰	同上	40‰
第五級	超過累進起點地價十二倍而未超過十六倍之數額	35‰	超過累進起點地價十五倍而未超過二十倍之數額	42‰	同上	50‰	同上	50‰
第六級	超過累進起點地價十六倍而未超過二十倍之數額	40‰	超過累進起點地價二十倍而未超過二十五倍之數額	52‰	同上	60‰	同上	60‰
第七級	超過累進起點地價二十倍而未超過二十四倍之數額	45‰	超過累進起點地價二十五倍之數額	62‰	同上	70‰	同上	70‰
第八級	超過累進起點地價二十四倍而未超過二十八倍之數額	50‰						
第九級	超過累進起點地價二十八倍而未超過三十二倍之數額	55‰						
第十級	超過累進起點地價三十二倍而未超過三十六倍之數額	60‰						
第十一級	超過累進起點地價三十六倍之數額	65‰						

3.　減免稅率：本條例對自用住宅用地、政府特定之用地、工業用地及公有土地等均有減免稅率之規定，茲分述如左：

①　按千分之十五稅率課徵地價稅者：公有土地、按核定規劃使用之工業用地，及在依法劃定之工業區或工業用地公告前，已在非工業區或工業用地設立之工廠，經政府核准有案者，其直接供工廠使用之土地等統按千分之十五計徵地價稅（條例第二十一及二十四條）。

②　按千分之十稅率課徵地價稅者：都市計畫公共設施保留地，在保留期間仍爲建築使用者。除自用住宅用地依第二十條之規定外，統按千分之十計徵地價稅（條例第二十三條）。

③　按千分之五稅率課徵地價稅者：合於左列規定之自用住宅用地，其地價稅統按千分之五計徵：

其一、都市土地面積未超過三公畝部份。

其二、非都市土地面積未超過七公畝部份。

政府興建之國民住宅，自動工興建或取得土地所有權之日起，其用地之地價稅適用前項稅率計徵（條例第二十條）。

④　減徵地價稅者：供公共通行之騎樓走廊地有建築改良物者，應依行政院所定減徵辦法減徵地價稅（條例第二十五條）。惟行政院於六十六年五月所訂之「供公共通行之騎樓走廊土地減徵地價稅辦法」，現已納入六十九年五月修正之「土地稅減免規則」內，則該辦法業已廢止。

⑤　免徵地價稅者：都市計畫公共設施保留地，在保留期間未作任何使用並與使用中之土地隔離者，及公有土地供公共使用者，均免徵地價稅（條例第二十三及二十四條）。

　（二）課徵田賦部份：左列土地在作農業用地期間徵稅田賦（條例第二十二條）：

1. 都市土地依都市計畫編爲農業區及保護區，限作農業用地使用者。

2. 都市土地在公共設施尙未完竣前，仍作農業用地使用者。

3. 都市土地依法限制建築，仍作農業用地使用者。

4. 都市土地依法不能建築，仍作農業用地使用者。

5. 都市土地依都市計畫編爲公共設施保留地，仍作農業使用者。

6. 非都市土地限作農業用地使用者。

7. 非都市土地未規定地價者。

前項第二款及第三款，以自耕農地及依耕地三七五減租條例出租之耕地爲限。

（三）加徵空地稅或照價收買部份：土地法第一七三條規定，加徵空地稅之稅額不得少於該土地應繳地價稅之三倍，亦不得超過應繳地價稅之十倍。本條例第二十六條則規定爲：直轄市及縣（市）政府對於私有空地，得視建築發展情形，分別劃定區域限期建築、增建、改建或重建，逾期未建築、增建、改建或重建者，按該宗土地應納地價稅基本稅額加徵二至五倍之空地稅或照價收買。

關於第四章「照價收買」部分

照價收買乃照土地所有權人申報之地價收買 其土地之謂 ； 就廣義言，係國家爲保持土地之自由，而對私有土地行使照申報地價收買其土地之最高支配權，俾需地使用之人，可隨時取得其所需之土地；就本條例之規定而言，則爲對申報地價過低或移轉現值過低者，按其申報之地價予以收買，使規定地價更趨於合理而中平，是貫徹照價徵稅與漲價歸公之利器，並可促進土地利用，因此，照價收買誠屬實施平均地權不容忽視之重要環節。本條例自第二十七條至三十四條爲規定照價收買之條文，茲綜合分析其內容如次：

（一）照價收買之時機：依條例第二十七條規定，私有土地得照價收買者爲：①申報地價低於公告地價百分之八十、②申報土地移轉現值低於當期公告土地現值、③超額建築用地經依法限期使用，期滿尚未依法使用、④編爲建築用地之出租耕地，經終止租約收回滿一年尚未建築使用、及⑤空地經限期建築使用，逾期仍未建築使用。

（二）照價收買之程序：依條例第二十八條暨施行細則第四十二條規定，直轄市或縣（市）地政機關主辦照價收買之處理程序有四：①勘查核定，②公告通知，③繳交證件，及④給付補償。

又爲減少糾紛起見，本條例第二十九條規定，對低報地價之照價收買，其公告及通知應於申報地價後，開徵當期地價稅之前辦理完竣。

（三）照價收買之標的：照價收買之標的，除土地以外，若土地上之建築改良物及農作改良物不一併收買，則政府對此類土地將無法利用，照價收買亦失其本意。因此，本條例第三十四條乃詳定應一併收買同屬土地所有權人所有之地上建築改良物；條例第三十三條亦對地上農作改良物作補償規定；故本章規定照價收買之對象爲：土地、地上建築改良物及地上農作改良物。

（四）照價收買之補償：歸納條例之規定，照價收買之補償有下列四種：

1. 土地之補償：照價收買之土地補償，依左列規定計算之（條例第三十一條）：

① 依第二十七條第一款規定收買者（低報地價），以其申報地價爲準。

② 依第二十七條第二款規定收買者（低報土地現值），以其申報土地移轉現值爲準。

③ 依第二十七條第三至五款規定收買者，以收買當期之公告土地

現值爲準。

2. 土地改良費及工程受益費之補償：照價收買之土地，如土地所有權人有改良土地情事，其改良土地之費用及已繳納之工程受益費，經該主管機關驗證登記者，應併入地價內計算之（條例第三十二條）。

3. 地上物之補償：本條例第三十三及三十四條係分別對農作改良物與建築改良物之補償規定，其內容如下：

① 農作改良物之補償：照價收買之土地，地上如有農作改良物，應予補償，前項農作改良物價額估定，如其孳息成熟時間在收買後一年以內者，應按其成熟時之孳息估定之；其在一年以上者，應依其種植費用，並參酌現值估定之。依法徵收之土地，準用前二項之規定。

② 建築改良物之補償：照價收買之土地，一併收買地上建築改良物時，其改良物之價額，由該管直轄市或縣（市）政府查估後，提交地價評議委員會評定之。

4. 他項權利之補償：依條例第二十八條規定，照價收買時應通知他項權利人，並限期繳交他項權利證件及給付他項權利補償費。由此得知他項權利補償亦爲照價收買補償之一；依條例施行細則第四十六條之規定，如設有他項權利者，他項權利補償費，係由直轄市或縣（市）政府於發給土地所有權人之補償地價內代爲扣交他項權利人，並塗銷之。

（五）照價收買之交付與出售：依據條例第三十條規定：「照價收買之土地，其所有權應於受領補償價款完竣，或其補償價款依法提存之翌日起六十日內，將其土地交付該管直轄市或縣（市）政府；逾期不交付者，由主管機關移送法院裁定後，強制執行。」又第七條規定，政府依本條例照價收買而取得之土地，得隨時公開出售，不受土地法第二十五條之限制。卽照價收買土地交付與出售之施行，旣有強制之規定，復不須經同級民意機關之同意，及行政院之核准。

關於第五章「漲價歸公」部分

土地漲價原因概括言之，約有四：其一因經濟發展、文化進步與人口增加等之社會因素；其次因開闢道路或設立學校等之公共建設；其三為土地投機或商人之操縱；其四係土地所有人之土地改良。**⑯** 前三者之漲價源於社會改良進步之自然增值，非地主之投資設施或勞力，自應收歸公有，亦正為　國父平均地權遺教之重心所在。故本條例特設專章，建立法制，訂定辦法，使土地之自然增值歸於公享，並用以發展國民教育，地方建設及全體人民之公共福利。

本條例第三十五條：「為實施漲價歸公，土地所有權人自行申報地價後之土地自然漲價，應徵收土地增值稅。」卽以徵收土地增值稅為其實施方法。而本章土地增值稅攸關事項亦作如下之規定：

（一）課稅時機：依條例第三十六條之規定，土地所有權移轉或設定典權時，課徵土地增值稅。

（二）納稅義務人：土地增值稅以原土地所有權人為納稅義務人。但土地所有權無償移轉者，以取得所有權人為納稅義務人（條例第三十七條）。

（三）課稅標準：依條例之規定，土地增值稅係照土地漲價總數額，扣除減除額後所餘之數額照計算公式課徵：**⑰**

1.　土地漲價總數額之計算：

①　總數額之意義：土地漲價總數額之意義與土地法所稱「土地增值總數額」之意義相當。條例施行細則第五十二條規定：本條例第三十六條所稱土地漲價總數額，依左列規定計算之：

---

⑯　同⑮該書第一〇三頁。

⑰　同⑮第一一三頁。

其一: 原規定地價後，未經過移轉之土地，於所有權移轉或設定典權時，以其所申報之土地移轉現值超過原規定地價之數額，為其土地漲價總數額。

其二: 原規定地價後，曾經移轉之土地，於所有權移轉或設定典權時，以其所申報之土地移轉現值超過前次移轉時所申報之土地移轉現值之數額為其土地漲價總數額。

其三: 經過繼承之土地，以其所申報之土地移轉現值超過被繼承人死亡時公告土地現值之數額為土地漲價總數額。被繼承人於第一次規定地價前死亡者，準用第一款之規定。但本條例施行前依遺產稅補報期限及處理辦法規定補辦繼承登記者，以其所報土地移轉現值超過補辦繼承登記時之公告土地現值之數額為漲價總數額，其於所定補報期間屆滿後逾六個月仍未辦理繼承登記者，以補報遺產稅時之公告現值為地價計算土地漲價總數額。

又條例第三十八條第一項規定:「土地所有權移轉，其移轉現值超過原規定地價或前次移轉時申報之現值，應就其超過總數額（卽土地漲價總數額），依第三十六條第二項之規定扣減後徵收土地增值稅。」此與土地法第一七八條所定土地增值總額之計算標準，大致相仿；其第二項再規定: 前項所稱「原規定地價」，指民國五十三年規定之地價；其在中華民國五十三年以前已依土地法規定辦理規定地價，及在中華民國五十三年以後舉辦規定地價之土地，均以其第一次規定之地價為原規定地價。所稱前次移轉時申報之現值，於因繼承取得之土地再行移轉者，係指繼承開始時該土地之公告土地現值。

② 依物價指數調整土地現值以計算土地漲價總數額: 依條例第三十九條規定:「前條原規定地價或前次移轉時申報之現值，應按政府公告之物價指數調整後，再計算土地漲價總數額。」

2. 土地漲價總數額之減除額: 條例第三十條第二項規定: 「前項土地漲價總數額, 應減去土地所有權人為改良土地已交付之全部費用。」此一規定與土地法第一八四條大致相同; 但土地法第一八〇條尚有從土地增值總數額中減去免稅額之規定。

3. 計算公式: 依條例施行細則第五十五條之規定, 其計算公式如下:

$$土地自然漲價數額 = 申報土地移轉現值 - 原規定地價或前次移轉時$$

$$所申報之土地移轉現值 \times \frac{物價指數}{100} - (改良土地費用 + 工程受益費$$

$$+ 土地重劃負擔總費用)$$

(四) 累進稅率: 條例第四十條規定: 土地增值稅之稅率, 依左列之規定:

1. 土地漲價總數額超過原規定地價或前次移轉時申報之現值數額未達百分之一百 (一倍) 者, 就其漲價總數額徵收增值稅百分之四十。

2. 土地漲價總數額超過原規定地價或前次移轉時申報之現值數額在百分之一百 (一倍) 以上, 未達百分之二百 (二倍) 者, 除按前款規定辦理外, 其超過部分, 徵收增值稅百分之五十。

3. 土地漲價總數額超過原規定地價或前次移轉時申報之現值數額在百分之二百 (二倍) 以上者, 除按前兩款分別辦理外, 其超過部分, 徵收增值稅百分之六十。

條例施行細則第五十六條復規定其公式如左:

稅級別	計　　　算　　　公　　　式
第一級	應徵稅額＝土地漲價總數額〔超過原規定地價或前次移轉時申報現值（按物價指數調整後）未達百分之一百〕×稅率（40％）
第二級	應徵稅額＝土地漲價總數額〔超過原規定地價或前次移轉時申報現值（按物價指數調整後）在百分之二百以下〕×稅率(50％)－累進差額（由物價指數調整後之原規定地價或前次移轉現值×0.10）
第三級	應徵稅額＝土地漲價總數額〔超過原規定地價或前次移轉時申報現值（按物價指數調整後）在百分之二百以上〕×稅率(60％)－累進差額（由物價指數調整後之原規定地價或前次移轉現值×0.30）

茲將原條例至六十六年條例所定土地增值稅率列表比較如下：⓰

累進級數	四十三年原條例		五十三年修正條例		五十七年修正條例		六十六年本條例	
	級　　距	稅率	級　　距	稅率	級　距	稅率	級距	稅率
第一級	土地漲價總數額在原申報地價一倍以下之數額	30％	土地漲價總數額超過原規定地價或前次移轉時申報現值未達一倍之數額	20％	上	20％	同上	40％

⓲　同⓯第一一四頁。（其中四十七年修正條例與四十三年同，六十一年修正條例與五十七年同）

級別								
第二級	超過原申報地價一倍而未超過二倍以下之數額	50%	超過原規定地價或前次移轉時申報現值一倍而未達二倍之數額	40%	同　　上	40%	同上	50%
第三級	超過原申報地價二倍而未超過三倍之數額	70%	超過原規定地價或前次移轉時申報現值二倍而未達三倍之數額	60%	同　　上	60%	同上	60%
第四級	超過原申報地價三倍而未超過四倍之數額	90%	超過原規定地價或前次移轉時申報現值三倍而未達四倍之數額	80%	超過原規定地價或前次移轉時申報現值三倍之數額	80%		
第五級	超過原申報地價四倍之數額	100%	超過原規定地價或前次移轉時申報現值四倍之數額	100%				

　（五）減免稅率：　平均地權條例規定自用住宅用地 、 被徵收之土地、經重劃之土地分別予以減輕稅率課徵土地增值稅，並有免徵、不徵土地增值稅者，其規定如下：

1. 按百分之十徵收土地增值稅者：土地所有權人出售其自用住宅用地之面積， 都市土地未超過三公畝或非都市土地未超過七公畝者，其土地增值稅統按土地漲價總數額百分之十徵收；超過三公畝或七公畝者，其超過部分之土地漲價數額依條例第四十條之稅率徵收。但受出售前一年不得供營業使用或出租之限制；且土地所有權人享此優惠稅率亦以一次爲限（條例第四十一條）。

2. 減徵百分之二十土地增值稅者：經重劃之土地，於重劃後第一次移轉時，其土地增值稅減徵百分之二十（條例第四十二條第二項）。私有荒地或空地，經改良利用或建築使用而移轉所有權者，就其應納土地增值稅稅額減徵百分之二十（條例第四十三條第二項）。但以經主管機關登記有案者爲限。

3. 減徵百分之四十土地增值稅者：被徵收之土地，其土地增值稅一律減徵百分之四十（條例第四十二條第一項）。

4. 減徵百分之七十土地增值稅者：被徵收之土地，在民國六十二年九月六日都市計畫法修正公布前，經編定爲公共設施保留地並已規定地價，且在該次都市計畫法修正公布後未曾移轉者，其土地增值稅減徵百分之七十（條例第四十二條第一項但書）。

5. 免徵土地增值稅者：各級政府出售之公有土地，免徵土地增值稅（條例第三十五條）。又同一農產專業區，交換自耕農業用地，經直轄市或縣（市）主管機關證明者，亦免徵土地增值稅（條例第四十五條第二項）。

6. 不徵土地增值稅者：土地所有權因繼承而移轉者不徵土地增值稅（條例第三十六條第一項但書）。

7. 退還土地增值稅者：土地所有權人出售其自用住宅用地，自營工廠用地或自耕之農業用地，另行購買使用性質相當之土地者，依法退

還其出售土地所繳之土地增值稅。前項土地被徵收時，原土地所有權人於領取補償費地價後，另行購買使用性質相同之土地者，依法退還徵收土地所繳之土地增值稅（條例第四十四條）。

（六）加重稅率： 購買荒地或空地， 未經改良利用或建築使用而出售者， 就其應納土地增值稅額加徵百分之十 （條例第四十三條第一項）。

（七）違反漲價歸公之制裁： 低報土地現值、逾期辦理或不予辦理移轉登記，甚至違法經營土地買賣從事壟斷投機等行為，無非企圖逃避土地增值稅，應設法防止，並對此不法之徒嚴加制裁，以收漲價歸公之效。此項防止、制裁與懲處，第四次修正條例之第三十二、三十八及第六十條已移列土地稅法內；茲就本條例之規定，綜析列舉如下：

1. 低報現值之預防： 直轄市及縣（市）政府對於轄區內之土地，應分別區段、地目、地價等級，經常調查其地價動態及市價，每年編製土地現值表一次，提經地價評議委員會評定後分區公告，作為土地權利變更登記時， 申報土地移轉現值之參考；並作為主管機關審核土地移轉現值及補償徵收土地地價之依據（條例第四十六條）。

2. 低報現值之制裁： 土地所有權移轉或設定典權時， 權利人及義務人應於訂定契約之日起一個月內，檢同契約及有關文件，共同申請土地權利變更或設定典權登記， 並同時申報其土地移轉現值； 無義務人時， 由權利人申報之。前項申報人所申報之土地移轉現值，經主管機關審核，其低於申報當期之公告土地現值者，得照其申報之移轉現值收買或照公告土地現值徵收土地增值稅，其不低於申報當期之公告土地現值者，照申報移轉現值徵收土地增值稅（條例第四十七條）。

3. 逾期登記之懲處： 土地增值稅課徵之時機，係於土地所有權移轉或設定典權時課徵，故土地買賣或設典時，當事人如不申請土地所有

權移轉或設典登記，即可逃避納稅。因此，條例第四十八條至第五十條先作預防方法之規定，復於第八十條有懲處之明文：「土地所有權移轉或設定典權之權利人及義務人，不於第四十七條規定期限內，申請為土地權利變更登記或設定典權登記者，每逾十日，處應納登記費一倍之罰鍰，以納至二十倍為限。因可歸責於權利人或義務人之事由，致未如期申請者，其罰鍰應由有責任之一方繳納。前項罰鍰，經通知限期繳納，逾期仍未繳納者，由主管機關移送法院強制執行。本條例施行前土地經一次或數次移轉，迄未申請登記者，應定期准其補辦登記，並免處罰鍰。」並對土地買賣未辦竣權利移轉登記，承買人再行出售該土地者，處應納登記費二十倍以下之罰鍰（條例第八十條）。

4. 違法買賣土地之懲處：條例第八十三條規定：「以經營土地買賣，違背土地法律，從事土地壟斷投機者，處三年以下有期徒刑，並得併科七千元以下罰金。」

（八）漲價歸公收入之用途：為促進地利公享，特於條例第五十一條規定：「依本條例施行漲價歸公之收入，以供育幼、養老、救災、濟貧、衛生等公共福利事業、與建國民住宅、市區道路、上下水道等公共設施及國民教育之用。」

此外，立法院於審議行政院提出之修正草案時，為配合農業發展政策，增加農業生產，改善農民生活，鼓勵農民安於其業，以加速農業現代化，特主動增訂第四十五條：「農業用地移轉後為自耕農業使用者，以該宗土地增值稅額百分之二十，由政府補助自耕農地承受人。但取得後如繼續耕作不滿五年者，應追繳其補助之全額。前項耕地承受人，以取得耕地後，持有總面積不超過三公頃者為限。同一農產專業區內，交換自耕農業用地，經直轄市或縣（市）主管機關證明者，免徵土地增值稅。」

六、關於第六章「土地使用」部分

所謂土地使用係投施勞力資本以爲土地之利用；蓋土地之面積有其不可增加之特性，但其生產力與效用，則可因人力而增強；爲使地無荒置並作最經濟之使用，俾盡量發展其地利而爲社會所共享計，故其使用之方法均須受法律之規範與節制，不可任聽私人自由使用或不使用；尤其須適應土地天然之特性，國家經濟之要求及社會公共福利之需要，並避免地力之損害，減少荒地之存在。本章「土地使用」卽基於此而爲之規定者，茲分述其內容如次：

（一）土地使用之管制：爲促進土地合理使用，並謀經濟均衡發展，各級主管機關應依國家經濟政策、地方需要情形、土地所能提供使用之性質與區域計畫及都市計畫之規定，全面編定各種土地用途（條例第五十二條）。

（二）辦理區段徵收：市地之利用除消極管制使用外，並須積極消除使用之障礙，以利建設之進行；在土地私有及自由使用之下，每因土地分配畸零不整，無法將全部土地爲適當之利用，故須施行區段徵收，以資整理分割、合理利用，俾地盡其利；本條例對區段徵收之規定如下：

1.　實施之原因：各級政府爲都市發展或開發新社區之需要，得選擇適當地區施行區段徵收（條例第五十三條第一項）。

2.　徵收之程序：辦理區段徵收之機關選定區段徵收地區後，應擬具都市發展或新社區開發計畫及財務計畫，連同範圍圖與地籍圖，報請上級政府核定後，公告禁止區段內土地之移轉、分割、設定負擔、新建、增建、改建及採取土石或變更地形，並通知土地所有權人，但其禁止期間，不得超過一年六個月（條例第五十三條及施行細則第六十八條）。

3. 徵收之補償：本條例實施地區內之土地，政府於依法徵收時，應按照徵收當期之公告土地現值補償其地價，每戶總額在二十萬元以下者，全部發給現金；超過二十萬元者，其超過部份得在半數以內搭發土地債券（條例第十條及第六條第二項）。

4. 徵收土地之處理：各級政府依本條例規定辦理區段徵收之土地，應於完成徵收後一個月內，向直轄市或縣（市）政府辦理囑託登記，除公共設施用地外，其餘土地經整理分割後，其處理方式如左（條例第五十四條及施行細則第七十一條）：

① 原土地所有權人依實施區段徵收機關之最高及最低標準，按其原有土地價值比例優先買回。

② 按底價讓售給國民住宅機關興建國民住宅。

③ 公開底價分宗標售。

（三）舉辦市地重劃：土地重劃卽於一定區域內之土地，因細碎分散不合經濟使用，而將區內之全部土地重加整理並改善交通水利等公共設施，重新劃分爲合於經濟使用之地段，仍分配於原土地所有權人之謂。其目的在謀土地作最經濟合理之使用。本條例自第五十六條起至第六十八條，均爲規定土地重劃之條文，其中第五十六條第二項至第六十八條全爲增訂者；由是規定足見此次修正條例在藉舉辦土地重劃方式以逐促進土地使用之目的。惟如眾所週知，土地重劃包括農地與市地重劃，前者在化零爲整，採合倂交換集中而成方塊土地，以擴大耕地面積，提高單位面積之產量；後者以原有土地位置爲交換分配之原則，因都市土地貴在位置，使每一坵塊土地，均面臨路街，符合建築規格；兩者之性質與目的皆不同；而參照條例第五十六條，其意在促進土地建築使用或爲開發新都市、新社區得辦理土地重劃，其實施方法由中央主管機關定之；而第六十八條則規定農業用地之重劃另以法律定之；由此得

知本條例所規定者顯指市地重劃而言；茲將其規定舉要分析如次：

1.　辦理之原因：為促進土地建築使用或為開發新都市、新社區，直轄市及縣（市）主管機關得選擇適當地區辦理土地重劃（條例第五十條第一項）。

2.　辦理之方式：依本條例之規定，市地重劃之發動辦理可歸為三種方式：

①　由政府強制辦理者：主管機關為前項原因辦理土地重劃時，應擬具土地重劃計畫書，送經上級主管機關核定公告滿三十日後實施之（條例第五十六條第二項），不必如實施都市平均地權條例須先徵求地主過半數之同意，惟在公告期間內，重劃地區土地所有權人半數以上，而其所有土地面積超過重劃地區總面積半數者，表示反對時，該管主管機關應參酌反對理由修訂土地重劃計畫書，重新報請核定，並依其核定結果公告實施（條例第五十六條第三項）。此即將市地重劃之辦理由原來徵求同意之方式改求徵求反對意見之方式，但反對者如達法定人數時，經重行報請上級政府核定後，即可強制執行。

②　由地主申請辦理者：適當地區內之土地所有權人過半數，而其所有土地面積超過區內私有土地總面積半數者，得申請該管直轄市及縣（市）主管機關優先實施土地重劃（條例第五十七條），即為地主申請辦理者。

③　地主自行辦理者：前二種方式，其實際執行重劃之單位均為地政機關，因辦理市地重劃所涉問題繁多，費時甚久，地政機關復受編制員額之限制，自是無法同時辦理數個重劃區；為解決政府人力之不足，本條例第五十八條規定，為促進土地利用，擴大辦理土地重劃時，中央主管機關得訂定辦法獎勵土地所有權人自行組織團體辦理之。目的在運用民間力量加速擴大辦理市地重劃。

3. 辦理之程序: 依條例第五十六條末項之立法授權, 於六十八年六月二十二日發布之「都市土地重劃辦法」規定其程序如后:

① 選定重劃地區。

② 重劃計畫之擬定、核定及公告通知。

③ 測量、調查及地價查估。

④ 計算負擔及分配設計。

⑤ 土地改良物拆遷補償及工程施工。

⑥ 地籍整理。

⑦ 交接及清償。

⑧ 財務結算。

上舉市地重劃之實施程序及作業方法, 至為複雜; 尤其牽涉人民土地權益關係之重行確定, 更宜慎重與明確, 故本條例除前所論述之條文外, 另增訂第五十九條至第六十七條之規定, 俾政府與人民均有所遵循, 以杜糾紛而利實施。

(四) 超額土地之照價收買: 對於尚未建築之私有建築用地, 面積超過十公畝者, 直轄市及縣市政府應限制土地所有權人於二年內自行出售或建築使用, 逾期未出售亦未建築使用者, 當地主管機關得予照價收買, 於整理後出售與需用土地人建築使用 (條例第七十二條)。

此外, 條例「土地使用」章並修正或增訂條文, 以加強第四次修正條例有關對公有出售基地之整理、 尚未建築基地面積最高額之限制、 編為建築用地其出租耕地之收回等規定, 尚增訂第七十四條及七十五條, 以規定經限期建築之私有土地如有出租、 借貸或設有地上權, 致土地所有權人無法收回限期建築時, 如何予以收回, 以免執行發生困難。

綜上列舉條例之內容, 據以全面實施平均地權之法律規定, 已燦然

完備，並具下列特點：❿

第一、實施範圍由都市擴展至全面：近年因人口大量增加，經濟長足發展、國家重大建設全面展開，土地利用形態亦產生變化，地價波動更爲急劇，因此平均地權政策須全面實施始能奏效。故此次平均地權條例之修訂，乃將「都市」二字刪除，使之擴及全面，此爲最大特點。

第二、統一徵收私有土地地價補償之標準：土地法、獎勵投資條例及都市計畫法等，對土地之徵收補償各有不同之規定，造成民間諸多不平與怨憤；此次修正條例，則一致規定統一以公告現值爲地價補償標準。

第三、簡化規定地價程序以資便民：已往規定地價，除正式申報地價外，對不報者尙須通知補報；申報過低者又須通知另報；舉辦一次規定地價，其申報期間卽達三月之久，致政府作業繁複，浪費鉅額人力、財力；人民亦深感煩憂與困惑。故此次予以簡化爲三十日，逾期不報卽以公告地價爲其申報地價，申報數額亦以公告地價百分之八十至百分之一百二十爲範圍，以消除不必要之手續與困擾。

第四、促進土地利用：此次條例修正案，對土地利用之規定，增列許多條文，使區段徵收及土地重劃，更能積極主動辦理；對購買或占有土地而不爲有效利用者，亦訂列條文，予以重稅或適當限制。

茲爲增進瞭解起見，再就土地法，實施都市平均地權條例（第四次修正）暨平均地權條例，有關「實施範圍」、「規定地價」、「照價收買」、「漲價歸公」與「土地使用」等項，列表對照比較如後：

❿　見內政部地政司張司長維一「爲平均地權條例完成立法答問」一文，土地改革雙月刊，第二十七卷第一期，第四十四頁。

第一、實施範圍

土地法	（略）
實施都市平均地權條例	①依法公布都市計畫範圍內之全部土地。 ②計畫建設之港口、商埠、工礦業發達及新闢都市，或其他尚未完成都市計畫地區，經內政部核定實施本條例之全部土地。
平均地權條例	①都市土地：依法發布都市計畫範圍內之全部土地。 ②都市土地範圍外各地類、地目之全部土地。

第二、規定地價

土地法	①縣市政府公布標準地價，如符合異議條件，應再提交標準地價評議委員會評議之。 ②土地所有權人申報地價，僅可就標準地價為百分之二十以內之增減。 ③地價申報滿五年或一年屆滿而地價已較原標準地價有百分之五十以上之增減時，得重新規定地價。
實施都市平均地權條例	①縣市政府就地價調查結果提交都市地價評議委員會評議後，公告地價。 ②地主申報之地價，若仍低於公告地價百分之二十時，得由政府照價收買，或照公告地價徵稅，但對高報地價則無限制規定。 ③規定地價之時間為每隔三年，其地價已較原規定地價有百分之五十以上增減時，應重新規定地價。

平均地權 條例	①縣市政府就地價調查結果提交地價評議委員會評議後，公告地價。 ②土地所有權人申報地價，僅可就公告地價爲百分之二十以內之增減。 ③申報地價未滿公告地價百分之八十時，除照價收買者外，以公告地價百分之八十爲其申報地價。申報地價超過公告地價百分之一百二十時，以公告地價百分之一百二十爲其申報地價。 ④規定地價之時間爲每隔三年，但必要時得延長之。

第三、照價徵稅

土地法	①基本稅率爲千分之十五，並採累進稅率徵收地價稅。 ②累進稅率以超過累進起點地價百分之五百（卽五倍）爲一級距，分爲千分之十五、十七、二十、二十五、三十、三十五、四十、四十五、五十、五十五、六十、六十五，共十二級。 ③累進起點地價，以自住地一市畝（二〇一・六七坪）之平均地價爲準。 ④私有空地加徵空地稅，　以應繳地價稅之三倍至十倍爲範圍。 ⑤私有荒地加徵荒地稅，以應繳地價稅額至其三倍爲範圍。 ⑥不在地主之地價稅加倍徵收之。 ⑦供公共使用之公有土地免徵地價稅。

實施都市 平均地權 條例	①基本稅率爲千分之十五，並採累進稅率徵收地價稅。 ②累進稅率爲超過累進起點地價未達百分之五百（五倍）者，其超過部份加徵千分之五，超過在百分之五百以上者，以每超過五倍爲一級距，分爲千分之十五、二十、三十、四十、五十、六十、七十，共七級。 ③累進起點地價以都市土地七公畝（二一一‧七五坪）之平均地價爲準。 ④三公畝以內之自用住宅用地之地價稅率爲千分之七。 ⑤工廠用地之地價稅率爲千分之十五。 ⑥都市計畫內之農業區及綠帶土地，其稅率爲千分之十，但仍爲農地使用者徵收田賦。 ⑦農地使用之都市土地在限期建築使用前，其稅率爲千分之十五。 ⑧公有土地之地價稅率爲千分之七，供公共使用者，免徵地價稅。 ⑨供公共通行之騎樓走廊地免徵或減徵地價稅。 ⑩不在地主之地價稅加倍徵收之。
平均地權 條例	①基本稅率爲千分之十五，並採累進稅率徵收地價稅。 ②累進稅率爲超過累進起點地價未達百分之五百（五倍）者，其超過部份加徵千分之五，超過百分之五百以上者，以每超過五倍爲一級距，分爲千分之十五、二十、三十、四十、五十、六十、七十等七級。 ③累進起點地價以都市土地七公畝（二一一‧七五坪）之平均地價爲準。 ④都市土地三公畝以內或非都市土地七公畝以內之自用住宅

	用地之地價稅率爲千分之五。
	⑤工業用地之地價稅率爲千分之十五。
	⑥農業用地使用期間徵收田賦。
	⑦公有土地之地價稅率爲千分之十五，供公共使用者，免徵地價稅。
	⑧供公共通行之騎樓走廊地免徵或減徵地價稅。
	⑨私有空地未依限期建築者加徵二至五倍之空地稅。

第四、照價收買

土地法	①土地所有權人認爲標準地價過高，不能以其百分之二十以內增減申報時得申請該管市縣政府照標準地價收買其土地。 ②逾期不使用之私有荒地，政府得照申報地價收買之。
實施都市平均地權條例	①照價收買之對象：申報地價低於公告地價百分之二十，及土地移轉申報現值過低之土地。 ②照價收買之補償：包括地價、改良土地費用、已繳工程受益費、農作改良物等。
平均地權條例	①照價收買之對象有五： 　甲、申報地價低於公告地價百分之八十者。 　乙、申報土地移轉現值低於當期公告土地現值者。 　丙、超額建築用地，經依法限期使用，期滿尚未依法使用者。 　丁、編爲建築用地之出租耕地，經終止租約收回滿一年尚未建築使用者。 　戊、空地經限期建築使用，逾期仍未建築使用者。

②照價收買之補償：包括地價、改良土地費用、已繳工程受
　益費、農作改良物、建築改良物及他項權利等。

③同屬土地所有權人所有之地上建築改良物應一併收買。

第五、漲價歸公

土 地 法	①土地增值稅照土地增值之實數額計算，該實數額應減去土地所有權人為改良土地所用之資本暨已繳納之工程受益費。 ②土地所有權移轉時，或雖無移轉而屆滿十年，及實施土地改革工程地區屆滿五年，課徵土地增值稅。 ③土地增值稅率按土地漲價之倍數分為百分之二十、四十、六十、八十，共四級。
實施都市 平均地權 條例	①土地增值稅以土地移轉時申報土地現值，超過原規定地價之數額為土地漲價數額計算，該漲價總數額應減去土地所有權人為改良土地所用之費用及已繳納之工程受益費。 ②前項所稱原規定地價，指五十三年規定地價，在五十三年以後擴大實施之地區舉辦規定地價者，以其第一次規定之地價為原規定地價。 ③本條例僅列移轉增值稅，未列定期增值稅。 ④以重新規定地價後增繳之地價稅，准予抵繳土地增值稅。 ⑤土地增值稅稅率按土地漲價之倍數分為百分二十、四十、六十、八十，共四級。 ⑥自用住宅用地在三公畝以下者，其稅率為百分之十。 ⑦土地增值稅之徵收，優先於一切債權及抵押權。

平均地權 條例	①土地增值稅以土地移轉時申報土地現值，超過原規定地價之數額爲土地漲價數額計算，該漲價總數額應減去土地所有權人爲改良土地所用之費用及已繳納之工程受益費。 ②前項所稱原規定地價，指五十三年規定之地價，在五十三年以前已依土地法規定辦理規定地價及在五十三年以後舉辦規定地價之土地，均以其第一次規定之地價爲原規定地價。 ③本條例僅列移轉增值稅，未列定期增值稅。 ④以重新規定地價後增繳之地價稅，准予抵繳土地增值稅，但以百分之五爲限。 ⑤土地增值稅率按土地漲價之倍數分爲百分之四十、五十、六十，三級。 ⑥自用住宅用地在都市土地三公畝內，非都市土地七公畝內，其稅率爲百分之十。 ⑦徵收之土地暨土地重劃後移轉之土地，減徵增值稅。 ⑧購買荒地或空地，未經改良利用或建築使用而出售者，加徵增值稅。

第六、土地使用

土地法	（略）
實施都市 平均地權	①各級政府得視都市發展之需要，施行區段徵收、整理分割，分宗公開標售。 ②各級政府徵得土地所有權人之同意舉辦市地重劃。 ③限制承租公有建築基地之最高面積，並限制轉租頂替。

條例	④限制尙未建築之私有都市土地最高面積爲十公畝，超過部份逾二年未出售者，主管機關得徵收出售。 ⑤都市計畫範圍內之出租耕地，出租人得有償收回建築。 ⑥建築基地租金及房屋租金均有限制其最高額。
平均地權條例	①爲促進土地合理使用，應全面編定各種土地用途。 ②各級政府爲都市發展或開發新社區之需要，施行區段徵收、整理分割後分宗標售，原土地所有權人得按比例優先買回。 ③各級政府得強制舉辦市地重劃，並鼓勵土地所有權人自行辦理市地重劃，土地所有權人亦得申請舉辦市地重劃。 ④農地重劃另以法律定之。 ⑤限制承租公有基地之最高面積，並限制轉租、頂替。 ⑥限制尙未建築之私有建築用地最高面積爲十公畝，超過部份逾二年未出售或建築使用者，主管機關得照價收買出售。 ⑦編爲建築用地之出租耕地，出租人得有償收回建築。 ⑧建築基地租金及房屋租金之限制因土地法已有規定予以刪除。

貳、本條例內容之檢討

本條例之修正公布，係行政院經七年之審愼硏擬而提出修正草案，至立法院費時七月審議始三讀通過，其博採周諮過程，實備極愼重，而就其內容分析亦堪稱周妥；惟實施迄今八年，猶迭起反應，似有不盡完備之處。茲舉要檢討如下：

一、「農業用地」、「耕地」及「農地」名稱之界定問題：

平均地權條例第三條對「農業用地」界定爲：　本條例所稱農業用地，指供農作、森林、養殖、畜牧與農業經營不可分離之房舍、曬場、

農路、灌溉、排水及其他農用之土地。但同條例第二十二條有「農地」暨第七十六至第七十八條有「耕地」之名稱出現；土地法第二條規定土地依其使用之第二類中列有「農地」，但同法第四章卻又稱為「耕地」；實施耕者有其田條例第五條有「耕地」之明確定義；獎勵投資條例第三十六條又有「農地」之規定；另農業發展條例第三條有「農業用地」之用詞解釋，但同條例第二章卻又稱「農地」；上舉法律規定使用之名詞，或因各該法律之目的不同而有其必要作不同規定，惟同一法律內，似不宜對使用性質相同之土地作不同名稱之規定；因此，平均地權條例有關「農業用地」「農地」及「耕地」之名稱似有檢討統一之必要。

二、地價補償標準之統一問題：

現行有關法律對徵收私有土地地價補償標準之規定不一，如土地法規定係依法定地價；獎勵投資條例規定依照市價，都市計畫法則規定照公告土地現值；且各法之適用範圍不一致而造成紛爭；故平均地權條例第十條規定均照徵收當期之公告土地現值補償其地價，此固可統一補償標準而杜糾紛，但因公告現值低於市價甚多，又政府出售公地並不按公告現值係依市價辦理，而徵收民地之補償卻按公告現值，不僅有失公平原則，且致民怨，影響所及，本條之規定復起爭議，似應檢討改進。

三、重新規定地價之期限問題：

土地法第一六〇條規定「地價申報滿五年，或一年屆滿而地價已較原標準地價有百分之五十以上之增減時，得重新規定地價。」實施都市平均地權條例第十二條：「規定地價或重新規定地價屆滿三年後，而地價已較原規定地價有百分之五十以上之增減時，應……重新舉辦規定地價。」此為法律對重新規定地價之期間規定，就土地法之屆滿五年期限實過長，又「地價百分之五十以上之增減」在執行上亦每生爭議，蓋同一地區其地價漲跌之程度並非相同，故平均地權條例第十四條乃修正規

定爲:「規定地價後，每三年重新規定地價一次，但必要時得延長之。重新規定地價者亦同。」自較原有法律規定之期限爲進步；惟今日工商業發展時代，地價之漲跌變化甚大，而硬性規定三年重新規定地價一次，稍嫌不合時代要求，竊以爲重新規定地價宜作原則性之期限規定，授權主管機關針對實際需要作彈性運用。

四、累進起點地價之計算標準問題：

依平均地權條例第十八、十九兩條之規定，地價稅採累進稅率，以各該直轄市及縣（市）土地七公畝之平均地價爲累進起點地價之標準，土地所有權人之地價總額未超過標準者課徵基本稅率，超過標準則累進課徵；此誠可減少辦理全國地價稅總歸戶之困難，但其以市、縣（市）爲計算地價總額之地域範圍，若地主在其住所所在市、縣（市）外地區尚有土地則無法合併計算，地價總額必然分散，所適用之稅率自亦較低，地價稅負擔隨之減輕；因此，照現行規定，同一土地所有權人如分別於市、省內各縣市擁有土地，卽可逃避累進課稅，對土地分散之大地主最爲有利，殊與平均地權之精神與目的相悖。[20] 再者因各市縣（市）繁榮程度不一，其累進起點地價逐相差懸殊，而地價稅之累進起點地價亦迥然有別，如六十七年下期高者達三百多萬元，低者僅二十多萬元，懸殊甚鉅，從而相同價值之土地，各市、縣（市）之地價稅負擔並不相同，造成繁榮市、縣（市）之累進起點地價較高稅負相對減輕，而地價較低之市、縣（市）稅負反而相對加重之不合理現象；因此對條例第十八、十九兩條有關計算累進起點地價之標準，亟應合理調整。

五、地價稅累進稅率結構問題：

---

[20] 蘇志超編著：地價與地稅，第二二三頁。六十二年八月八日中國時報及六十五年十月十八日聯合報。

　　本條例規定地價稅制除適用優惠稅率者外，皆採累進稅率，照私人所有各宗土地之地價總額，自基本稅率千分之十五起，以超過累進起點地價五倍爲一級距，分別以千分之二十、三十、四十、五十、六十、七十，分級提高其稅率，是私人土地愈多，其地價總額愈大，所應繳納之地價稅愈重，而達稅去地主之目的；惟現行規定以五倍爲一累進級距，未能隨稅率之提高而予以縮小，致累進之程度不明顯，而累進稅率之作用亦因之減低；因此宜對條例第十九條之高稅率部份酌予縮短其累進級距，以加重大地主之課稅。

　　六、增繳之地價稅准予抵繳土地增值稅問題：

　　全面實施平均地權之二十三項立法原則，其最後一次決定「地價稅與土地增值稅二者性質不同，不應准予抵繳」。行政院依此原則提出修正草案時，將實施都市平均地權條例第三十一條第三項准予抵繳之條文規定刪除，惟於立法院審議時，再予恢復修正爲：「土地所有權人辦理土地移轉繳納土地增值稅時，在其持有期間內，因重新規定地價增繳之地價稅，就其移轉土地部分，准予抵繳其應納之土地增值稅。但准予抵繳之總額，以不超過土地移轉時應繳增值稅總額百分之五爲限。」（條例第三十六條第三項），此一抵繳問題，因其計算極爲繁複，而課稅資料保管之期限，永無止境，執行時困難極多，且與漲價歸公之精神不符，似應檢討修正。

　　七、土地增值稅之稅率結構問題：

　　平均地權條例第四十條規定課徵土地增值稅採累進稅之方式，以實施漲價歸公；故其稅率結構之合理與否，關係漲價歸公政策之成敗至大，是以自四十三年實施都市平均地權條例公布後，累進稅率之結構亦每隨條例之修正而有所變更，如四十三年原條例之百分之三十、五十、七十、九十、一百共五級；五十三年第二次修正條例之百分之二十、四

十、六十、八十、一百共五級；五十七年第三次修正條例之百分之二十
、四十、六十、八十共四級；本條例則規定百分之四十、五十、六十共
三級，足見其間之爭議；但現行之三級稅率，平均僅得百分之五十，大
部份之土地漲價仍歸私人，距漲價歸公之理想猶遠，此似應進一步檢討
改進。

八、協議價購土地減徵土地增值稅問題：

依土地法第二二四條暨土地法施行法第五十條之規定，徵收土地前
須經協議，協議不成方爲徵收；目前政府機關徵收私有土地，依平均
地權條例第四十二條之規定者可減徵土地增值稅；而按公告現值與土地
所有權人協議價購者則依法不得減稅，顯屬不公，蓋不同意協議而爲徵
收，依公告現值補償者即可減稅，而協議按公告現值出售者反不可減
稅，令不知法律者逕吃大虧，狡黠者乃拖延至徵收程序以求減稅，致行
政效率不彰，因此本條例對依公告現值協議收購之土地，實應與徵收土
地予以減徵土地增值稅之同等優待，以盡公允。

九、提高補助自耕農地承受人之土地增值稅額問額：

立法院於審議本條例修正草案之際，爲配合農業發展政策，增加農
業生產，改善農民生活，鼓勵農民安於其業，以加速農業現代化，特增
訂第四十五條，規定農業用地移轉爲自耕農業使用者，以該宗土地增值
稅額百分之二十，由政府補助自耕農地承受人，使其擴大農業經營。此
意誠佳，惟考諸事實，農業土地之自然增值數即不多，則所補助之百分
之二十更微乎其微；而爲鼓勵家庭農場擴大經營面積購置農業用地，補
助自耕農地承受人之金額似應酌予提高，期能發生實際鼓勵作用。

十、土地重劃實施辦法之範圍問題：

本條例「土地使用」章增訂不少有關土地重劃之條文者，其中第五
十六條第一項規定：「直轄市縣（市）主管機關爲促進土地建築使用或

為開發新都市、新社區得選擇適當地區辦理土地重劃。」其第四項規定：「土地重劃實施辦法，由中央主管機關定之。」又第六十八條規定：「農業用地之重劃，另以法律定之。」綜上列條文意旨，可知此一條例規定土地重劃原則當指市地重劃而言，由是第五十六條第四項之授權立法亦應屬市地重劃辦法，且就內政部於六十八年六月依立法授權發布之「都市土地重劃實施辦法」而觀亦可為明證，因此第五十六條第四項之「土地重劃實施辦法，由中央主管機關定之。」似為立法技術之疏忽，應檢討修正以期周妥。又農地重劃與市地重劃性質不同，作業方法、工程種類及負擔項目也有不同，條例自第五十六條至第六十七條不宜籠統以「土地重劃」概括規定，以免執行時發生適用疑義。

十一、承租公有建築基地之轉租、頂替規定問題：

本條例第七十條規定，承租人不得將承租之公有建築基地轉租、頂替，其有轉租、頂替者，除終止租約外，應以本條例「罰則」章第八十二條之規定處以罰鍰。此係由法律強制規定不得轉租、頂替；而何者謂轉租、頂替，母法內無條文規定而委諸細則（即施行細則第八十五條）加以規定，誠不相宜也。

十二、限制私人持有建築用地之面積問題：

本條例第七十一條規定尚未建築之私有建築用地，限制其最高面積為十公畝；而對私人所有已建築之土地面積則無限制；就鼓勵私人積極興建都市房屋政策言，自屬正確，但如准許私人挾持雄厚資本無所限制而購買非自用土地，就防止市地之壟斷獨佔言，則大違平均地權之原意。此問題於立法院審議本條例修正草案二讀中，曾由冷彭委員提出，但經協調後未被院會接受。㉑，惟已建築之私人土地面積應否加以限制

㉑　見六十六年元月五日中國時報。

問題，仍值得決策方面愼重考慮。

　　綜上所陳，平均地權條例猶尙有其未盡妥適之處，自應通盤檢討修正；同時本條例係土地法之特別法，土地稅法復另立專法而爲本條例之特別法；而就現行三法中，其內容重複規定者甚多，修正時應作技術上之克服，避免普通法與特別法間之重複規定，亦爲修法時，應爲考慮之原則問題。

第五章　平均地權之全面實施

第一節　實施都市平均地權概述

　　民國四十三年所頒行之「實施都市平均地權條例」，係全國性之立法，故行政院卽指定臺灣省爲施行區域，從事市地改革。臺灣省政府乃於民國四十五年元月訂定施行細則，同年六月完成申報地價之工作，八月一日開徵土地增值稅，九月一日開徵地價稅，都市平均地權之施行於焉開展。其間經四度修正條例及民國五十八年執政黨十全大會所通過「策進全面實施平均地權」綱領之議，曾漸次擴大或增加實施地區；但究其範圍，自民國四十三年條例初頒迄六十六年「平均地權條例」修正公布前，皆限於都市土地，未曾變更。且二十餘年來，全省平均地權之實施，係分期分區陸續進行：第一期地區於民國四十五年實施，面積爲一八、一九二公頃；嗣於五十三擴大實施範圍，面積增至六六、五一八公頃；第三期地區於五十七年實施，同時第一期地區亦辦理重新規定地價（臺北市升格爲院轄市予以扣除），面積爲五七、一一四公頃；第四期

地區於五十八年八月十日公告地價，面積爲二、四一二公頃❶；第五期
地區於五十八年十二月一日始至六十年二月底完成，全省面積合計達七
一、三三〇公頃；六十三年底臺灣省及臺北市再舉辦規定地價及重新規
定地價，其面積共一七七、六〇八公頃❷。茲就平均地權之主要項目
——規定地價、照價徵稅、照價收買、漲價歸公、土地使用——之實
施，綜合舉要分述於後❸：

壹、規定地價

一、準備工作

按實施都市平均地權條例規定，都市土地應辦理規定地價及重新規
定地價工作，而歷次實施，均曾積極展開各項準備工作，其作業項目如
次：

（一）擇定地區進行實驗：都市土地改革之基礎，首在規定地價，
爲期增加工作經驗與信心，確保來日順利推行，於民國四十三年公布實
施都市平均地權條例後，卽選定臺北、基隆、臺南、臺中、高雄等五市
及臺北縣之重要市鎭，從事有關規定地價辦理程序及方法技術之研究實
驗，並將其結果整理分析，探究得失，以爲施行時之參考。

（二）繪製地圖：四十三年之實施都市平均地權條例規定其範圍爲
「都市計畫實施範圍」，五十三年二月第二次修正條例，則爲「都市計
畫範圍」，而此項範圍之勘定，調查地價，劃分區段，計算地價，預定
地及分區使用土地之測量分割等工作，均須利用地圖。臺省各縣市（

---

❶ 內政部檔案「地」類 401.9/35 卷第八宗，401.115/35 卷第一宗，402.1
   2/13 卷第一宗。

❷ 臺灣省政府新聞處「土地改革」，第七三頁。

❸ 參照❷「土地改革」第四章。

局）爲爭取時效，加速準備工作，經按照預定實施各市鎮都市計畫範圍，晒製六百分之一、一千二百分之一及六千分之一等三種地籍藍圖，並於藍圖上加註街道名稱及各筆土地之原有等則，以備應用。

（三）確定實施地區：茲將各期辦理情形分別說明如下❹：

1.　四十五年辦理之地區：　四十三年之實施都市平均地權條例規定，凡都市計畫業經公布實施，或已實施都市計畫之市鎮，均應實施都市平均地權，而列爲市地改革範圍。臺灣省議會對實施地區之確定，遂即成立調查小組，由省政府各有關單位陪同前往全省各地實地調查，結果建議首先實施者有臺北市等五十九處，（原爲六十處，因美濃地區屬新闢區，雖規定地價並未依法課徵地價稅，故予除外。）面積爲一八、一九二公頃。其地區名稱如表 5-1 所列。

2.　五十三辦理之地區：　五十三年實施都市平均地權條例二次修正，規定除具有都市計畫之各市市鎮外，其他計畫建設之港口、商埠、工礦業發達及新闢都市，或尚未完成都市計畫地區，經內政部核定實施本條例之全部土地，均應實施都市平均地權，故臺灣省各縣市（局）所屬市鎮，應實施都市平均地權地區，擴大範圍爲一百一十二處，面積六六、五一八公頃，經報請中央建議分三期實施（土庫地區隨後繼續實施）：

（1）第一期：臺北市等五十九處，爲四十五年原實施之地區，擴大面積爲五九、七一六公頃。

（2）第二期：石門、中興新村等十二地區，面積四、三九〇公頃。

（3）第三期：汐止等九地區，面積二、四一二公頃。

3.　五十七年辦理之地區：基隆市等六十五處，面積總計五七、一

---

❹　同❶。

表 5-1　臺灣省四十五年實施都市平均地權地區名稱一覽表

縣 市 別	地 區 數	地 區 名 稱
臺 北 縣	六	板橋、新店、中和、南港、三重、景美。
宜 蘭 縣	三	宜蘭、蘇澳、羅東。
桃 園 縣	二	桃園、中壢。
新 竹 縣	二	新竹、竹東。
苗 栗 縣	七	苗栗、苑裡、通宵、後龍、竹南、頭份、卓蘭。
臺 中 縣	五	豐原、東勢、沙鹿、清水、大甲。
彰 化 縣	二	彰化、員林。
南 投 縣	三	南投、埔里、草屯。
雲 林 縣	五	斗六、斗南、西螺、虎尾、北港。
嘉 義 縣	二	嘉義、朴子。
臺 南 縣	三	新營、鹽水、善化。
高 雄 縣	三	鳳山、岡山、旗山。
屏 東 縣	三	屏東、東港、潮州。
臺 東 縣	一	臺東。
花 蓮 縣	三	花蓮、玉里、鳳林。
澎 湖 縣	一	馬公。
臺 北 市	一	臺北。
基 隆 市	一	基隆。
臺 中 市	一	臺中。
臺 南 市	一	臺南。
高 雄 市	一	高雄。
陽明山管理局	三	士林、北投、陽明山。
合 計	五十九	

一四公頃。亦分爲三期實施：

（1）第一期：基隆市等五十三處，面積五一、八八四公頃。（卽五十三年第一期之地區五十九處中，因臺北市升格爲院轄市扣除臺北市、景美、南港、陽明山、士林、北投六處，面積七、八三二公頃）。

（2）第二期：石門等十二處，面積四、三九〇公頃。

（3）第三期： 第一期地區中， 因都市計畫擴大而實施之斗南等三處，面積八四〇公頃。

4.　五十八年辦理之地區：汐止等九處，面積二、四一二公頃。

5.　五十九年辦理之地區：依據五十八年執政黨之「策進全面實施都市平均地權及貫徹耕者有其田綱領」之規定，而照實施都市平均地權條例辦理規定地價，自五十八年十二月一日起至六十年二月底完成，共實施三十地區，面積七一、三三〇公頃。計爲：

（1）已公布都市計畫而未實施都市平均地權地區：大溪、霧峯、鹿港、江子翠等四地區。

（2）符合都市計畫法第七、八條規定，尙未擬訂都市計畫之地區：新莊、三峽、頭城、楊梅、新埔、關西、田中、溪湖、集集、土庫、布袋、新化等十二地區。

（3）都市邊緣及道路兩旁之三重、 宜蘭、 中壢、新竹、 彰化、屛東、花蓮等七縣市行政區； 大林、 員林、 苗栗三鎭暨基隆、 臺中、臺南、高雄等四省轄市行政區共十四地區。

6.　六十三年辦理之地區：六十三年底，臺灣省及臺北市依實施都市平均地權條例規定，辦理下列地區❺：

（1）臺北市轄區內全部土地三九一、七八五筆， 共三、 一三八區

---

❺　內政部檔案「地」類 432.1/9 卷第一宗。

段，面積二二、一七四公頃，全部重新規定地價。

(2) 臺灣省二十縣市已規定地價之 一〇 四個市鎮及 三〇 處工業用地，共三百二十餘萬筆土地，面積一三〇、八一五公頃，亦全面重新規定地價。另鶯歌等二十四個地區，面積二四、六一九公頃則辦理規定地價。

（四）勘查實施範圍：民國四十三年之實施都市平均地權條例規定：實施都市平均地權範圍，乃都市計畫實施範圍。而此範圍之大小，則須派員實地勘查後， 始能確定。 故實施都市平均地權地區， 一經確定，各縣市（局）即應將實施範圍，派員初步勘定，報由省政府所屬各有關單位， 照條例及施行細則規定， 派員分赴各實施地區實地複勘劃定，作爲實施都市平均地權範圍。而五十三年第二次修正條例後，已明文規定實施都市平均地權範圍爲「都市計畫範圍」，自無勘查必要。

（五）宣傳：實施都市平均地權爲政策性之要務，爲期順利有成，首須使民眾瞭然政策之義，以獲取彼等之擁護與合作。故臺灣省實施都市平均地權，每於辦理規定地價及重新規定地價之前及工作進行期間，即由各有關機關展開宣傳；其方式包括口頭、文字、圖畫、廣播等，如製作幻燈片交各電影院放映，或印製各種標語、畫片、傳單、公告及法令問答等，贈送或張貼於各公共場所與通衢要道，並在電臺播送問答；各縣市印發告民眾書，社會團體、新聞界及學校學生分赴實地訪問，各地民眾服務站並派專人解答各有關問題等，皆藉此而增進人民之瞭解。

二、訓練幹部

政令之推行，執行幹部至爲重要，臺灣省在實施都市平均地權第一次規定地價及第二次規定地價與重新規定地價前，均由省地政局遴選省及縣市優秀地政人員爲執行幹部， 並舉辦訓練， 以加強其對政策之認識，充實法令與業務知識，俾負執行任務。是項訓練，係分省及縣市兩

級舉辦，省級訓練之受訓人員爲各縣市政府（局）地政科地價股長、專員及主辦人員。首次辦理規定地價時，共調集該項人員二百四十一人，作爲期兩週之訓練；二次辦理規定地價及重新規定地價時，共調集二百一十一人分兩期訓練，每期時間爲一週，其訓練內容乃著重法令之瞭解，政策之宣揚及執行 技術之研究與實際 問題之討論。 省級訓練畢， 卽由各縣市政府（局）選調基層工作人員，分別舉辦講習，其內容側重法令執行、實務講習與任務交付等。縣市級訓練於第一次辦理規定地價時，共抽調八百六十三人，第二次辦理規定地價及重新規定地價時，則抽調一千零兩人。

　　三、地價調查計算及評議

　　地價之調查、計算及評議，爲規定地價之主要工作，各縣市（局）辦理時，乃分別指派對地價調查素有經驗及曾受訓練人員，依地價調查估計規則及施行細則規定辦理。而地價調查之方法，大致有四：

　　（一）向權利人及義務人、 地產經紀人或監護人等， 查詢土地買賣、交換、典押、租賃等資料。

　　（二）向地方法院及其公證處調查有關標售、拍賣及公證之各種資料。

　　（三）收集土地租賃之實際支付租金標準。

　　（四）注意地價形成之時間及各種影響地價之因素。

　　地價資料搜集調查時，當地鄉鎮市區長須協同辦理，並辦理宗地抽查，所有調查地價資料，均要求數量充分與地區分佈均勻。在第一次規定地價時，臺省應規定地價土地二六四、六一四筆中，經調查地價資料達八〇、五四二筆，平均亦爲每十筆調查其一筆。五十九年辦理時，有三十處，面積七一、三三〇公頃，共三三五、六〇四筆，調查二五、〇三四筆，佔總筆數百分之七點九三，足見其資料搜集之充分。

上項工作完竣後， 辦理人員即攜地籍藍圖， 實地勘察市地一般狀況，如位置、交通、工商業盛衰、碼頭、市場、土地使用等，並斟酌地價之差異情形，依施行細則規定劃分區段，訂定一般區段價與繁榮街道路線價，及計算繁榮街道各宗地單位地價。

地價計算完竣後， 各縣市（局）依照省政府令頒之統一地價等級表，就計算所得之宗地地價分別劃分等級，並編製各該縣市（局）之地價等級表。民國四十五年辦理規定地價時，臺省即將都市土地地價依統一地價等級表，區分為九十二等級，其第一等級地價級距為一四、六〇〇元至一三、五〇一元，其最後等級地價級距為〇、六元。而五十三年辦理規定地價及重新規定地價時，因其間相距八年，都市土地地價多所增漲，為細分起見，全省統一地價等級表，乃將都市土地區分為一百二十五等級，其第一等級地價級距為九〇、五〇〇元至八九、三〇一元，其第一二五等級地價級距為二元至一元。五十七年辦理時，地價等級表仍採用五十三年者，未有變動。

各縣市將地價等級表編製完竣，依照規定須提交各該縣市都市地價評議委員會評議，經評議決定後，即可依法公告，以為人民申報地價之參考。而各縣市都市地價評議委員會，係按都市地價評議委員會組織規程規定，原由民意機關及有關單位代表組成，後另加入地方公正人士一人，民意機關代表則明定為議會議長及副議長。彼等評議都市土地地價時，咸以為攸關人民權利義務，均極審慎週詳，除對各項查估資料研審外， 且至實地探訪抽查， 若有不符實際處，均提出具體意見修正及評定；各縣市政府亦以評議地價關係重大，每進行評議，無不慎重其事，將各有關地價資料充份提供，以備評議委員查閱參考。

四、公告及申報地價

都市地價評議委員會評定之地價，各縣市政府依法予以公告，在公

告期間並接受人民申報地價。　五十七年辦理規定地價及重新規定地價時，公告時間爲五十日，五十九年辦理時亦同。其辦理情形如下：

（一）設立公告處所：爲求公布普遍及便利人民申報地價，各縣市均分鄉鎮（市）區設置公告申報地價處所，陳列各項公告資料，如地價等級表、戶名底冊、土地底冊、地號摘錄簿等，以備人民查閱，各公告處所並備有地價申報書、地價申報書共有人連名表、申報地價委託書、委託申報地價清單等，以爲民眾申報地價之用；更派熟悉業務人員，隨時解答人民提出之有關疑問，使土地所有權人明瞭申報辦法。民眾提出地價申報時，均予隨到隨辦，並利用各種宣傳方式，通知人民依法申報地價，以保障其本身權益。

（二）申報地價：人民對申報地價皆深切注意且愼重辦理。其申報情形，約分爲三階段：　第一階段卽公告申報地價初期，土地所有權人紛至各公告申報地價處所，查閱並抄錄公告地價資料及索取地價申報書類，惟正式辦理者甚少。第二階段土地所有權人，就有關申報地價法令規定及資料加以研究考慮後，卽就法令上之疑問與辦理申報之方法，向公告處所問明以備辦理申報，本階段辦理申報者仍不踴躍，但已較初期爲多。第三階段土地所有人就其本身利害，以其認爲最有利、最適當之地價提出申報，是以公告地價末期，亦卽公告申報地價截止期限之前數日，申報者特別踴躍。

四十五年辦理規定地價法定申報地價期內，全省已申報地價都市土地筆數達應申報地價土地筆數百分之九五‧八二，後經依法分別將未依限申報者通知補行申報，申報有誤者退回補正，及報價過低者通知另報，迨補報另報程序結束後，申報地價成果增至百分之九七‧五六。少數未申報地價之土地，則由政府依照條例規定，通知以公告地價爲其申

報地價。按此期申報地價之成果統計如表 5-2❻:

表 5-2　臺灣省各縣（市）（局）四十五年實施都市平均地權辦理規定
　　　　地價申報地價成果統計表

縣　市　別	應申報地價總筆數	已申報地價總筆數	未申報地價總筆數	已申報地價佔應申報地價筆數百分比
總　　　計	264,614	258,149	6,465	97.56
臺　北　縣	15,759	14,427	1,332	91.54
宜　蘭　縣	7,244	7,224	20	99.73
桃　園　縣	7,249	6,735	514	92.81
新　竹　縣	12,438	12,033	405	96.74
苗　栗　縣	6,712	6,588	124	98.15
臺　中　縣	9,382	9,252	130	98.61
彰　化　縣	8,778	8,301	477	94.69
南　投　縣	4,682	4,626	56	98.80
雲　林　縣	6,978	6,966	12	99.83
嘉　義　縣	15,549	15,293	256	98.35
臺　南　縣	4,522	4,489	33	99.27
高　雄　縣	4,083	4,027	56	98.60
屏　東　縣	7,484	7,191	293	96.08
臺　東　縣	1,696	1,679	17	99.00
花　蓮　縣	4,750	4,740	10	98.00
澎　湖　縣	2,105	2,097	8	99.62
臺　北　市	65,537	64,512	1,025	98.50
基　隆　市	9,998	9,888	110	98.89
臺　中　市	19,773	19,373	400	97.98
臺　南　市	23,098	22,638	460	98.00
高　雄　市	20,286	20,053	233	98.00
陽明山管理局	6,511	6,017	494	92.40

❻　資料來源: 臺灣省地政處。

　　五十三年臺省第一期應實施都市平均地權者，計臺北市等五十九地區，辦理規定地價及重新規定地價法定申報地價期間，全省已申報地價都市土地筆數達應申報地價土地筆數百分之九七‧〇六，迨依法辦理補報另報後，其成果增達百分之九八‧六三，未經申報地價之土地，則經政府依法通知以公告地價爲申報地價。此期申報地價之成果統計如表5-3❼：

　　五十七年應實施平均地權者，爲石門等十二地區，辦理規定地價及第一期已實施都市平均地權地區辦理重新規定地價，應申報地價土地筆數八〇二、四〇三筆，在法定期內申報者筆數計八〇〇、三一七筆，申報率爲百分之九十九、七四，較五十三年之成果尤爲良好。此期之申報成果統計如表 5-4❽。

　　五十八年臺省應實施都市平均地權者，計有汐止等九地區辦理規定地價，應申報地價土地筆數二四、〇九五筆，在法定期間內申報地價土地筆數二四〇一二筆，申報率爲百分之九九‧六六〇此期申報成果統計如表 5-5❾。

　　五十九年臺灣省辦理基隆市等三十地區之土地申報地價，總計三一五、六〇四筆，於申報地價期間，由人民自行申報地價者三一三、八八三筆，申報率百分之九九‧四五，經依法辦理補報後，申報筆數增爲三

表 5-3 臺灣省各縣(市)(局)五十三年實施都市平均地權辦理規定地價及重新規定地價申報地價成果統計表

縣市別	應申報總地價筆數	已申報 小計	按公告地價者	高於公告地價者	按公告地價八成者	低於公告地價 筆數	面積(坪)	土地筆數成者 地價	已申報土地筆數佔應申報筆數百分率
總計	772,950	762,330	255,295	9,577	496,794	664	55,653,543	84,979,439.18	98.63
臺北市	133,590	125,578	58,758	1,353	65,056	411	33,726,479	73,625,954.08	94.00
基隆市	29,110	29,090	12,463	397	16,215	15	576,576	224,052.00	99.93
臺中市	56,952	56,679	19,331	294	36,971	83	6,006,160	4,415,947.30	99.52
臺南市	52,551	51,442	11,174	102	40,166				97.89
高雄市	56,616	56,558	26,211	247	30,084	16	3,564,060	4,036,767.00	99.90
臺北縣	70,122	69,589	27,093	296	42,192	8	2,171,952	545,722.80	99.24
宜蘭縣	16,633	16,633	3,109	66	13,458				100.00
桃園縣	30,364	30,246	6,236	4,422	19,578	10	3,329,016	30,093.80	99.61
新竹縣	36,012	36,012	10,145	351	25,423	93	4,071,568	1,511,359.40	100.00
苗栗縣	16,501	16,501	1,746	9	14,746				100.00
臺中縣	33,673	33,540	7,609	302	25,624	5	178,476	62,632.10	99.60
彰化縣	24,869	24,827	3,891	161	20,763	12	647,352	377,927.00	99.83
南投縣	26,892	26,892	2,849	22	24,021				100.00
雲林縣	19,464	19,464	5,313	68	14,083				100.00
嘉義縣	49,147	49,137	10,430	415	38,292				99.98
臺南縣	15,707	15,707	3,107	56	12,544				100.00
高雄縣	24,886	24,781	10,147	197	14,436	1	454,053	39,257.60	99.58
屏東縣	30,220	30,203	10,758	442	18,994	9	733,263	50,511.50	99.94
臺東縣	8,997	8,997	4,774	112	4,111				100.00
花蓮縣	17,395	17,343	9,032	148	8,163				99.70
澎湖縣	3,018	3,018	1,571	19	1,428				100.00
陽明山管理局	20,231	20,093	9,548	98	10,446		131,588	59,214.60	99.32

表 5-4 臺灣省各縣市五十七年實施都市平均地權申報地價成果統計表

縣市別	應申報地價土地總筆數	已申報 小計	按公告地價者 筆數	按公告地價者 百分比	高於公告地價者 筆數	高於公告地價者 百分率	按公告地價八成者 筆數	按公告地價八成者 百分率	低於公告地價八成者 筆數	低於公告地價八成者 百分率	申報率%
總計	802,403	800,317	157,645	19.70	2,461	00.31	639,705	79.93	506	00.06	99.74
基隆市	35,678	35,661	15,482	43.42	22	00.06	20,157	56.52			99.95
臺中市	71,082	70,977	15,875	22.37	202	00.28	54,777	77.18	123	00.17	99.85
臺南市	67,669	67,229	12,212	18.16	37	00.06	54,971	81.77	9	00.01	99.35
高雄市	71,133	71,097	23,383	32.88	50	00.07	47,661	67.04	3	00.01	99.95
臺北縣	112,825	111,742	11,084	09.92	650	00.58	99,885	89.39	123	00.11	99.04
宜蘭縣	22,703	22,702	2,737	12.06	21	00.09	19,944	87.85			99.99
桃園縣	37,284	37,066	7,793	21.02	229	00.62	28,998	78.23	46	00.13	99.42
新竹縣	42,869	42,751	11,332	26.51	114	00.27	31,260	73.12	45	00.10	99.72
苗栗縣	16,034	16,034	384	02.39	2	00.01	15,643	97.56	5	00.04	100.00
臺中縣	39,952	39,925	4,707	11.79	156	00.39	34,955	87.55	107	00.27	99.93
彰化縣	36,039	36,039	4,118	11.43	111	00.31	31,792	88.22	18	00.04	100.00
南投縣	30,845	30,845	5,137	16.65	202	00.66	25,498	82.66	8	00.03	100.00
雲林縣	25,363	25,363	6,341	25.00	53	00.21	18,969	74.79			100.00
嘉義縣	58,834	58,824	10,235	17.40	183	00.31	48,406	82.29		00.01	99.98
臺南縣	38,287	38,287	3,683	09.62	138	00.36	34,466	90.02			100.00
高雄縣	28,409	28,409	6,363	22.42	128	00.45	21,913	77.13			100.00
屏東縣	43,822	43,800	8,677	19.81	102	00.23	35,002	79.91	19	00.05	99.95
臺東縣	5,822	5,822	1,932	33.18	47	00.81	3,843	66.01	—	—	100.00
花蓮縣	14,726	14,722	4,938	33.54	9	00.06	9,775	66.40	—	—	99.97
澎湖縣	3,027	3,027	1,232	40.70	5	00.17	1,790	59.13	—	—	100.00

表 5-5　臺灣省各縣市五十八年實施都市平均地權申報地價成果統計表

縣市別	地區別	應申報土地總筆數	已申報		地價土地筆數			申報率 %	備註
			小計	按公告地價者	高於公告地價者	按公告地價成者	低於公告地價入筆者		
總計		24,095	24,012	4,311	131	19,552	18	99.66	—
高雄市	高雄港擴建區	131	131	95	22	14	—	100	
臺北縣	汐止鎮	6,063	6,005	1,244	84	4,677	—	99.04	尚有五八筆未申報
臺中縣	梨山	426	426	426	—	—	—	100	
南投縣	水裡鄉	3,621	3,621	580	—	3,041	—	100	
臺南縣	學甲鎮	4,437	4,437	329	7	4,099	2	100	
高雄縣	美濃鎮	4,426	4,426	431	6	3,989	—	100	
屏東縣	內埔鄉	3,309	3,284	621	10	2,637	16	99.24	尚有二五筆未申報
臺東縣	關山鎮	1,612	1,612	515	2	1,095	—	100	
花蓮縣	天祥	70	70	70	—	—	—	100	

表 5-6　臺灣省各縣市五十九年實施都市平均地權申報地價成果統計表

地區	應申報地價總筆數	照公告地價申報	照公告地價八折申報	高於公告地價申報	低於公告地價八折申報	筆數小計　計	申報率
總計	315,604	98,695	214,310	1,265	435	314,705	99.72
基隆市	15,764	6,300	6,266	137	—	15,703	99.61
臺中市	35,994	20,273	15,388	236	—	35,897	99.73
臺南市	45,135	9,712	35,015	5	4	44,736	99.12
高雄市	40,134	15,386	24,576	156	0	40,118	99.96
宜蘭縣	15,548	1,747	13,758	32	4	15,541	99.96
臺北縣	26,910	14,341	12,193	200	8	26,742	99.36
桃園縣	33,532	1,587	31,810	58	25	33,480	99.84
新竹縣	21,183	9,230	11,825	48	24	21,127	99.74
苗栗縣	3,670	324	3,293	24	29	3,670	100.00
臺中縣	6,084	1,681	4,381	22	—	6,084	100.00
彰化縣	37,458	6,046	30,754	288	336	37,424	99.89
南投縣	3,467	558	2,909	—	—	3,467	100.00
雲林縣	1,995	679	1,316	—	—	1,995	100.00
嘉義縣	5,966	1,444	4,521	1	—	5,966	100.00
臺南縣	2,810	254	2,556	29	—	2,810	100.00
高雄縣	14,877	3,629	11,214	29	5	14,877	100.00
花蓮縣	5,077	2,504	2,535	29	—	5,068	99.82

一四、七〇五筆，申報率增為百分之九九‧七二。此期申報成果統計如表 5-6❿：

（三）申報成果之分析：就申報地價內容分析，以五十三年辦理規定地價及重新規定地價申報地價成果為例，所有申報地價土地七六二、三三〇筆中，照公告地價申報者二五五、二九五筆，為全部申報土地百分之三三‧八四，照公告地價八成申報者四九六、七九四筆，為全部申報土地百分之六五‧一六，兩者之和共達申報土地百分之九八‧六四，至低於公告地價八成申報者，僅六六四筆，占申報土地百分之〇‧〇九七，高於公告地價申報九、五七七筆，亦僅占申報土地百分之一‧二六三。再以五十九年之成果為例，其中按公告地價及依公告地價八折申報者共三一三、〇〇五筆，占申報地價土地總筆數百分之九九‧四五，高報者僅一、二六五筆，占百分之〇‧四〇，低報者四三五筆，占百分之〇‧一五，具見各縣市政府所評定之公告地價，均屬公平合理，頗為大多數土地所有權人接受，並樂於參照公告地價申報。

五、稅地特別調查及造冊

對於下列各種都市土地，採不同之課稅方法：

（一）直接供工廠用地照基本稅率課稅，以示獎勵工業之發展。

（二）不在地主土地加課不在地主稅。

（三）空地加徵空地稅，以促進建築使用。

（四）自用住宅用地面積在三公畝以內者，其地價稅較基本稅率減低（原規定為申報地價數額千分之十後改為千分之七），以減輕土地所有權人負擔。

（五）依照五十三年及五十七年修正公布之實施都市平均地權條例

---

❿　資料來源：臺灣省地政處，時間：五十九年七月六日至九月二十日。

規定，都市計畫農業區及綠帶地亦須按千分之十稅率課徵地價稅。

上列各種市地等，均由有關機關於規定地價工作將完成之時，會同查明，編造專冊而決定其稅課。

六、整理簿籍及歸戶造冊

民國四十五年之都市土地歸戶工作，係根據土地登記簿所載戶名，按其住所以縣市為單位，將其所有市地予以歸集統計造冊，藉以明瞭每一所有權人在每一縣市範圍內所有市地之坐落、面積、地價及使用情形等，以為執行市地改革各項措施之依據。為求人地關係之確實相符，對土地所有權人之住所，於辦理歸戶前先予實地查核，其有異動或不符者，予以更正，以期歸戶工作之精確。而至五十三年、五十七年、五十八年及五十九年則係先按戶名底冊中之共有戶，分繕持分卡，將持分卡按鄉、鎮、市、區、里鄰戶姓名歸列，再將此持分卡與戶名底冊歸集，歸戶工作辦竣後，卽行繕造總歸戶冊，分別移交當地稅務機關辦理徵稅事宜。

申報地價旣畢，地價申報書須加整理並編造地價冊。而四十五年辦理規定地價時之都市計畫實施範圍，與五十三年、五十七年、五十八年及五十九年辦理時之都市計畫範圍，其範圍內外經測量分割之土地，及都市計畫預定地分割之土地等圖籍，分別訂正，土地書狀亦予換發，至此規定地價及重新規定地價工作始告一段落。

貳、照價徵稅

徵收地價稅始於規定地價工作辦理完竣後，是達成都市土地地權平均之另一手段，茲分述如次：

（一）依實施都市平在地權條例規定，地價稅稅率分基本與累進兩部份，凡一業主在縣市內所有土地之地價總數在累進起點地價以下者，

按基本稅率千分之十五徵收，超過累進起點地價者，按累進稅率課徵，最高至千分之七十。而該項起點地價，按條例規定以各該縣市土地七公畝（原為五公畝）之平均地權為準。地價開徵前，各縣市財稅單位按上項規定完成累進起點之計算，然後就基本稅率及累進稅率算出每戶應繳之地價稅額。但在都市計畫之工業區內直接供工廠使用之土地，其地價稅則條例規定統按其申報地價之基本稅率徵收。

（二）臺省地價徵收，自四十五年實施都市平均地權後，歷年徵績均甚良好，如五十四年查定地價稅數四○九、○二二、五四四元，徵起數三九九、七九四、五二五元，徵績為百分之九十七‧八；五十七年查定地價稅數六一四、二四四、三四一元，徵起數五九六、九六四、五八六元，徵績為百分之九七‧二。且實施都市平均地權區域，由都市計畫實施範圍，擴大為都市計畫範圍，條例修正將地價稅基本稅率改為千分之十五後，其稅收較前增加，五十九年度地價稅實徵數額達六三一、五二七、○○○元；自四十五年度起至五十九年度止，共徵收地價稅三、二一一、三一四、○○○元，對地方財政裨益非淺，而條例修正後所增之稅收，亦依中央指示已撥為興辦社會福利事業及九年國教之用。

至於歷年徵收地價稅之詳情，則擬於本章第三節再作詳細列表統計。

參、照價收買

所有照價收買之土地，多係都市土地所有權人於政府舉辦規定地價及重新規定地價時，申報地價低於公告地價百分之二十，經通知另報給予考慮機會，而其另報地價仍屬過低者，政府始依條例規定予以收買；另有部份則為都市土地移轉之申報現值過低，經通知重報後仍過低或不報而實施照價收買者。

　　照價收買之於實施都市平均地權政策，乃旨在防土地業主低報地價以逃地價稅，如業主經多方考慮其自身利益並衡量得失，仍將較低之地價提出申報，則政府經照其報價收買，業主自當不以爲有所損失。臺省自四十五年辦理規定地價，在實施都市平均地權階段，低報地價之土地爲數不多，僅如下：❶

　　①　四十五年度申報地價過低，照價收買土地計六五六筆，面積八二、一九三坪。

　　②　五十三年度申報地價過低，照價收買土地計三八二筆，面積二二、二五三坪。

　　③　四十六年至五十五年低報移轉現值，照價收買土地計十五筆，面積三、〇六〇坪。

　　④　五十七年度申報地價過低，照價收買土地計五十九筆，面積三、二五六坪。

　　⑤　六十三年度申報地價過低，照價收買土地，臺北市計四十五筆，面積三、四三五坪，臺灣省計六筆，二九八坪。❷

肆、漲價歸公

　　國父認爲土地之自然漲價，係不勞而獲，若爲私人享有是屬不公平之事，故提出「平均地權」主張，並有「申報地價，照價徵稅，照價收買，漲價歸公」之整套理論體系。按土地之漲價，有社會進步，人口增多，公共設施改善，工商業繁榮及私人投資改良諸種因素。除私人投資改良土地，導致地價增漲者外，餘皆爲社會公眾之力量，實非地主個人

---

❶　內政部檔案「地」類 401.114/234 卷第三宗。
❷　內政部檔案「地」類 421.1/16 卷第一宗。

投資勞力資本之結果。若其利益歸諸一已，不僅有失公允，若再以此富厚之利，作爲土地投機之資本，致地價騰貴，地租高昂，則不但加重工商業與市民之負擔，更阻礙都市建設及土地使用，至不應當，是以其自然增值應收歸公有公享，造福大眾。

臺省自民國四十五年實施都市平均地權條例，卽以課徵土地增值稅而行漲價歸公之策。按四十三年公布及四十七年修正之實施都市平均地權條例規定，土地之自然漲價以徵收土地增值稅逐漸收歸公有；而土地增值稅須於土地移轉時方能徵收，其稅率視土地漲價總數額之多寡，分別爲百分之三十、五十、七十、九十；土地漲價總數額如超過所申報地價百分之四百以上者，其超過部份則全部收歸公有。五十三年第二次修正條例，其土地增值稅課徵稅率則修改爲百分之二十、四十、六十、八十，其超過申報地價百分之四百以上者，仍全部歸公。五十七年之第三次修正條例，土地增值稅之課徵稅率與五十三年同，惟將超過申報地價百分之四百以上部份全部收歸公有之規定，已予刪除。

本省自四十五年規定地價工作完畢後，八月開徵土地增值稅，至五十九年度止，實徵數共達二、〇二八、四〇〇、〇〇〇元。此項稅收依法屬地方，其分配比例：縣市爲百分之六十，省爲百分之二十，另百分之二十，由省統籌分配。而其用途則依條例規定，應用於興辦社會福利事業，都市建設，國宅興建及國民義務教育等方面。

有關歷年徵收土地增值稅之詳情，本章第三節亦將詳爲列表統計。

伍、土地使用

都市平均地權政策之另一目的爲加強土地使用。蓋實施都市平均地權之地區，大多已完成都市計畫之公布；所有在都市計畫範圍內之土地，均按計畫規定，編定分區使用，以配合建設之需要，確定土地利用

之標準。各縣市並於規定地價辦理完畢後，卽照規定對私有十公畝以上未建築土地，經調查計算公告通知後，限期建築使用，否則政府得徵收出售予需地之人建築使用，以促進都市土地之利用並防止土地壟斷居奇。而政府出租之公地尚未建築面積超過上述標準者，亦由政府收回另行租予需地之人建築使用，復規定是項出租公地，不得轉租頂替，違則終止租約。至於妨礙都市計畫建設使用者，均嚴格限制並取締之。此外，爲增進都市土地利用價值，都市建設繁榮發展，各縣市且選適當地區舉辦市地重劃及區段徵收等工作。

第二節　全面實施平均地權之規劃與執行

實施都市平均地權爲市地改革之重要政策，自民國四十五年起，其實施概況已如前述。綜觀之，其規定地價頗詳實而具成效，然此項基本工作，僅爲實施都市平均地權之起點；而照價徵稅固可增加地方政府財源，亦僅能以之作爲實施都市平均地權稅去素地地租之手段；距其杜絕土地投機壟斷，土地合理使用與地利共享之目的，則有待協力推進；此固因條例之立法欠妥適，及實施之範圍，僅以「都市」土地爲限；而條例有關照價收買，區段徵收，土地重劃，超額土地徵收，限期建築等規定，或推行效果不彰，或未付執行，俱見亟須加強實施。因此，中央遂於民國六十六年二月二日修正「實施都市平均地權條例」爲「平均地權條例」，使「平均地權」範圍擴及全國而全面實施。行政院繼而核定臺灣省已辦竣地籍測量登記而尚未辦理規定地價之一百五十六萬公頃土地，分二梯次辦理規定地價，並著令內政部審愼規劃與執行。茲分述如下❸：

---

❸　參照內政部地政司長維一撰「協力完成平均地權」，土地改革月刊二十九卷第十一期，六十八年十一月。

壹、全面實施平均地權之規劃

一、研擬平均地權有關子法

為配合平均地權條例之公布實施，以利其政策之執行，內政部隨即著手研訂下列有關法規：

（一）六十六年四月一日行政院發布之「平均地權條例施行細則」，並曾多次修正，最近於七十三年一月二十六日再修正。

（二）六十六年六月三日行政院修正發布之「地價評議委員會組織規程」。

（三）六十六年六月六日內政部修正發布之「地價調查估計規則」

二、擬定執行計畫

平均地權之全面實施，為政府重大施政，預為籌劃，當有助於順利推動，尤對完成期限，人力與財力之密切配合，更須先行擬定計畫，以為執行之依據，歸其重點則有三：

（一）訂定分區執行年期：臺灣地區已辦竣地籍測量登記之土地，總計一百七十餘萬公頃，其中十七萬餘公頃之都市土地（包括臺北市之二萬二千公頃），業已依實施都市平均地權條例規定舉辦規定地價，實施平均地權，故所稱全面實施平均地權，是以臺灣省已辦竣測量登記而尚未辦理規定地價之一百五十六萬公頃土地為實施範圍。照平均地權條例第十三條規定，經報行政院核定，分兩梯次辦理規定地價：

1. 第一梯次：先辦理板橋等二三二個市（鄉）（鎮），總面積一〇八萬公頃；並應於六十六年五月一日辦理公告地價，嗣因準備不及，專案奉准延至九月一日辦理。其實施地區，面積統計如表 5-7❹：

---

❹ 資料來源：內政部地政司。

表 5-7　全面平均地權第一梯次實施地區、面積簡表

縣市別	面積 (公頃)	鄉鎮 市數	鄉　市　鎮　名　稱
臺北縣	107,057	24	板橋市、樹林鎮、鶯歌鎮、三峽鎮、土城鎮、 中和鄉、新莊鎮、泰山鄉、五股鄉、林口鄉、 三重市、蘆洲鄉、汐止鎮、金山鄉、萬里鄉、 淡水鎮、三芝鄉、八里鄉、石門鄉、新店鎮、 深坑鄉、石碇鄉、瑞芳鎮、雙溪鄉。
宜蘭縣	22,433	6	頭城鎮、礁溪鄉、羅東鎮、蘇澳鎮、五結鄉、 冬山鄉。
桃園縣	68,844	12	桃園市、蘆竹鄉、大園鄉、龜山鄉、八德鄉、 楊梅鎮、新屋鄉、中壢市、平鎮鄉、觀音鄉、 大溪鎮、龍潭鄉。
新竹縣	50,284	9	香山鄉、寶山鄉、竹北鄉、新豐鄉、湖口鄉、 新埔鎮、關西鎮、竹東鎮、北埔鄉。
苗栗縣	55,628	14	苗栗鎮、公館鄉、銅鑼鄉、三義鄉、西湖鄉、 頭屋鄉、竹南鎮、頭份鎮、後龍鎮、造橋鄉、 通霄鎮、苑裡鎮、卓蘭鎮、大湖鄉。
臺中縣	69,494	20	豐原市、潭子鄉、大雅鄉、神岡鄉、后里鄉、 東勢鎮、石岡鄉、新社鄉、霧峰鄉、太平鄉、 大里鄉、烏日鄉、清水鎮、沙鹿鎮、梧棲鎮、 龍井鄉、大肚鄉、大甲鎮、大安鄉、外埔鄉。
彰化縣	85,321	25	花壇鄉、芬園鄉、秀水鄉、田中鎮、社頭鄉、 二水鄉、和美鎮、線西鄉、伸港鄉、員林鎮、 溪湖鎮、大村鄉、埔心鄉、永靖鄉、鹿港鎮、 福興鄉、埔鹽鄉、北斗鎮、田尾鄉、埤頭鄉、

			溪州鄉、二林鎮、芳苑鄉、大城鄉、竹塘鄉。
南投縣	57,683	8	南投鎮、名間鄉、草屯鎮、埔里鎮、魚池鄉、水里鄉、集集鎮、竹山鎮。
雲林縣	85,682	16	斗六鎮、古坑鄉、莿桐鄉、林內鄉、大埤鄉、斗南鎮、西螺鎮、二崙鄉、崙背鄉、虎尾鎮、土庫鎮、褒忠鄉、東勢鄉、北港鎮、元長鄉、水林鄉。
嘉義縣	92,843	15	竹崎鄉、新港鄉、中埔鄉、水上鄉、太保鄉、朴子鎮、六腳鄉、東石鎮、布袋鎮、義竹鄉、鹿草鄉、大林鎮、民雄鄉、溪口鄉、梅山鄉。
臺南縣	136,846	27	新營鎮、鹽水鎮、柳營鄉、白河鎮、後壁鄉、東門鄉、麻豆鎮、下營鄉、六甲鄉、官田鄉、大內鄉、佳里鎮、學甲鎮、西港鄉、將軍鄉、七股鄉、北門鄉、新化鎮、新市鄉、善化鎮、安定鄉、山上鄉、永康鄉、關廟鄉、仁德鄉、歸仁鄉、玉井鄉。
高雄縣	67,861	21	鳳山市、小港鄉、林園鄉、大寮鄉、大樹鄉、仁武鄉、大社鄉、鳥松鄉、阿蓮鄉、路竹鄉、湖內鄉、茄萣鄉、永安鄉、彌陀鄉、梓官鄉、旗山鎮、美濃鎮、杉林鄉、岡山鎮、橋頭鄉、燕巢鄉。
屏東縣	78,967	21	萬丹鄉、長治鄉、九如鄉、麟洛鄉、里港鄉、鹽埔鄉、潮州鎮、萬巒鄉、內埔鄉、竹田鄉、新埤鄉、枋寮鄉、東港鎮、南州鄉、崁頂鄉、新園鄉、佳冬鄉、林邊鄉、恒春鎮、車城鄉、池上鄉。

臺東縣	25,584	5	臺東市、成功鎮、關山鎮、鹿野鄉、池上鄉。
花蓮縣	52,814	8	新城鄉、吉安鄉、壽豐鄉、鳳林鎮、光復鄉、玉里鎮、富里鄉、瑞穗鄉。
澎湖縣	2,914	1	馬公鎮
總　計	1080,244	232	

2.　第二梯次：辦理坪林鄉等七十四個較偏遠之地區，面積四十八萬公頃，並應於六十七年五月辦理公告地價，嗣因第一梯次延期，此梯次亦改爲九月一日辦理公告地價，又臺灣省及臺北市目前已實施都市平均地權之都市土地，面積爲十七萬七千七百餘公頃，並預定於第二梯次舉辦規定地價時，同時辦理重新規定地價之工作。其實施地區與面積統計如表 5-8[15]：

表 5-8　全面平均地權第二梯次實施地區、面積簡表

縣市別	面積（公頃）	鄉鎮市數	鄉　鎮　市　名　稱
臺北縣	21,351	4	坪林鄉、貢寮鄉、平溪鄉、烏來鄉。
宜蘭縣	30,895	5	壯圍鄉、三星鄉、員山鄉、大同鄉、南澳鄉。
桃園縣	13,144	1	復興鄉。
新竹縣	31,245	5	橫山鄉、芎林鄉、峨眉鄉、五峰鄉、尖石鄉。
苗栗縣	20,627	4	南庄鄉、三灣鄉、獅潭鄉、泰安鄉。
臺中縣	8,582	1	和平鄉。
南投縣	78,134	5	中寮鄉、國姓鄉、鹿谷鄉、仁愛鄉、信義鄉。
雲林縣	24,738	4	麥寮鄉、臺西鄉、四湖鄉、口湖鄉。
嘉義縣	14,479	3	大埔鄉、番路鄉、吳鳳鄉。

[15]　同[14]。

臺南縣	22,403	4	左鎮鄉、龍崎鄉、楠西鄉、南化鄉。
高雄縣	32,267	7	田寮鄉、六龜鄉、甲仙鄉、內門鄉、桃源鄉、茂林鄉、三民鄉。
屏東縣	76,794	11	高樹鄉、琉球鄉、滿州鄉、霧臺鄉、泰武鄉、春日鄉、瑪家鄉、來義鄉、牡丹鄉、獅子鄉。
臺東縣	71,416	11	綠島鄉、東河鄉、長濱鄉、卑南鄉、太麻里鄉、大武鄉、蘭嶼鄉、金峰鄉、達仁鄉、海端鄉、延平鄉。
花蓮縣	25,871	4	豐濱鄉、秀林鄉、萬榮鄉、卓溪鄉。
澎湖縣	8,066	5	湖西鄉、白沙鄉、西嶼鄉、望安鄉、七美鄉。
總　計	480,015	74	

（二）增加編制員額：為因應實際工作需要，並加強辦理今後地價查估，稅籍釐正及現值審核等經常性工作，經行政院核准內政部地政司增編制員額三人，臺灣省政府及各縣市增五一○人，臺北市則四十人。

（三）經費籌措：辦理第一次規定地價工作所需經費，預估約新臺幣三億四千餘萬元，因未及列入該年度預算，經內政部會商財政部等有關機關後，報奉行政院決定，其由臺灣省依預算程序編列支應。

（四）擬定第一梯次執行進度，其要點為：

1. 六十五年八月一日至六十六年二月底，辦理土地所有權人住所查校，及校核有關圖籍，編造地價資料卡等工作，並辦理都市土地範圍及保留地分劃測量登記。

2. 六十六年三～六月辦理地價調查及估計。

3. 六十六年七月九日由各縣市地價評議委員會評議地價。

4.　六十六年九月一日辦理公告地價，次日起接受土地所有權人申報地價至十月一日截止。

5.　六十七年五月一日開徵六十六年下期地價稅。

三、加強平均地權政令之宣導

全面實施平均地權爲劃時代之土地改革工作，急需加強政策之宣導，始能克竟事功。爲免民眾對平均地權之意義誤解、誤傳而影響工作之推行，經由內政部邀同有關機關會商研訂「全面實施平均地權工作宣導要點」并有關資料分送各有關單位負責採取下列方式宣導：

（一）利用下列各種集會或活動進行宣導，並請省（市）或縣（市）有關單位協助辦理：

1.　村里民大會——請民政單位協助辦理。

2.　社團活動——請社會單位協助辦理。

3.　學校與社教活動——請教育單位協助辦理。

4.　後備軍人活動——請兵役單位協助辦理。

（二）製作幻燈片、標語、短劇或將宣傳內容撰入有關電視或廣播節目中（如電視之「街頭巷尾」或「分秒必爭」「大千世界」等有獎問答節目），透過電視臺，廣播電臺及電影院，以國語、閩南語及客家語分別插播宣導。

（三）透過報章雜誌等傳播事業，加強有關平均地權之新聞報導及社論，或約請專家學者撰寫專文，舉行座談會，辦理徵文等活動。

（四）專案籌措新臺幣一百二十萬元，由內政部會同行政院新聞局統籌製作各種宣導資料及辦理上列各種宣導活動，以增進一般民眾對政策之認識。

四、成立平均地權督導工作小組

爲加強督導臺灣省各縣市辦理規定地價工作，內政部特訂督導要

點，劃分責任區，將實施地區劃爲七個督導分區，由內政部指派高級人員率同地政業務人員，每兩人一組，經常前往實地督導平均地權之執行，俾資發掘問題，避免執行偏差，並隨時解決基層人員於工作上之疑難，以期規定地價工作順利進行。（筆者卽曾參加此項督導工作）。

貳、全面實施平均地權之執行

一、第一梯次規定地價辦理情形

第一梯次規定地價地區面積一〇八萬公頃，土地所有權人總數爲二百一十餘萬戶，共計有土地四百七十九萬餘筆，自六十五年八月起開始辦理左列各項工作：

（一）釐正有關圖籍，並編製地價資料卡：將規定地價區內全部土地之地籍圖及有關册籍均詳加核對釐定，並按共有人人數逐筆編造地價資料卡一千零二十四萬餘張，作爲載錄各項地價資料之用。

（二）查校地主住址及身份證號碼：爲掌握地主之正確住址，便利將來地價申報書及土地稅單之送達，由地政機關會同戶政機關，將地主之住址，全面辦理清查校正。

（三）公共設施保留地之測量分割：爲確定公共設施保留地之範圍，俾便從輕課徵地價稅，對八萬餘公頃已公布都市計畫地區之公共設施保留地辦理地籍測量及分割登記。

（四）調查地價及劃分地價區段：依照規定調查過去一年之地價買賣實例與收益價格，並搜集各地人口、交通、水利、土壤、使用收益情形等足以影響地價之資料，作爲查估地價之依據，並斟酌地價高低，按易於辨認之自然界限劃定地價區段，計全省共劃分爲三二、三〇二個地價區段。

（五）估計及評議地價：根據前項調查結果，並參酌各區段地價實

例及土地使用情形，估定各區段地價，於六十六年七月九日，同時提請各縣地價評議委員會評議通過，然後據以計算宗地地價及編造戶名底冊及地價申報書。

（六）公告及申報地價：第一梯次規定地價工作，各縣市均如期於六十六年九月一日辦理公告，並自次日起接受申報地價，爲期三十天。

二、第二梯次規定地價辦理情形

第二梯次規定地價地區爲臺北縣坪林鄉等七十四個偏遠地區之鄉鎮，面積爲四十八萬餘公頃，自六十六年十一月一日已開始辦理各項準備工作，其辦理情形如下：

（一）釐正有關圖籍並編造地價資料卡一百八十三萬六千餘張。

（二）查校地主住址及身分證號碼，以爲將來辦理地籍歸戶之基礎。

（三）公共設施保留地面積共三千六百餘公頃之測量分割。

（四）調查地價及劃分地價區段，將四十八萬公頃土地，共劃分爲六、〇三七個地價區段。

（五）將地價調查結果，於六十七年六月十五日分別提請各縣地價評議委員會評議，並獲得順利通過。

（六）地價之公告及申報，各縣均能按進度完成各項準備工作，並如期於九月一日在各縣政府及鄉鎮公所辦理公告，並於次日起三十天內受理申報地價。

三、都市土地重新規定地價辦理情形

臺灣省自民國四十五年開始實施都市平均地權以來，幾經分期分區擴大實施範圍，總共已辦了一〇八個地區，面積十五萬五千四百三十四公頃，這些地區於六十三年底辦理重新規定地價以後，至今已屆滿三年，依照平均地權條例第十四條規定應舉辦重新規定地價，故經行政院

核定併同第二梯次同時於九月一日辦理公告地價。其各項準備工作係於六十七年元月開始著手辦理，共計五、四〇一、八〇七筆土地，劃分為二二、三五六個地價區段，編造資料卡五百四十餘萬張。至於臺北市部份，面積二萬二千一百七十四公頃，共計四〇八、〇八一筆土地，劃分為四千三百零一個地價區段，編造地價資料卡一百零四萬餘張，於五月二十五日辦理公告地價，於六月二十四日截止申報。

臺北市六十三年重新規定地價之土地，至六十六年十二月底屆滿三年，亦應舉辦重新規定地價，於六十六年七月一日起進行各項準備工作，除已規定地價土地二二、一七四公頃均重新規定地價外，並將原未規定地價之「道」、「線」、「溝」、「堤」等無賦土地五九〇公頃及新登記之保安林等土地一、八五八公頃，一併辦理規定地價，總計面積二四、六二二公頃。

四、申報地價期間各項便民及服務措施

為加強便民措施，簡化土地所有權人各種申報手續，並減少人民往返各單位奔走之勞，在申報地價期間，特採取下列各項服務措施：

（一）申報地價期間，除在各鄉鎮公所設置地價申報處及閱覽處，指派專人詳細解說平均地權之意義及申報地價之辦法外，並動員村里幹事及地政人員，採取服務到家方式，挨戶受理申報地價。

（二）輔導地主於申報地價時，辦理自用住宅用地之申請，以便享受地價稅優惠稅率（千分之五），為簡化手續，是項申請工作，一律免附證明文件。

（三）輔導農民在申報地價同時辦理與農業經營不可分離之房舍、曬場、農路、灌溉、排水及其他農用土地之申請，以便與其他農地一併繼續課徵田賦，並免附各項證明文件。

（四）在規定地價過程中，經查校發現地主住址變更登記者，依查

訪結果，逕爲辦理住址變更登記，免收費用。

（五）在申報地價時，查悉地主死亡而未辦理繼承登記者，專案列管，繼續輔導其合法繼承人辦理繼承登記手續，以確保人民產權，並使地籍管理更爲正確。

五、申報地價之執行成果

（一）第一梯次申報地價之成果：第一梯次辦理規定地價的二百一十餘萬戶地主中，扣除免辦申報之公有土地，地主死亡絕戶，旅居國外，身陷大陸，行蹤不明等無法申報者外，得自行申報者，總共爲一、七四五、六四六戶，而在法定期間內辦竣申報手續者，共有一、七四四、七九六戶，占總數的百分之九九・九五。其中宜蘭、苗栗、南投、嘉義、屏東、臺東、澎湖等七縣申報率爲一〇〇％，足以顯示民眾對全面平均地權政策至爲擁護。

在已申報地價之總數爲八、三一二、八四六筆土地中（包括共有土地由各共有人個別申報部分），照公告地價申報者佔百分之四五・五四，以公告地價百分之八十至九十九申報者佔百分之四八・九七，申報地價高於公告地價百分之一百零一至一百二十者佔百分之五・四六；低於公告地價百分之八十申報者，佔百分之〇・〇〇九；高於公告地價百分之一二〇者，佔百分之〇・〇三。可知低報地價或高報地價者，所佔比例均甚低，亦可說明各縣評議之地價尚稱公允，其詳情統計如表 5–9 ❻：

臺灣省全面實施平均地權第一梯次規定地價地區申報地價情形統計表

---

❻　同❹。時間：六十六年十月一日。

表 5-9 A

縣別	應申報地價 總筆數	應申報地價 總戶數	已申報 筆數	已申報 %	已申報地 戶數	已申報地 %	未申報 筆數	未申報 %	未申報地 戶數	未申報地價 %
總計	8,317,211	1,745,646	8,312,846	99.95	1,744,796	99.95	4,365	0.05	850	0.05
臺北縣	1,259,216	142,578	1,258,838	99.97	142,549	99.98	378	0.03	29	0.02
宜蘭縣	151,435	39,829	151,345	100	39,829	100	—	—	—	—
桃園縣	554,122	158,819	542,979	99.79	158,424	99.81	1,143	0.21	395	0.19
新竹縣	627,538	71,162	626,047	99.76	71,026	99.81	1,491	0.24	136	0.19
苗栗縣	582,945	95,300	582,945	100	95,300	100	—	—	—	—
臺中縣	491,370	122,087	490,908	99.91	122,039	99.96	462	0.09	48	0.04
彰化縣	835,057	219,175	835,020	99.99	219,161	99.99	37	0.01	14	0.01
南投縣	283,325	68,353	283,325	100	68,353	100	—	—	—	—
雲林縣	603,501	147,424	603,500	99.999	147,422	99.999	4	0.001	2	0.001
嘉義縣	603,318	150,118	603,318	100	150,118	100	—	—	—	—
臺南縣	1,181,794	220,496	1,181,120	99.94	228,303	99.92	674	0.06	193	0.08
高雄縣	457,557	128,140	457,472	99.98	128,122	99.99	85	0.02	18	0.01
屏東縣	465,349	119,475	465,349	100	119,475	100	—	—	—	—
臺東縣	59,285	17,588	59,285	100	17,588	100	—	—	—	—
花蓮縣	126,702	29,449	126,611	99.93	29,434	99.95	91	0.07	15	0.05
澎湖縣	44,694	7,653	44,694	100	7,653	100	—	—	—	—

表 5-9 B

縣別	低地價申報者於公告80% 筆數	佔%	按價公告80～地90%申報者 筆數	佔%	按價申報者公告100%地 筆數	佔%	按價101～120公告%地申報者 筆數	佔%	高地價申報者於公告120% 筆數	佔%
總計	7,697	0.09	4,071,216	48.97	3,777,792	45.45	453,764	5.46	2,377	0.03
臺北縣	1,401	0.11	482,082	38.29	718,312	57.04	56,704	4.50	339	0.03
宜蘭縣	459	0.30	50,432	33.24	94,520	62.42	6,031	3.98	83	0.05
桃園縣	294	0.05	227,856	41.88	254,705	46.81	60,069	11.04	55	0.01
新竹縣	1,549	0.25	184,483	29.40	337,339	53.75	102,385	16.31	291	0.05
苗栗縣	1,052	0.18	329,591	56.54	241,119	41.36	10,875	1.87	308	0.05
臺中縣	329	0.07	187,155	38.09	263,919	53.71	39,412	8.02	93	0.02
彰化縣	74	0.01	338,649	40.55	456,215	54.63	39,943	4.78	139	0.02
南投縣	849	0.30	107,966	38.11	166,568	58.79	7,590	2.68	352	0.12
雲林縣	132	0.02	389,712	64.57	199,902	33.12	13,699	2.27	55	0.01
嘉義縣	177	0.03	554,634	91.93	44,873	7.44	3,619	0.60	15	0.001
臺南縣	572	0.05	751,144	63.55	416,702	35.26	12,617	1.07	85	0.01
高雄縣	158	0.03	195,597	42.75	220,413	48.17	41,267	9.02	37	0.01
屏東縣	184	0.04	194,347	41.76	217,671	46.77	52,703	11.33	444	0.10
臺東縣	0	0	14,171	23.90	43,031	72.60	2,076	3.50	7	0.001
花蓮縣	463	0.37	30,490	24.06	91,076	71.88	4,509	3.56	73	0.06
澎湖縣	4	0.01	32,997	73.83	11,427	26.10	265	0.06	5	0.01

（二）第二梯次申報地價成果：第二梯次規定地價地區內，得申報地價的地主共一八一、○二五戶，全部於六十七年十月一日完成申報地價，申報率高達百分之百。在已辦竣申報地價之一、三一八、八九九筆土地中，按公告地價申報者佔百分之八七‧一一；申報地價高於公告地價百分之一百零一至一百二十者佔百分之三‧三七；以公告地價百分之八十至九十九申報者佔百分之九‧三二；高於公告地價百分之一百二十申報者，佔百分之○‧一三。其詳情統計如表 5-10❼：

（三）臺灣省都市土地重新規定地價地區申報成果：臺灣省都市土地重新規定地價地區，應申報地價者共一、三○○、六○○戶，已辦竣申報地價者，計有一、三○○、○○八戶，申報率為百分之九九‧九五；其中按公告地價百分之八十至九十九申報者佔百分之八一‧八三；低於公告地價百分之八十申報者，佔百分之○‧○八；按公告地價申報者，佔百分之十六‧三二；按公告地價百分之一百零一至一百二十申報者，佔百分之一‧七四；高於公告地價百分之一二○申報者佔百分之○‧○三。其詳情統計如表 5-11❽

（四）臺北市重新規定地價申報地價成果：臺北市重新規定地價應申報總戶數為三四四、二七七戶，已辦竣申報者為三三一、三三二戶，申報率為百分之九十六‧二四。其中申報地價超過公告地價百分之一百二十以上者，佔百分之○‧○六；申報地價在公告地價百分之一百零一至一百二十者，佔百分之○‧二○；申報地價在百分之八十一至百分之百者，佔百分之二‧二八；照公告地價百分之八十申報者，佔百分之九

---

❼ 同❹。時間：六十七年十月一日。

❽ 同❹。

表 5-10 A　臺灣省全面全實施平均地權第二梯次規定地價地區申報地價情形統計表

縣別＼項目	私有 筆數	有 戶數	死絕亡戶等五種土地 筆數	土 戶數	應申報土地 筆數	地價申報地戶數	已申報 筆數	申報 %
總計	1,376,210	190,379	57,311	9,354	1,318,899	181,025	1,318,899	100
臺北縣	155,995	10,751	12,393	1,322	143,602	9,429	143,602	100
宜蘭縣	124,379	20,866	11,508	1,998	112,871	18,868	112,871	100
桃園縣	2,200	334	0	0	2,200	334	2,200	100
新竹縣	151,051	15,584	0	0	151,051	15,584	151,051	100
苗栗縣	79,267	10,849	422	84	78,815	10,765	78,845	100
臺中縣	1,074	376	0	0	1,074	376	1,074	100
南投縣	64,818	16,267	164	42	64,654	16,225	64,654	100
雲林縣	269,931	37,006	1,006	190	268,925	36,816	268,925	100
嘉義縣	27,158	3,929	201	154	26,957	3,775	26,957	100
臺南縣	98,003	13,325	630	271	97,373	13,054	97,373	100
高雄縣	96,716	15,764	1,568	319	95,148	15,445	95,148	100
屏東縣	73,837	13,869	78	14	73,759	13,855	73,759	100
臺東縣	61,435	9,979	425	129	61,010	9,850	61,010	100
花蓮縣	5,647	1,269	139	44	5,508	1,225	5,508	100
澎湖縣	164,699	20,211	28,777	4,787	135,922	15,424	135,922	100

表 5-10 B　臺灣省全面實施平均地權第二梯次規定地價地區申報地價情形統計表

項目 縣別	地價戶數	%	已申報地價 低地申報者於公告80%	佔 %	按價申報者公告80~99地%	佔 %	按價申報者公告100%地	佔 %	按價報者公告101~120%地	佔 %	高地價報者於公告120%申	佔 %
總計	181,025	100	955	0.07	122,829	9.32	1,148,859	87.11	44,488	3.37	1,768	0.13
臺北縣	9,429	100	78	0.05	31,514	21.95	108,365	75.46	3,529	2.46	116	0.08
宜蘭縣	18,868	100	22	0.02	8,865	7.85	99,286	87.96	4,682	4.15	16	0.02
桃園縣	334	100	0	0	104	4.70	2,074	94.30	22	1.00	0	0
新竹縣	15,584	100	141	0.09	6,192	4.10	144,328	95.55	344	0.23	46	0.03
苗栗縣	10,765	100	488	0.62	15,153	19.22	60,375	76.57	2,797	3.55	32	0.04
臺中縣	376	100	0	0	69	6.42	378	35.20	627	58.38	0	0
南投縣	16,225	100	40	0.06	4,411	6.82	52,897	81.82	7,233	11.19	73	0.11
雲林縣	36,816	100	31	0.01	20,441	7.60	245,562	91.31	2,886	1.07	50	0.01
嘉義縣	3,775	100	11	0.04	2,691	9.98	15,886	58.93	6,971	25.86	1,398	5.19
臺南縣	13,054	100	126	0.13	10,726	11.02	85,490	87.79	1,014	1.04	170	0.02
高雄縣	15,445	100	17	0.02	4,939	5.19	81,385	85.54	8,756	9.20	510	0.05
屏東縣	13,855	100	0	0	5,501	7.46	63,811	86.51	4,447	6.03	0	0
臺東縣	9,850	100	0	0	1,054	1.73	59,123	96.91	830	1.36	30	0.00
花蓮縣	1,225	100	0	0	157	2.85	5,324	96.66	27	0.49	0	0
澎湖縣	15,454	100	1	0.00	11,012	8.10	124,575	91.65	323	0.24	11	0.01

表 5-11A 臺灣省六十七年重新規定地價地區地價申報情形統計表

縣市別	私有 筆數	私有 戶數	有土地 死絕戶等五等耕地 筆數	有土地 死絕戶等五等耕地 戶數	應申報土地 筆數	應申報地價 戶數	已申報 筆數	已申報 %	已申報地價 戶數	已申報地價 %
總計	4,778,049	1,323,179	120,820	22,579	4,658,229	1,300,600	4,656,505	99.96	1,300,008	99.95
臺北縣	1,103,372	255,981	38,188	10,111	1,065,184	245,870	1,065,160	99.99	245,857	99.99
宜蘭縣	116,532	32,186	12,037	2,983	104,495	29,203	104,475	99.98	29,200	99.99
桃園縣	178,264	76,996	1,520	378	176,744	76,618	176,674	99.96	76,599	99.98
新竹縣	198,218	49,639	2,948	856	195,270	48,783	194,938	99.83	48,709	99.85
苗栗縣	71,570	23,307	557	219	71,013	23,088	71,013	100	23,088	100
臺中縣	544,576	95,837	1,393	786	543,183	95,057	543,183	100	95,057	100
彰化縣	537,908	77,926	49,350	1,676	488,558	76,250	488,292	99.95	76,220	99.96
南投縣	128,980	36,654	250	102	128,722	36,552	128,718	99.99	36,550	99.99
雲林縣	98,604	25,841	535	220	98,069	25,621	98,030	99.96	25,620	99.98
嘉義縣	270,890	63,083	1,195	768	269,695	62,315	269,695	100	62,315	100
臺南縣	193,001	45,221	613	190	192,388	45,031	192,384	99.99	45,030	99.99
高雄縣	177,024	50,533	716	272	176,308	50,261	176,308	100	50,261	100
屏東縣	144,418	47,381	421	256	143,997	47,125	143,997	100	47,125	100
臺東縣	20,301	9,775	169	47	20,132	9,728	20,132	100	9,728	100
花蓮縣	42,751	16,483	348	134	42,403	16,349	42,387	99.96	16,345	99.98
澎湖縣	5,321	2,620	65	25	5,256	2,595	5,256	100	2,595	100
基隆市	114,891	34,712	1,315	406	113,576	34,306	113,560	99.99	34,300	99.98
臺中市	285,000	98,883	6,667	1,332	278,333	97,551	277,637	99.75	97,317	99.76
臺南市	288,572	96,516	947	521	287,625	95,995	287,466	99.94	95,863	99.86
高雄市	258,856	183,605	1,578	1,303	227,278	182,302	257,200	99.97	182,229	99.96

表 5-11 B 臺灣省六十七年重新規定地價地區地價申報情形統計表

縣市別	未申報地價 筆數	%	戶數	%	低地價申報者於公告80% 筆數	佔%	按公告地價80~90%申報者	佔%	按公告地價100%申報者	佔%	按公告地價101~120%申報者	佔%	高地價申報者於公告120%	佔%
總計	1,724	0.04	592	0.05	3,887	0.08	3,810,499	81.83	759,694	16.32	80,958	1.74	1,467	0.03
臺北縣	240	0.01	130	0.01	708	0.07	837,755	78.65	221,389	20.78	4,876	0.45	432	0.04
宜蘭縣	20	0.02	30	0.01	20	0.02	88,787	84.98	13,214	12.65	2,352	2.25	102	0.10
桃園縣	700	0.04	190	0.02	1,313	0.70	130,716	74.00	39,974	22.70	4,419	2.50	252	0.10
新竹縣	332	0.17	740	0.15	765	0.39	140,024	71.83	51,356	26.35	2,757	1.41	36	0.02
苗栗縣	0	0	0	0	115	0.16	59,258	83.45	10,450	14.72	1,154	1.62	36	0.05
臺中縣	0	0	0	0	113	0.02	437,796	80.60	103,750	19.10	1,489	0.27	35	0.01
彰化縣	266	0.05	300	0.04	37	0.00	344,518	70.56	109,404	22.41	34,309	7.03	24	0.00
南投縣	40	0.01	20	0.01	9	0.01	83,761	65.07	41,581	32.31	3,335	0.59	32	0.02
雲林縣	39	0.04	10	0.03	33	0.03	81,681	83.32	12,532	12.78	3,780	3.86	4	0.01
嘉義縣	0	0	0		99	0.04	238,500	88.43	29,409	10.91	1,601	0.59	86	0.03
臺南縣	40	0.01	10	0.01	34	0.01	158,117	82.19	26,439	13.74	7,697	4.00	97	0.05
高雄縣	0	0	0		0	0	151,717	86.05	18,549	10.52	5,947	3.37	95	0.06
屏東縣	0	0	0		22	0.01	129,449	89.90	11,622	8.07	2,882	2.00	22	0.02
臺東縣	0		0		0		15,934	79.15	4,082	20.28	116	0.57	0	0
花蓮縣	16	0.04	4	0.02	5	0.01	32,266	76.12	9,198	21.70	899	2.12	19	0.05
澎湖縣	0		0		0		4,973	94.61	272	5.18	11	0.21	0	0
基隆市	16	0.01	60	0.02	246	0.22	99,852	87.92	11,702	10.30	1,673	1.47	87	0.08
臺中市	696	0.25	234	0.24	251	0.09	240,234	86.53	36,015	12.97	1,082	0.39	55	0.02
臺南市	159	0.06	132	0.14	72	0.02	283,172	98.51	3,824	1.33	351	0.12	47	0.02
高雄市	78	0.03	730	0.04	45	0.00	251,989	92.97	4,932	1.92	228	0.11	6	0.00

七‧一九；低於公告地價百分之八十者，佔百分之〇‧二七。其詳情統計如表5-12⑲：

表 5-12 臺北市六十七年重新規定地價地區地價申報情形統計表

項 目		總 計
應 申 報 地 價	戶 數	344,277
實 申 報 地 價	戶 數	331,332
	%	96.24
已 申 報 地 價 情形分析（戶）	申報地價超過公告地價120%以上	198
	佔 %	0.06
	申報地價在公告地價120%～101%	663
	佔 %	0.20
	申報地價在公告地價100%～81%	7,539
	佔 %	2.28
	以公告地價80%申報地價	322,037
	佔 %	97.19
	申報地價未滿公告地價80%	895
	佔 %	0.27

綜上所述，臺省地區已登記之土地，至此則全數完成規定地價，詳如表 5-13 統計⑳：

---

⑲ 同⑭。

⑳ 資料來源：內政部地政司，六十八年七月統計，另外臺北市六十七年第一次規定地價面積二、四四八公頃未統計在內。

表 5-13 臺灣地區實施平均地權統計表

縣市別 ＼ 項目	總 面 積	全面平均地權第一梯次面積	全面平均地權第二梯次面積	都市平均地權重新規定地價面積
總　　計	1,737,867	1,080,244	480,015	177,608
臺　北　縣	136,801	107,057	21,351	8,393
宜　蘭　縣	57,235	22,433	30,895	3,907
桃　園　縣	94,506	68,844	13,144	12,518
新　竹　縣	87,646	50,284	31,245	6,117
苗　栗　縣	97,290	75,628	20,627	1,085
臺　中　縣	96,338	69,484	8,582	18,272
彰　化　縣	94,536	85,321	—	9,215
南　投　縣	139,926	57,682	78,134	4,110
雲　林　縣	112,317	85,682	24,738	1,897
嘉　義　縣	115,402	92,843	14,479	8,080
臺　南　縣	162,857	136,846	22,403	3,608
高　雄　縣	106,463	67,861	32,267	6,335
屏　東　縣	163,670	78,967	76,794	7,909
臺　東　縣	97,939	25,584	71,416	939
花　蓮　縣	83,103	52,814	25,874	4,415
澎　湖　縣	11,078	2,914	8,066	98
基　隆　市	13,273	—	—	13,273
臺　中　市	16,315	—	—	16,315
臺　南　市	17,576	—	—	17,576
高　雄　市	11,422	—	—	11,422
臺　北　市	22,174	—	—	22,174

　　規定地價工作相當順利，且具成效，實爲施行全面平均地權奠立良好之基石，惟此僅係整體平均地權之初步工作，而其後有關照價徵稅，照價收買，漲價歸公之配合進行，及土地使用之促進等，均有待繼續加強推動與執行，始能達成地權分散地盡其利及地利共享之目標。

第三節　　實施平均地權之成果與檢討

　　平均地權之實施，不論於都市土地，或擴至市地以外之全面土地，其目的均在透過規定地價、照價徵稅、照價收買、漲價歸公及促進土地利用等實施步驟，使地權平均，地盡其利，地利公享。故其具體目標可概括兩方面：[21]

　　一、消極方面

　　（一）消滅土地投機：市地問題之最大者，莫過於土地投機，都市土地所有權過去因無限制，以致地權集中，爲土地投機者所把持操縱，待價而沽，不獨坐享暴利，且妨害都市土地之利用，影響都市建設之發展，威脅大多數人生存權利，而平均地權之實施，乃以消極土地投機，達成地權平均爲主要目的。

　　（二）取締不勞而獲，坐食租息之蛀蟲：　國父云：「若土地之托辣斯，則爲最大者也。故我預防新造之民國，將來不致生出土地之托辣斯。且土地可以世襲，其子孫食稅衣租，無所用心適以窒其知慧，諺所謂『蛀米蟲』者，國家亦何貴有此等人？此等人多，大爲國家之害[22]。」

----

[21]　凌淸遠撰「平均地權之研究」第一四六頁。

[22]　民國元年五月「續論平均地權」一文，見　國父全集第一冊，壹——一八六頁。

（三）減少都市土地買賣，誘導其轉投資於工商業：　國父云：「地權既均，資本家必捨土地投機業，以從事工商，則社會前途，將有無窮之希望。」㉓

二、積極方面

（一）提高市地利用，增進都市建設：都市建設須使都市土地之利用，符合都市計畫之需要，及社會公共福利之要求，方能發揮土地之眞正價值。平均地權之實施，對土地使用卽採全面編定用途，凡應利用而未利用之土地，給予必要之限制與處罰，需要土地而無土地可用者，設法給予利用土地之機會，而不當之使用者，更予嚴格管制，使所有土地均能作合理有效之利用。

（二）實現住者有其屋：都市土地最嚴重者，屋荒問題爲其首，尤以近年來各大都市普遍發生房屋患少而空地多閒之矛盾現象。今後欲解決市民居住問題，一面須鼓勵市民建築房屋，在嚴格管制下，日漸改善租戶制爲住宅自己制。一面則政府應視解決市民之居住問題，爲最重要之責任而廣建國宅。

（三）確保地利共享，改善人民生活：都市工商業發展，人口增加，地價亦隨之上漲，以往此種土地自然增值，均爲地主所有，成爲貧富懸殊之根本原因；而平均地權實施後，採土地增值稅制度，以高額累進稅率，課徵增值稅，將土地之自然漲價，依法收歸公有，促進都市繁榮，增進人民福利。

我國土地改革於市地方面，自四十五年起，施行都市平均地權至六十六年而擴及全面土地。實施以還，對上所述之具體目標曾發揮極大之成效；惟執行過程中，亦不乏行政上之偏差而待加強改進者；茲分兩方面列舉說明如下：

㉓　民國元年五月「平均地權」，見　國父全集第一册，壹——一八五頁。

壹、實施平均地權之成果

一、分散地權促進土地利用

自近代都市出現後，每因人口密集，設備周至，交通方便，而成爲工商業之中心。復因市地範圍有限，其建築用地之地位特性，易成爲投機之標的；爲防止大地主掌握大量土地而不加利用，壟斷居奇，危害社會，平均地權條例即規定，以累進稅方式課徵地價稅，寓意加重大地主之負擔，致其於地價愈高，地稅負擔愈重大，自動將其土地分割出售，增加都市土地之供應，便利需用土地人取得土地，而使都市地權分散，促進土地之利用。其地權分散情形之抽樣統計如表 5-14：**㉔**

表 5-14A　臺灣省四個省轄市實施平均地權後地權情形統計表

年期 \ 項目 \ 轄市別	基　隆　市	臺　中　市	臺　南　市	高　雄　市
五十九年 實施面積（公頃）	12,725.3045	3,734	14,929.8402	9,079.291
五十九年 戶　數（戶）	15,356	49,807	57,361	59,675
五十九年 筆　數（筆）	53,571	124,869	112,804	118,379
六十四年 實施面積（公頃）	13,073.2763	14,404	15,507.414	9,715.7387
六十四年 戶　數（戶）	27,365	68,229	82,935	108,802
六十四年 筆　數（筆）	68,144	175,911	163,298	221,635
六十七年 實施面積（公頃）	13,073.2763	14,404	15,535.2983	11,021.4036
六十七年 戶　數（戶）	35,030	98,883	96,908	126,496
六十七年 筆　數（筆）	7,500	277,637	179,367	310,227

㉔　資料來源：內政部地政司。表列之戶係以土地登記簿上所載之土地所有權人爲準。

表 5-14 B　臺北市舊地區 規 定 地 價 / 重新規定地價 戶數統計表

年期	戶數（戶）	與五十三年比較增加戶數	與五十三年比較增加百分比（一％）	舊 市 區 名 稱
五十三	50,216			松山、大安、古亭、雙園、龍山、城中、建成、延平、大同、中山等十個行政區。
五十七	82,725	32,509	65	
六十三	189,855	139,639	178	
六十七	226,578	176,362	251	

表 5-14 C　臺灣省七十一～七十三年度地價稅徵收戶數統計表

年 度	戶 數	面 積（公頃）	平均每戶課稅土地面積（公頃）
七十一	2,144,633	59,688.3621	0.0278
七十二	2,327,590	62,411.6875	0.0268
七十三	2,430,350	63,950.6653	0.0263

表 5-14D　臺北市七十一～七十三年度地價稅徵收戶數統計表

年　度	戶　　數	面　　積 （公頃）	平均每戶課稅土地面積 （公頃）
七十一	453,758	4,514.0751	0.0099
七十二	473,988	4,066.6832	0.0086
七十三	493,835	4,166.4632	0.0084

表 5-14E　高雄市七十一年度至七十三年度地價稅徵收戶數統計表

年　度	戶　　數	面　　積 （公頃）	平均每戶課稅土地面積 （公頃）
七十一	202,141	4,994	0.0247
七十二	212,435	4,994	0.0235
七十三	216,032	5,368.03	0.0248

　　其次，因累進地價稅之課徵，都市土地之集約利用，亦日益普遍，商業繁榮地區，因地價高，地價稅重，地主們將地面上舊有房屋拆除改建高樓者，到處可見。而由上表，亦可看出同一地區戶數之增加，具見累進課徵地價稅，對促進都市土地之集約利用，業已收到預期效果。

　　二、課徵地稅增裕財政收入

表 5-15　臺灣地區實施平均地權地區歷年地價稅收土地增值稅收入統計表

年度	總計	地價稅 合計	地價稅 臺灣省	地價稅 臺北市	地價稅 高雄市	土地增值稅 合計	土地增值稅 臺灣省	土地增值稅 臺北市	土地增值稅 高雄市
合計	267,155,299	85,576,558	49,959,794	27,446,245	8,170,519	181,578,741	107,280,471	61,391,190	12,907,080
45	164,132	155,849	155,849			8,283	8,283		
46	200,128	170,056	170,056			30,072	30,072		
47	132,285	75,815	75,815			56,470	56,470		
49	166,651	74,176	74,176			92,475	92,475		
50	234,938	81,215	81,215			153,723	153,723		
51	186,079	74,168	74,168			111,911	111,911		
52	178,747	74,384	74,384			104,363	104,363		
53	160,227	78,233	78,233			81,994	81,994		
54	252,465	227,380	227,380			25,085	25,085		
55	411,910	386,042	386,042			25,868	25,868		
56	486,246	400,828	400,828			85,418	85,418		

57	932,824	433,603	200,261	233,342		499,221	284,161	215,060	
58	1,938,267	1,104,820	572,244	532,576		833,447	502,222	331,225	
59	2,056,845	1,266,497	631,528	634,969		790,348	453,452	336,896	
60	2,202,122	1,235,317	657,148	578,169		966,805	544,252	422,553	
61	2,348,863	1,307,626	723,115	584,511		1,041,237	626,413	414,824	
62	3,298,122	1,441,679	786,370	655,309		1,856,443	1,279,843	576,600	
63	3,889,640	1,460,741	798,918	661,823		2,428,899	1,714,548	714,351	
64	4,054,602	1,438,097	792,994	645,103		2,616,505	1,772,591	843,914	
65	8,682,410	2,987,898	1,835,002	1,152,896		5,694,512	3,864,176	1,830,336	
66	10,648,153	3,950,408	2,430,396	1,520,012		6,697,745	3,893,643	2,804,102	
67	14,630,972	5,053,215	3,117,287	1,935,928		9,577,757	5,683,811	3,893,946	
68	23,219,468	9,256,929	6,211,586	3,045,343		13,962,539	9,970,891	3,991,648	
69	26,091,571	10,387,572	5,668,969	3,130,654	1,587,949	15,703,999	8,806,260	5,128,115	1,769,624
70	34,790,898	10,524,491	5,799,717	3,108,467	1,616,307	24,266,407	13,932,846	7,981,118	2,352,443
71	39,982,450	10,509,496	5,799,409	3,068,564	1,641,523	29,472,954	17,900,423	9,150,230	2,422,301
72	39,732,997	10,663,636	6,008,992	3,006,161	1,648,483	29,069,361	16,177,140	10,156,737	2,735,484
73	46,085,287	10,756,387	6,127,712	2,952,418	1,676,257	35,324,900	19,098,137	12,599,535	3,627,228

　　都市平均地權實施地區， 於民國四十五年推行之始， 僅有五十九處， 面積只一萬八千餘公頃，全年徵收地價稅一億五千餘萬元，土地增值稅八百二十餘萬元。嗣經民國五十七年、五十八年、五十九年及六十三年多次擴大實施地區，截至六十四年底止，全部實施地區已增至一○九個市、鎮（鄉）（除臺省外，尚包括臺北市），面積擴至十七萬七千餘公頃；而民國六十六年度全年地價稅收入爲三十九億五千餘萬元，增值稅收入爲六十六億九千餘萬元，與民國四十五年開始時比較，實成長快速。累計歷年地價稅至七十四年度（七十三年十二月卅一日）收入爲八百五十五億七千六百萬餘元，土地增值稅收入爲一千零七十二億八千萬餘元，對政府財政之挹注確有莫大之貢獻。歷年來地價稅與土地增值稅之收入統計如表 5-15: ㉕

　　從上表地價稅及土地增值稅繳納相互間之消長，分析得知:

　　地價稅方面:

　　（一）四十五年及四十六年之地價稅收均高達一億五千萬以上，而四十七年之收入反較前兩年減少，是因四十七年第一次條例修正，爲促進土地利用計，乃降低稅率，從原定千分之十五減爲千分之七，故稅收亦隨之減少。

　　（二）五十三年修正條例後，（五十四）年度地價稅直線增加二倍餘，高達二億二千餘萬元，則係因基本稅率自千分之七提高爲千分之十五，實施面積擴大與重新規定地價之關係。

　　（三）五十七年復重新規定地價，辦理基隆市等六十五處，面積計五七、一一四公頃，故五十八年度地價稅收增爲十一億餘元。

㉕　資料來源: 內政部地政司、統計處，暨財政部賦稅統計年報。時間: 四十五年至七十三年底，單位爲千元。

（四）六十七年全面實施平均地權，臺灣地區已登記之土地，全數完成規定地價，六十八年度地價稅較前一年增加近一倍，高達九十二億五千萬餘元。

土地增值稅方面：

（一）臺省於民國四十五年八月一日起開徵土地增值稅，前五年其稅收逐年增加，尤以五十年為最高峯，較四十五年之增加幾達十八倍，究其原因有二因素：一為地價逐年上漲，土地增值亦隨之俱增。二為土地移轉件數逐年增多，土地增值由虛幻之數變為實現數增加。

（二）五十一年後稅收逐年下降，此因地價上漲幅度較少，交易稀少所致。

（三）五十四年之稅收較之五十年，則減收達六倍之鉅，其主要原因在五十三年修改條例，側重於地價稅之課徵，而土地增值稅以重新規定地價為計算基數，造成原地價與重新規定地價間之漲歸價私，於五十三年前，平均年收一億以上，到五十四年僅收二千五百萬元，頗影響民生主義平均地權之基本國策。

（四）五十七年稅收復增，五十七年因第三度修正條例，防止增值逃稅，加強課徵，致其稅收幾達五億元之鉅，為歷年之冠。

（五）六十五年以後，土地轉移數增加，又因六十七年全面規定地價，土地增值稅不僅穩健成長，且快速增加。

三、增進福利廣建國民住宅

政府徵收地價稅及土地增值稅收入均用於辦理：

（一）育幼、養老、救災、濟貧、衞生等公共福利事業。

（二）興建國民住宅。

（三）興建市區道路，上下水道等公共設施。

（四）興辦國民小學等國民教育。

可見政府實施平均地權後所徵收之地價稅及土地增值稅全數均用於改進人民生活及增進社會福利事業，目的在使每一國民皆可平等享受土地之利益，眞正達到地利共享之目標。

　　至其稅收之分配，臺北市係統籌統支方式用於上述各項福利事業，而臺省地價稅收入則百分之四十五用於國民教育；百分之一七‧五用於社會福利；百分之三二‧五用於公共設施；百分之二十用於國民住宅。其中以國民住宅之興建，自四十四年起，政府卽開始推動，於六十四年特別立法公布「國民住宅條例」，並於七十一年七月再度修正，積極實施，歷年來興建之戶數統計如表 5-16[26]：

　　四、重劃市地促進都市發展

　　都市之健全發展，有賴於健全之都市計畫，但因都市計畫每爲紙上作業，係一種建設藍圖；故計畫擬定後，最重要者乃使計畫得以實現；而都市計畫之實現除需眾多公共設施用地外，亦要有龐大之建設費用，更須使構成街區之各宗土地形狀完整且排列有序，始能作合理使用。然而都市計畫本身並不具調整天然產權，籌備都市建設經費及重新分配土地等功能；因此，都市之健全發展，實賴市地重劃與區段徵收之實施。

　　近年來經濟繁榮，工商業發達，可供建築使用之土地日益迫切，爲應都市建設需要，政府乃依條例規定，積極以市地重劃方式，進而促進都市發展及市地合理使用。市地重劃之目的，在使都市土地因地形不整或畸零細碎，高低不平，不能建築使用者，以市地重劃方式辦理交換分合，重新劃定經界，以期地盡其利。同時亦可節省政府建設費用，提供立可建築之用地及完成道路、上下水道、橋樑、鄰里公園、廣場、市場等公共設施，以加速達成都市發展之目的。至市地重劃於民國四十七年

―――――――――

[26]　資料來源：內政部統計處、營建署。時間：民國四十四年至七十三年底。

表 5-16　臺灣地區歷年興建國民住宅統計表

地　　區 年　度	臺　灣　省	臺　北　市	高　雄　市	合　　計
總計戶數				236,840
44～50				37,098
51～55				35,914
56～60				36,706
61				1,340
62				1,503
63				6,829
64				9,420
65				5,868
6 6	1,555	593	0	2,148
6 7	6,157	170	232	6,559
68	1,347	1,967	3,286	6,600
69	4,975	1,355	0	6,330
70	7,990	837	829	9,656
71	6,930	3,956	2,749	13,635
72	18,055	6,182	2,092	26,329
73	11,897	10,014	1,103	23,014
74	3,001	3,951	939	7,891

首由高雄市開辦，隨後其他縣（市）繼續推展，至七十三年底，辦理面積五、九三一公頃，提供公共設施用地一、八六六公頃，節省政府建設經費約八二九億餘元，詳如表 5-17 統計：㉗

㉗　資料來源：內政部地政司。時間：民國四十八年至七十三年底止。

表 5-17 臺灣地區辦理市地重劃績效統計表

單位: 面積: 公頃
金額: 千元

項目別 \ 地區別		總　計	臺 灣 省	臺 北 市	高 雄 市
辦 理 區 數		115	68	24	23
辦 理 面 積		5,931	3,741	522	1,668
提 供 建 築 用 地 面 積		4,065	2,671	292	1,102
無償取得公共用地面積	小計	1,866	1,070	230	566
	道路		684	113	
	其他		386	117	
節省政府用地徵購及工程建設費用地價	小計	82,957,425	33,556,703	32,615,219	16,785,083
	用地徵購地價	57,501,004	19,002,317	26,418,861	12,800,389
	工程建設費用	24,445,744	14,554,386	6,196,357	3,985,094

　　至於區段徵收係促進都市發展，加強土地充分利用之一種直接有效
途徑， 其方法乃選擇極待發展之都市地區， 將該區之土地予以全部徵
收，重新分宗整理後，出售給需地之人建築使用，如臺灣省於民國五十
九年選擇基隆市安樂社區實施區段徵收面積約四十四公頃，以疏散基隆
市區擁塞之人口，並完成各種公共設施之興建，以促進都市建設；臺北
市亦於民國五十九年擇定華江地區辦理區段徵收，面積約有十二公頃.

六十八年又辦理一四○高地區段徵收面積六十六公頃。

貳、實施平均地權之檢討

平均地權之實施，其具體之成果已列舉統計如上所述，至於實施過程中，或執行不力，或行政偏差，其有待加強改進者，再分析檢討如下：

一、關於規定地價問題

現行規定地價之方法係由政府分別區段、地目、調查一年之市價或收益價格，劃分區段及計算區段地價，提請地價評議委員會評議後公告，而土地所有權人申報地價時，僅能在公告地價百分之二十以內爲增減，故規定地價每以政府調查評定公告之地價爲準；復以每三年才重新規定地價（必要時得延長），因此政府每年須編製土地現值表一次，提經地價評議委員會評定後公告，作爲主管機關審核土地移轉現值，課徵土地增值稅及補償徵收土地地價之依據。

以上政府公告之地價與土地現值表，爲顧及人民負擔並免影響刺激物價上漲，往往偏低而與市價有相當之差距。但政府徵收私有土地，依條例第十條規定，只能按公告土地現值給予補償，而政府出售公有土地，則照國有財產法有關規定，按公告現值加成或加倍讓售或公開標售，致兩者價格相差懸殊，而有「大秤買進，小秤賣出」之議。更有甚者，如高雄市之具體案例：同一所有權之土地，被徵收時，每坪補償地價爲一千元，三年後市政府以畸零地讓售，每坪竟開價七萬一千元❷，如此「低價買進，高價賣出」，實甚難取信於民。又照條例規定，公告現值爲計算自然漲價之基準，今以偏低之公告現值課徵土地增值稅，必

---

❷　見六十九年五月二日中國時報。

使漲價歸私。故公告地價與土地現值偏低問題，應切實檢討改進。

二、關於建、雜等非農地公告地價之標準問題

都市近郊，衛星市鎮，道路兩旁之建、雜等地目之土地買賣移轉較多，調查買賣實例較易，以此種地價為基礎，所評定之公告地價與市價較接近。此等地目之非農地原課徵田賦，實施全面平均地權改徵地價稅後，地價稅較課徵田賦加重甚多。例如：臺中縣潭子鄉建地目土地，原課徵田賦者，改徵地價稅後，公告地價每坪方公尺有自一、五〇〇元至六、〇〇〇元（約合每坪五、〇〇〇至二〇、〇〇〇元）。地價稅將較原來田賦負擔增加二‧五倍，以至二十三倍，土地所有權人突然增加負擔，一時頗難適應㉙。

三、關於土地買賣移轉漲價歸公問題

土地買賣移轉，地主依理應按真實買賣市價申報，但依目前法令解釋，只要按公告現值申報卽可。稅務機關亦如此明文解釋。目前情況，都市地區土地公告現值，常低於買賣市價之一倍，故土地增值稅實際徵收之平均稅率，僅為百分之二十五以下。則土地自然漲價有百分之七十五以上歸私，此為今日造成土地投機之根本原因。為徹底消除土地投機，除逐漸提高土地增值稅率外，應先將土地之公告現值調整與最近之土地買賣市價相符，公告地價亦應以最近之土地買賣市價為準。則漲價才能全部歸公，達到民生主義的目的。

四、關於未能照價收買問題

按條例規定，照價收買土地之時機有五，其成為貫徹照價徵稅，漲價歸公，與促進土地使用之利器，本書第四章第三節已有詳述，自應貫徹執行，以利平均地權之實施。其中尤以申報地價低於公告地價百分之

㉙　內政部編印「當前土地政策研議專案」第八十六頁，七十一年五月。

八十，意圖逃漏地價稅者爲甚；因此低報地價之照價收買更具執行之重要性；而此項工作係於每次規定地價或重新規定地價後，再以辦理。

　　觀前面所述，實施都市平均地權階段，臺灣省照價收買之面積實爲有限，效果不彰；自全面平均地權實施以來，臺省第一梯次規定地價地區，低報之土地筆數爲一一、○○○筆（持分筆），施行照價收買者僅有四十八筆（持分筆），面積一三、三一七平方公尺，占百分之零點四❸ 。其餘百分之九九・六低報部分，均一律硬性依公告地價百分之八十代爲申報，此與平均地權政策不無牴觸。按土地法第一五七條之規定，如果土地所有人認爲標準地價（公告地價）過高，而不能在增減百分之二十範圍內申報，亦得請求按公告地價收買其土地，既然按情、理、法，均應實行照土地所有人低報之地價收買，或接受其請求按公告地價收買其土地，而竟猶豫不予照價收買，實爲執行政策之偏差，有待克服困難，徹底執行照價收買。

　　五、關於都市土地暫作農業用地問題

　　平均地權條例第二十二條，都市土地在公共設施尚未完竣前，可暫作農業用地，並仍課徵田賦，這一規定，亟宜客觀加以檢討修訂，否則不僅稅負不平，且助長土地投機。凡土地應否課徵田賦，或改徵地價稅，似應以都市計畫編定之使用土地地目類別爲依據。如經都市計畫編定爲農業區、或農田綠帶，事實上亦作農業使用，此乃法定使用，自應按一般農地標準課徵田賦。如經都市計畫編定爲建築用地，僅因公共設施尚未完成，暫作農業用地，實際上此類土地，已經按將來可能改作建築使用之收益決定買賣的市價，比一般農地之買賣價值，至少要增加十倍以上。又此類土地若位於大都市邊緣或郊區，則比偏遠地區永久作爲

---

❸　內政部檔案「地」類 432, 1/8 卷第二字及 432, 1/9 卷第二宗。

農業使用土地之價值，更高出三十倍以上。為避免行政困擾，故土地劃分後，宜卽按編定之使用類別定眞實地價，改課地價稅，但因增加幅度太大， 為顧及土地所有人心理一時不易適應， 可考慮逐年減成課征辦法，三年之內滿額課徵。

六、關於區段徵收問題

民國四十三年「實施都市平均地權條例」明定: 直轄市及縣市政府得視都市建設發展之需要，選擇適當地區，施行區段徵收。而五十三年第二次修正條例則增列: 政府徵收土地後，應整理分割，分宗出售與需地之人建築使用。至五十七年第三次條例修正，更予加強。但政府自實施都市平均地權以來， 僅辦理三個地區， 始終未曾認眞執行 「區段徵收」、「整理分割」與「分宗出售」，遂致少數土地投機者仍於全省舊有都市之新闢道路及新興都市投機操縱，坐享暴利，殊覺痛心；惟「平均地權條例」已於六十六年修正公布，其區段徵收之規定更為詳盡，誠盼有關當局於此全面實施之際，能力克困難，勉力執行，以和平漸進之方法，達成地權平均，地利公享之目標。

七、關於限制私有尚未建築用地最高面積及限期使用方面

實施都市平均地權條例暨平均地權條例，均限制私有尚未建築之用地，原則上不得超過十公畝之規定，超過此項限額時，應於條例施行二年內自行出售或建築使用，否則應予照價收買，整理後出售與需用土地人建築使用。每次條例修正公布後，主管機關卽依法辦理超額未建築土地調查，並通知限期使用或出售他人建築使用；惟因限於徵收之經費無著，未能辦理徵收超額土地工作，或因都市細部計畫未公布，致執行困難；因而歷次條例修正時，依據調查與通知後，卽停止而未進一步切確執行，致條例之規定有名無實，形同具文。

臺灣省政府為求改進，乃分別於六十八年四月及六十九年元月報奉

發布「臺灣省各縣市空地限期建築使用查定作業程序」及「臺灣省各縣市限制私有尚未建築用地面積最高額作業程序」❸，規定詳細作業，以利推行。臺北市亦於六十八年十二月間，表示對市區未使用之空地將加徵二至五倍空地稅或實施照價收買，最近復正式宣告，於六十九年七月一日起，限期使用❸。此正表示政府下定決心貫徹政策；但亦顯示主管機關二十餘年來之延宕執行，迄於六十八、六十九年間始有統一作業之規定，或定下使用期限。今後寄望各縣市政府依條例及該兩項作業程序，於執行時，共體時艱，克盡其職，以期達成都市土地地盡其利與合理使用之目的。

八、關於設置平均地權基金問題

照價收買、區段徵收，及市地重劃，皆為實施平均地權，促進地盡其利之重要手段；現行條例對諸項工作已作詳明規定，惟縣市政府均以經費困難而未積極辦理，令人扼腕嗟嘆。

關於經費問題，前於研擬平均地權條例立法原則時，鑒於實施都市平均地權之地價稅與土地增值稅收入，為數頗可觀，曾考慮訂定專條：「由省市政府指撥土地稅之若干成數設置實施平均地權基金，供縣市政府循環應用，為實施照價收買，區段徵收，市地重劃及超額土地徵收之需。」惟因土地稅收多用於實施九年國教及興辦社會福利事業，致土地稅收提成設置基金未能納入條例，僅於研訂平均地權條例施行細則時，有設置實施平均地權基金之補救規定。省市政府並照施行細則分別於六十七年五月及六十六年十一月發布「臺灣省實施平均地權基金設置及管理運用辦法」與「臺北市實施平均地權基金設置管理辦法」，以利籌措

---

❸　內政部檔案「地」類 432, 1/8 卷第三宗及 432/43 卷第一宗。

❸　見六十九年四月五日自立晚報。

基金；預備各以十二億與十億爲目標。然該項基金多數依賴政府指撥專款提供，臺灣省卽因財源有限，無法鉅額指撥，曾一度併入綜合建設基金統籌運用，惟經內政部協調，於六十九年五月間再行恢復設置。❸今後省市政府應寬籌經費，充裕基金財源，專款專用，貸放縣市政府，以加速推動照價收買、市地重劃及區段徵收等工作，貫徹平均地權有效使用土地之政策。

---

❸ 見六十九年五月六日聯合報。

第六章　平均地權條例之修正

第一節　修正草案之研擬

壹、政策之釐定

平均地權條例於民國六十六年二月公布實施，旨在全面實施平均地權，以實現地盡其利，地利共享之目標。據此，臺灣地區辦竣地籍測量登記之土地，於民國六十六年、六十七年分兩梯次規定地價，其實施概況已如前章所述。惟土地問題係時代性之問題，近年來，國家經濟持續發展成長，人口快速增加，土地需求日殷，而土地資源有限，致土地問題日趨複雜；亟須釐定新土地政策，透過完善之立法，以處理新產生之土地問題。

一、當前土地政策之研議

（一）研議經過

「規定地價」、「照價徵稅」、「照價收買」、「漲價歸公」是實施平均地權之四大方法。因而地價與地稅之合理與否，是實現「地盡其利」、「地利共享」之主要關鍵。六十六年全面實施以還，應就當前土

地政策加以研討，行政院曾多次指示❶ 如下：

1.　六十七年十月五日第一五九八次院會孫院長指示：

「關於申報地價之方式及有關規定，有人建議凡同意以公告地價之八成爲申報地價者，可不須再辦理申報手續，以節省人力物力；以及申報地價低於百分之八十者，政府並未一律照價收買，且仍照公告地價之八成計徵地價稅，有失情理之平，希望改進。此兩點請內政部研究。」

2.　六十八年六月十一日孫院長聽取內政部一年來工作重點報告後指示：

「土地如何加強管理、利用及與土地政策有關的地價、土地稅等問題，應與財政部等有關單位再徹底檢討，邀請專家協助研究，提供意見，作爲政策性的指導，務使多年來有些不易解決的問題，獲得解決。」

3.　六十八年八月九日第一六四三次院會決議：

「關於土地稅之稅制應如何合理確定，以達成地利共享，漲價歸公之目標，多年來各方面時有不同意見，亟須作深入廣泛之研究探討，決定共同的信念與作法，據以有系統的修正有關之土地法規，請內政部會同財政部邀請有關機關代表及專家學者加以商討之後，提出研究報告提請院會討論。」

4.　六十九年六月九日孫院長蒞臨內政部聽取簡報後指示：

「全盤檢討土地政策，積極興建國民住宅，就都市土地利用，農地重劃等方面，研究整體政策，以解決各種土地問題，對國民住宅之興建，應貫徹計畫，切實辦理。」

內政部遵照上開指示，蒐集資料，廣泛探討，初擬「平均地權地價地稅問題改進方案」及「平均地權地價地稅問題討論題綱」，於六十八

---

❶ 內政部編印：「當前土地政策研議專集」第十九頁，七十一年五月。

年起先後召開六次會議，邀集行政院研考會、經建會、秘書處，財政部、法務部、省市地政、財稅機關及對地政、財稅有專門研究之專家學者蕭錚先生等共十五位，廣泛交換意見，溝通觀念，歸納整理成「當前土地政策之檢討與建議」，分別於：

（一）六十九年八月十三日第一次報院，行政院於同年十二月十八日第一七一二次院會核復再整理。

（二）七十年五月二日第二次報院，行政院於同年六月二十五日第一七三六次院會核復再整理。

（三）七十年八月二十日第三次報院，行政院於同年十月一日第一七五〇次院會決議：「本案內政部會同財政部再加整理之『當前土地政策之檢討與建議』照案通過，其中第十項照會商結論之乙案辦理。請內政、財政兩部據以迅行將平均地權條例及土地稅法修正報院核辦」。現階段平均地權之土地政策因而確定❷。

　　　（二）政策原則

行政院確定之現階段平均地權土地政策，其中不乏重大變革者，如土地增值稅由漲價倍數累進課徵改按漲價金額累進課徵等，其主要內容如左：

一、關於定期重新規定地價及公告現值制度存廢問題：

結論：（一）維持現行公告地價及公告現值制度，但公告時，應力求接近市價。

---

❷　詳見①內政部六十九年八月十三日臺內地字第四一二八七號函、七十年五月二日臺內地字第一七七五五號函、暨七十年八月二十日臺內地字第三四七一一號函。②行政院六十九年十二月二十六日臺六十九內第一四九四一號函、七十年七月二日臺七十內第九一八五號函、暨七十年十月八日臺七十內第一四四六〇號函。

（二）規定地價後每三年重新規定地價一次，但必要時得延長或縮短之。

二、關於公告地價及公告現值如何接近市價問題。

結論：（一）檢討修正現行地價查估法令及評議制度。

1. 查估地價，應以調查當時之「買賣市價」及「收益價格」作爲評定新地價之主要依據，俾能反映地價之實況。

2. 強化評議會之組織，增聘專家學者參與評議。

3. 公告土地現值，每年辦理一次，並明定每年七月一日爲公告日期。

（二）公告現值，由省市政府自六十九年起，分三年調整接近市價。

（三）公告地價接近市價時，地價稅之稅率應酌予降低，在未修法前，而重新規定地價時，可依土地法第一九三條規定，適度減低應納地價稅之成數，以緩和民衆對地價稅增加之反應。

三、關於如何建立不動產估價制度問題。

結論：（一）制定不動產估價法，統一估價機關權責及評價基準，使估價結果不致於懸殊。

（二）建立不動產估價師制度，以強化地價查估之技術，並賦予估價師超然獨立之地位，以應社會經濟活動之需要。

（三）對不動產估價專業人員之培養，應先利用國內有關機關自辦訓練，必要時並得派員考察美、英、日、韓、澳等國之不動產估價制度，以作爲改進我國估價制度之借鏡。

四、關於如何簡化申報地價手續問題。

結論：（一）土地所有權人對公告地價無異議者，可免予申報，即以公告地價爲其申報地價，並按公告地價之八成課徵地價稅。

（二）土地所有權人對公告地價不同意者，須提出申報，依平均地權條例第十六條第二項之規定處理。

五、關於如何合理改善徵收土地補償地價問題。

結論：依平均地權條例第十條規定辦理（即政府於依法徵收時，應按照徵收當期之公告土地現值，補償其地價）。

六、關於低報地價土地如何處理問題。

結論：（一）純為逃稅而低報地價者，應由政府切實照價收買，以遏阻投機心理。

（二）低報地價土地，政府不實施照價收買時，應通知所有權人依照左列規定辦理：

1　如屬供公共使用者，依照土地稅減免規則有關條款規定，可申請免稅。

2. 如屬公共設施保留地，依土地稅法第十九條之規定，都市計畫公共設施保留地，在保留期間仍為建築使用者，除自用住宅用地依法得享受優惠稅率外，統按千分之八計徵地價稅，其未作任何使用並與使用中之土地隔離者，免徵地價稅。

3. 如屬被違建占用者，依土地稅法第四條規定，土地所有權人可申請稽徵機關指定由占用人代繳其使用部分之地價稅。

4. 如屬有糾紛權屬不明或無人管理者，亦可依照前項稅法規定，由使用人代繳地價稅。

5. 如屬畸零地者，有關權責機關，可依據畸零地使用規則有關規定，予以調處合併使用，調處不成時，得由政府代為標售。

七、關於地價稅究宜採累進稅率抑或比例稅率及累進起點地價之計算標準問題。

結論：（一）地價稅之稅率仍維持現行累進稅率，但工業用地、公

有土地、礦業用地、私立公園、動物園、體育館場用地、加油站及立體
停車場用地、寺廟教堂用地、政府指定之名勝古蹟用地，均按基本稅率
課徵不予累進。

　　　　（二）累進起點地價之計算標準，　直轄市及省之各縣市均維持現
制，以七公畝之平均地價為準。

八、關於地價稅之稅率如何改進問題。

　　結論：　（一）基本稅率降低為千分之十。

　　　　（二）累進級距由原定 六級改為五級，　但因基本稅率 降低千分之
五，故最高稅率亦由千分之七十降為千分之五十五。

　　　　（三）自用住宅用地稅率降低為千分之四，公共設施保留地稅率降
低為千分之八。

九、關於土地增值稅課徵標準及其稅率結構問題。

　　結論：　（一）土地增值稅改按漲價金額累進課徵，土地漲價總金額
在新臺幣二百萬元以下者為首級，分四級累進稅率課徵。卽：

　　第一級：漲價在新臺幣二百萬元以下者課徵百分之四十五。

　　第二級：漲價超過二百萬元至三百萬元部分課徵百分之五十。

　　第三級：漲價超過三百萬元至四百萬元部分課徵百分之五十五。

　　第四級：漲價超過四百萬元部分課徵百分之六十。

　　　　（二）土地增值稅改按漲價金額累進係屬改革措施，在平均地權條
例中僅作概括規定，而其累進結構則宜在土地稅法中詳加規定。

　　　　（三）土地增值稅改按漲價金額累進後，為謀杜絕土地細分投機逃
稅，故同一地主在同一年內以細分土地出售者，應予合併累進課徵，由
內政部及財政部分別在平均地權條例及土地稅法增訂適當條文，以資因
應。

十、關於土地買賣實付地價高於公告現值者應如何課徵增值稅問題。

結論：原則上仍按公告現值計徵土地增值稅，但對營利事業與個人間之土地買賣，應特別規定，按實際移轉地價計算，以遏阻取巧漏稅；至利用合建方式逃稅者，應另行擬訂防止辦法，訂入有關法律修正案。

十一、關於協議價購私有土地可否減徵土地增值稅問題。

結論：（一）政府按公告現值或低於公告現值之價格協議價購私有土地，應比照政府徵收土地之規定，減徵土地增值稅。

（二）政府按公告現值或低於公告現值之價格協議收購私有土地，應比照政府照價收買之規定，一律以政府收購之價格為計算土地漲價總數額之基礎。

十二、關於如何加強執行照價收買問題。

結論：（一）實施照價收買之範圍、程序、搭發債券等辦法，仍維持現行規定，但應由省市政府研擬具體計畫切實貫徹執行。

（二）依法得實施照價收買之土地，凡適宜興建國宅者，應配合國宅政策，運用國宅基金，迅速優先實施照價收買，其地上建有房屋者，應一併收買。

十三、關於如何促進都市土地利用問題。

結論：（一）加強實施區段徵收。

1. 實施區段徵收應給予之補償地價，得改以規劃整理後可供建築之土地，按原土地所有權人應領補償地價比例折算抵付(簡稱抵價地)。但原土地所有權人不同意以其應領補償地價折領抵價地，並於徵收公告期間內提出申請者，仍發給現金。

2. 抵價地總面積，以區段徵收總面積之百分之四十為準。

3. 原土地所有權人領回抵價地之面積，應以應領補償地價比例計算之。其不足最小建築單位面積者，應於規定期間內，提出申請合併為共有，逾期不申請者，按照原徵收補償地價發給現金補償。

4. 區段徵收範圍內之土地，經規劃整理後，其處理方式如左：

(1) 抵價地發交原土地所有權人領回。

(2) 道路、溝渠、公園、綠地、兒童遊樂場、廣場、停車場、體育場所、國民學校等公共設施用地得無償登記爲直轄市或縣市政府所有。

(3) 前款以外之公共設施及國民住宅用地讓售予需地機關。

(4) 其餘可供建築土地，以標售方式處理。

(二) 擴大辦理市地重劃

1. 臺灣省各縣市應仿效臺北市及高雄市於地政單位內成立土地重劃大隊，並視實際需要增加編制員額。

2. 鼓勵民間組織團體辦理市地重劃，以解決政府人力、財力不足之問題。

3. 修訂重劃法規，以克服下列辦理市地重劃困難問題：

(1) 修正共同負擔項目，除原有道路、溝渠、廣場、鄰里公園、市場等五項外，增列兒童遊樂場、停車場、綠地、公園及學校，但超過最高限額時學校用地應以國民小學列爲優先。

(2) 修正重劃負擔最高額限制改以平均不超過百分之四十五爲原則。

(3) 增訂私人團體辦理市地重劃僅須徵得二分之一地主及其面積超過三分之二者之同意，毋須徵得全體同意之規定。

貳、修正之經過

土地問題係時代性之問題，新土地問題有待新土地政策，透過完善之立法，始能予以妥適解決。內政部於六十九年八月「當前土地政策之檢討與建議案」進入研議階段時，除將現行平均地權條例中涉及地價、地稅問題，留待行政院核定上開建議案後再行配合修正外，其餘部分先

行分函省、市，縣、市政府研擬修正意見，作成平均地權條例修正草案，謹舉其修正過程如下：

（一）六十九年九月起，內政部先後共召開十七次會議，邀集行政院秘書處、經建會、農發會、財政部、經濟部、法務部及省市地政、財稅單位，將全部條文逐條研商完畢，於七十一年四月二十七日第一次報請行政院核議❸。

（二）行政院張政務委員豐緒集會五次逐條審查，並由院法規會整理後再交內政部重行繕校，內政部於七十二年元月第二次再行報院核議。

（三）嗣以：

1. 因有關土地增值稅之課稅標準問題，業經行政院核定：「土地增值稅無論個人或營利事業移轉土地一律以公告現值為計徵標準；土地增值稅之稅率仍維持院會決定改按漲價金額累進，分為百分之四十五、百分之五十、百分之五十五、百分之六十等四級稅率。」

2. 因農業發展條例第二十七條明定「農業用地在依法作農業使用期間，移轉與自行耕作之農民繼續耕作者，免徵土地增值稅。」而經免稅之農業用地如變更為非農業使用後再移轉時，如何計徵土地增值稅，該條例並未規定，亦有於平均地權條例補充規定之必要。

3. 因社會經濟之變遷，各方認為原草案部分條文尚有重行檢討之必要。

爰由內政部再行會商有關機關重行檢討擬具「平均地權條例修正草案重行修正條文」，於七十三年五月報院併案審查。經張政務委員召集會議審查後，復交由內政部將全部條文暨說明重新檢查整理完竣，於七

---

❸　詳見內政部七十一年四月二十七日臺內地字第八二五六八號函。

十三年八月二十日再行報院核議 ❹。行政院於同年九月十三日第一九〇
一次院會決議修正通過，送請立法院審議，「平均地權條例修正草案」
於焉完成。

叁、修正之重點

　　平均地權為我國憲法所定之基本國策，其目的在促使地盡其利，達
成地利共享。其實施之辦法為規定地價、照價徵稅、照價收買及漲價歸
公。本條例於民國六十六年二月修正公布後，臺灣地區辦竣地籍測量登
記之土地，已分別於六十六年及六十七年分二梯次舉辦規定地價，全面
實施平均地權。迄今，地價稅與土地增值稅收入大幅增加，對政府財政
之挹注、國民教育之實施、國民住宅之興建及社會福利事業之推展，均
有莫大助益。惟因臺灣地區土地資源有限，人口快速增加，且因國家經
濟之持續成長，土地之需求日殷，致土地問題日趨複雜。此項問題，涉
及人民權益，關係大眾福祉，為社會各方面所關注，為利土地政策之執
行，內政部針對當前情況就現行條例加以通盤檢討修正，經行政院第一
九〇一次院會通過修正草案，分八章計八十九條，其修正要點如次 ❺:

第一章　總　　　則

一、提高照價收買及區段徵收補償地價之現金給付，修正照價收買搭配
　　土地債券之比例

　　現行條例第六條規定，照價收買土地應償付之地價，每戶總額在十
萬元以下者，全部發給現金，超過十萬元者，按超額累退給付辦法，最

---

❹　詳見內政部七十三年八月二十日臺內地字第二四二八一二號函。

❺　行政院七十三年十月十八日臺七十三內字第一六九九八號函，見七十三年
　　十月二十四日立法院議案關係書，院總第二四八號，政府提案第二六八八
　　號。

高僅能領取現金總額十七萬元（新臺幣五十一萬元），超過十七萬元部分，全部以土地債券償付。區段徵收在二十萬元（新臺幣六十萬元）以下者，全部給付現金，超過二十萬元部分，得在半數以內搭發土地債券。近年來社會情況顯有變更，原定給付辦法，已不切實際。爲保障土地所有權人權益，爰將照價收買及區段徵收發給現金之最低金額，分別提高爲二十萬元及四十萬元，並刪除分級累退搭配現金之規定，照價收買土地應行償付之地價扣除應納土地增值稅後總額超過二十萬元者，及區段徵收土地以現金補償地價，扣除應納土地增值稅後總額超過四十萬元者，均改按半數發給現金，半數搭配債券，以臻合理。（修正條文第六條）

二、徵收土地之地上建築改良物，應按重建價格補償

　　現行條例第十條僅規定徵收土地應按照徵收當期之公告土地現值，補償其地價，如連同地上建築改良物一併徵收時，如何補償則未明定，而實際執行，均係參照都市計畫法第五十二條：「…參照原有房屋重建價格補償之。」規定辦理，爰予增列，以利執行。（修正條文第八條）

三、出租耕地被照價收買時，應將三分之一地價補償給付佃農

　　照價收買與土地徵收，同爲政府基於公權力而強制取得私有土地之行爲。現行條例第十一條對於出租耕地被徵收時，旣有土地所有人應以所得補償地價扣除土地增值稅後餘額三分之一補償耕地承租人之規定。對於照價收買，自應比照辦理，以保護佃農之利益。（修正條文第九條）

第二章　規定地價

四、刪除現行土地所有權人應自行申報地價之硬性規定，並對未申報地價者准按公告地價之八成課稅，以簡化申報手續

　　現行條例第十六條規定，舉辦規定地價或重新規定地價時，土地所有權人均應申報地價，而申報地價除於第一次規定地價作爲課徵地價稅

及土地增值稅之依據外，於重新規定地價時，因申報地價僅作為課徵地價稅之依據，與土地增值稅負擔無關，故地主為減輕其地價稅負擔，多數均以公告地價百分之八十申報，以臺北市為例，臺北市六十七年重新規定地價時，百分之九七‧一九之土地所有權人均以公告地價百分之八十申報。為簡化申報地價手續，節省政府人力、物力之浪費，爰刪除現行「土地所有權人應自行申報地價」之規定，明定未申報地價者，一律按公告地價之百分之八十課徵地價稅。（修正條文第十三條、第十四條）

第三章 照 價 徵 稅

五、降低地價稅稅率，以減輕土地所有權人之負擔

為加強實施漲價歸公，並使徵收補償地價趨於公平合理，僉認公告土地現值應接近實際地價。近年來由於地價漲幅甚鉅，於公告現值接近市價後，地價稅負擔勢必普遍增加，為減輕民眾負擔，除決定在條例尚未完成修正前暫緩舉辦重新規定地價外，特將地價稅稅率，修正如次：

（一）自用住宅用地稅率由原定「千分之五」降低為「千分之四」。（修正條文第十七條）

（二）公共設施保留地稅率由原定「千分之十」降低為「千分之八」。（修正條文第二十條）

（三）地價稅基本稅率由原定「千分之十五」降低為「千分之十」並取消第七級稅率。（修正條文第十六條）

六、擴大不累進課徵地價稅之範圍

為促進國家經濟發展，鼓勵增設大眾娛樂設施，獎勵興辦公用事業，及保護名勝古蹟，乃針對實際需要，對大規模使用土地者，包括礦業用地、私立公園、動物園、體育館場用地、寺廟教堂用地、政府指定之名勝古蹟用地、依都市計畫法規定設置之加油站、供公眾使用之停車場用地及其他經行政院核定之土地等均明定與工業用地一同適用千分之

十基本稅率，免予累進計徵地價稅，以配合工商發展需要，倡導正當娛樂，改善社會風氣。（修正條文第十八條）。

七、增訂本條例施行前原來徵收田賦之區域，於實施平均地權後其農業用地仍徵收地價稅，並授權行政院視實際需要訂定其稅率

　　現行條例第二十二條規定農業用地在作農業使用期間課徵田賦，原為減輕農民負擔而設，然田賦之課徵，必先建立地目等則及銓定賦額等基本資料，手續甚為繁複。金門及其他未徵收田賦之區域，因原來課徵田賦，亦未查定地目、評定等則與賦額，如一旦指定為本條例施行區域，改課田賦，執行不無困難。為免影響平均地權條例之全面施行，爰增訂該新指定地區之農業用地，仍繼續徵收地價稅不改課田賦。惟因田賦較地價稅負擔為輕，為貫徹政府照顧農民之政策，爰明定其地價稅稅率授權行政院視實際情況定之，以減輕農民之負擔。（修正條文第十九條第四項）

八、提高空地稅加徵之倍數

　　加徵空地稅之目的，在促進土地有效利用，防止土地投機壟斷。近年來由於地價上漲幅度甚大，現行條例所定空地稅係按地價稅之基本稅額二至五倍加徵，最高亦僅達地價之百分之七·五，無法達成預期效果。此次修正又將基本稅率降為千分之十，如仍按現行標準加徵空地稅，更不能發揮加徵空地稅之作用。爰將加徵空地稅之倍數提高為五倍至十倍，以資配合。（修正條文第二十三條第一項）

九、限期建築、增建、改建或重建之土地，其新建房屋價值與基地地價之比例及最低建築高度之限制

　　土地實施限期建築、增建、改建或重建後，曾有少數業主利用低層建築，以規避加徵空地稅或照價收買之情事發生。為杜絕此取巧之行為，爰增訂空地經通知限期建築使用後，其建築改良物價值不及所占基

地申報地價百分之五十者， 不予核發建築執照， 並得斟酌都市發展情形，按土地使用種類及性質，規定其最低建築高度之限制。（修正條文第二十三條第二項、第七十八條）

十、農業用地閒置不用經通知限期使用逾期仍未使用者， 得加徵荒地稅，仍不使用者，得照價收買

為促進農業生產，以維軍糈民食，爰增訂農業用地閒置不用經通知限期使用逾期仍未使用者，按應納田賦加徵三倍之荒地稅，加徵荒地稅滿三年仍不使用者，得照價收買，以避免農地之荒廢。（修正條文第二十四條）

第四章 照 價 收 買

十一、空地經限期建築、增建、改建或重建，逾期仍未辦理者，當地主管建築機關不再受理申請建築執照

依現行條例第二十六條規定， 空地經限期建築、 增建、 改建或重建，逾期仍未建築者，即已構成加徵空地稅或照價收買之條件，惟究應加徵空地稅抑應照價收買，須經行政作業之程序，如於限期屆滿之後，仍准繼續申請發給建築執照，勢必增加加徵空地稅或照價收買之困難，為利於空地限建政策之執行，爰增訂空地自限期屆滿之翌日起，當地主管建築機關應卽停止申請建築執照之受理。（修正條文第二十六條第二項。）

第五章 漲 價 歸 公

十二、私人捐贈供興辦社會福利事業使用之土地免徵土地增值稅

為鼓勵私人創辦社會福利事業，增訂依法興辦社會福利事業之機構受贈土地時，免徵土地增值稅。（修正條文第三十三條）

十三、土地增值稅之稅率結構，改按漲價金額累進課徵

現行土地增值稅之稅率， 係按漲價倍數， 分別依百分之四十、五

十、六十等三級累進課徵，因按漲價倍數累進課徵，常有漲價高而倍數低者，其稅負反較漲價低而倍數高者爲輕，不符賦稅公平之原則。爰將土地增值稅稅率改按漲價金額累進課徵。其稅率爲百分之四十五、五十、五十五及六十。同時爲防止土地所有人藉化整爲零或分批多次移轉方式逃避累進稅率，增訂同一土地所有權人於一年間就同一筆土地曾分次移轉或分割移轉者，應合併計算其漲價總額數，課徵土地增值稅。（修正條文第三十八條）

十四、區段徵收之土地，減徵或免徵土地增值稅

　　區段徵收，爲顧及土地所有人之利益，特設減徵或免徵土地增值稅之規定：

　　（一）以現金補償地價，其補償之地價超過原規定地價或前次移轉現值者，就其超過部分減徵百分之二十或四十土地增值稅。

　　（二）以抵價地補償地價，因土地面積過小改領現金補償者，免徵土地增值稅。

　　（三）以抵價地補償其地價，因其所領者爲土地而非現金，免徵其土地增值稅。（修正條文第四十一條）

十五、農業用地在依法作農業使用期間，移轉與自行耕作之農民繼續耕作者，免徵土地增值稅

　　爲配合農業發展條例第二十七條規定，以便利自耕農民取得農地，擴大農場經營規模，明定農業用地在依法作農業使用期間，移轉與自行耕作之農民繼續耕作者，免徵土地增值稅。並爲防止土地所有權人於移轉作農業使用時，高報移轉現值，俾於下次移轉時取巧逃稅，影響漲價歸公政策之執行，明定農地變更爲非農業使用後再移轉時，以其前次權利變更之日當期之公告現值爲原地價，計算漲價總數額，課徵土地增值稅。（修正條文第四十三條）

第六章 土 地 使 用

十六、增訂區段徵收得以徵收後「可供建築土地」折算補償地價之規
　　　定，並明定抵價地總面積，以徵收總面積之百分之四十爲原則，
　　　最低不得少於百分之三十

　　現階段平均地權政策，係以促進地盡其利爲首要目標。區段徵收與
市地重劃同爲促進土地利用之主要手段。尤以區段徵收，較之市地重
劃，更可達成整體規劃有效利用之目的。多年來，市地重劃已普受土地
所有人歡迎，而區段徵收則常受阻撓。究其緣由：（一）因區段徵收，
均按公告現值補償地價，而現行「優先買回」開發後之土地，其買回
地價，係按徵收補償地價及開發成本合併計算，故較原徵收補償地價爲
高，土地所有人以全部補償地價所可買回之土地面積極爲有限。（二）
因辦理區段徵收所需經費極爲龐大，籌措不易，故常無法舉辦。爲彌補
缺失，爰明定區段徵收，得以徵收後「可供建築土地」折算抵付補償地
價（稱爲「抵價地」）。惟爲求取公平，特規定抵價地應按各原土地所
有權人應領補償地價與區段徵收補償地價總額之比例，計算其應領之權
利價值後，並以該抵價地之單位地價折算面積發交領回，以免除公私籌
措現金及收付之繁瑣手續。此外，爲使區段徵收土地所有權人之權益與
市地重劃儘量接近，另明定抵價地總面積以徵收總面積之百分之四十爲
原則，最低不得少於百分之三十，以保障土地所有權人之權益。（修正
條文第五十二條）

十七、區段徵收土地之處理方式及讓售、撥用、標售地價之標準

　　區段徵收改採抵價地補償，形同土地所有權人與政府「合作開發」，
由土地所有權人提供土地，政府提供開發費用。開發後，土地所有權人
可領回抵價地作爲補償，並可享受開發利益；政府可無償取得公共設施
用地、國宅用地及其他可供建築用地，作爲發展都市建設之用。爲便於

執行，爰明定開發後土地之處理方式。又區段徵收，在促進土地利用，以配合都市建設發展，不以營利爲目的，故明定讓售、有償撥用及標售地價之計算標準，俾有所遵循。（修正條文第五十五條）

十八、明定市地重劃公共設施用地共同負擔之項目，及其共同負擔之最高限額

市地重劃旨在使重劃區內供公共使用之公共設施用地及其建設費用，均由重劃區內土地所有權人共同負擔。不但可促使重劃區土地所有權人共同從事公共建設，且可消除因實施都市計畫所造成之不公平現象，使其利益與負擔趨於平衡。故對重劃區內公共設施用地負擔，除原有規定外，增列兒童遊樂場、綠地、國民小學、國民中學、停車場等五項，並將其負擔比例，由現行百分之四十提高爲百分之四十五。（修正條文第六十條）

十九、出租耕地因重劃不能達到租賃目的之處理方法

出租耕地，依現行條例第七十六條終止租約或依第十一條因徵收或撥用時，承租人可領取三分之一地價補償，而現行條文第六十三條規定，出租耕地承租人因重劃無法繼續耕作而提出終止租約時，僅得向出租人請求一年租金之補償，較前者爲低。爲使承租耕地之佃農，均能享受同等待遇，爰參照農地重劃條例第二十九條規定，增訂出租耕地因實施市地重劃致不能達到租賃目的者，由政府逕爲註銷租約，並視其有無分配土地而賦予請求或領取三分之一地價補償。又公有出租土地因辦理重劃而抵充爲公共設施用地時，爲免因重劃後不能分配土地，致承租人遭受損失，爰參照修正條文第九條第三項有關公地撥用補償承租人之規定，增訂凡依約承租之農業用地一律發給三分之一地價補償予承租人，並訂明所需費用列爲重劃共同負擔。（修正條文第六十六條）

第七章　罰　　則

二十、受贈供社會福利事業使用之土地違背捐贈目的移作他用之處罰

　　爲鼓勵私人創辦社會福利事業，修正條文第三十三條規定私人捐贈供興辦社會福利事業使用之土地免徵土地增值稅。爲防止財團法人，將其受贈土地違背捐贈目的移作他用，規定財團法人受贈土地後，如有未按捐贈目的使用土地者、違反各該事業設立宗旨者或土地收益未全部用於各該事業者，除追徵應納之土地增值稅外，並處應納土地增值稅二倍之罰鍰。（修正條文第八十四條）

二十一、以不法行爲妨害市地重劃之進行者，科以刑罰

　　爲期重劃工作順利進行，防止不法之徒故意破壞或以強暴、脅迫或其他非法妨害市地重劃工作之實施，爰參照農地重劃條例第四十條之規定，明定對移動或毀損重劃測量標樁，致妨害市地重劃工程之設計、施工或土地之分配者，及以強暴、脅迫或其他非法方法妨害市地重劃之實施者，處三年以下有期徒刑、拘役或科或併科五千元以下之罰金。（修正條文第八十六條）

第二節　修正草案之審議

　　行政院於七十三年十月十八日將「平均地權條例」修正草案及總說明以臺七十三內字第一六九九八號函請立法院審議，本案卽進入立法院審議之修法程序，茲分第一讀會、第二讀會與第三讀會綜述如下：

壹、第一讀會

　　立法院秘書處於七十三年十月廿七日以⑺臺處議字第二三二二號函該院內政、財政、經濟、司法四委員會聯席會議審查「平均地權條例修正草案」。審查開始，首先由政府首長列席說明，繼之進行廣泛討論及逐

條討論，最後提出審查報告於院會。茲將四委員會聯席審議之議程順序，舉要分述如下：

一、政府首長列席說明

立法院各委員會審查法律案，如係政府提案者，其審查工作之初步，均先請有關部門之首長——部長或政務次長，至少應有一人代表該部列席審查會議，說明該法律案之起草經過、立法要旨及該部對該法案之看法，並答覆委員質詢。民國七十四年四月二十五日第一次聯席會議審查本修正草案，內政部吳部長伯雄、財政部李次長洪鰲、經濟部李次長模、法務部朱次長石炎等均列席說明並答詢。茲列舉其說明如次 ❻：

（一）內政部吳部長伯雄說明：

　　1.　修正緣由

平均地權爲我國憲法第一百四十二條明定的基本國策，其目的在促使地盡其利，達成地利共享。民國六十六年二月公佈實施「平均地權條例」後，臺灣地區辦竣地籍測量登記之土地約一百七十餘萬公頃，均已舉辦規定地價，全面實施平均地權，對促進土地有效利用，調劑地利分配，抑制土地投機壟斷，已發生積極效果。尤其地價稅與土地增值稅收入大幅增加，截至七十三年六月底止，歷年地價稅累計八五五億八千萬餘元，土地增值稅累計一、八一五億七千萬餘元，共達二、六七一億六千萬餘元，對政府財政之挹注，社會福利事業之推展，國民住宅之興建與國民教育之實施，均有莫大助益，也使全體國民都能享受到土地的利益，以及文明的福祉。惟以臺灣地區土地資源有限，且國家經濟持續發展，人口不斷增加，土地需求日股，土地問題隨而日股複雜，行政院爲：一、因應當前國家社會經濟發展需要；二、改進地價地稅制度，加

---

❻　民國七十四年四月二十六日立法院公報新聞稿第三五八〇號，第十頁至第十三頁。

強實施漲價歸公；三、配合第二階段農地改革，加速農業發展；四、促進土地有效利用，健全都市發展。爰就現行平均地權條例予以通盤檢討，擬具「平均地權條例修正草案」，並從各層面多次審核後於七十三年十月十八日送請大院審議。

　　2.　修正重點

　　這次平均地權條例修正草案分八章計八十九條，如下：

第一章　總　　則

　　(1) 為保障土地所有權人之權益，提高照價收買及區段徵收補償地價之現金給付，由現行規定照價收買土地應償付之地價總額在十萬元以下者；區段徵收在二十萬元以下者，全部發給現金，分別提高為二十萬元及四十萬元。並刪除分級累退搭配現金之規定。照價收買應償付之地價扣除應納土地增值稅後總額超過二十萬元者，及區段徵收超過四十萬元者，均改按半數發給現金，半數搭配債券。（修正條文第六條）

　　(2) 出租耕地被照價收買時，應將三分之一地價補償給付佃農以保護佃農權益。（修正條文第九條）

第二章　規定地價

　　刪除現行土地所有權人應自行申報地價之硬性規定，並對未申報地價者，准按公告地價之八成課稅，以符簡政便民之旨。（修正條文第十三條、第十四條）

第三章　照價徵稅

　　(1) 降低地價稅率，以減輕土地所有權人之負擔。

　　為加強實施漲價歸公，並使徵收補償地價趨於公平合理，近年來公告土地現值已予調整接近實際地價。但公告現值接近市價後，如隨即舉辦重新規定地價，地價稅負擔勢必普遍增加。政府為減輕民眾負擔，除決定在條例尚未完成修正前暫緩舉辦重新規定地價外，特將地價稅率，

修正如次：

1.　自用住宅用地稅率由原定「千分之五」降低爲「千分之四」。（修正條文第十七條）

2.　公共設施保留地稅率由原定「千分之十」降低爲「千分之八」。（修正條文第二十條）

3.　地價稅基本稅率由原定「千分之十五」降低爲「千分之十」，並取消原有第七級累進稅率。（修正條文第十六條）

(2) 爲配合工商發展需要，倡導正當娛樂及改善社會風氣，增加按地價稅基本稅率課徵之項目如左：

1.　礦業用地。

2.　私立公園、動物園、體育館場用地。

3.　寺廟敎堂用地，政府指定之名勝古蹟用地。

4.　依都市計畫法規定設置之加油站及供公眾使用之停車場用地。

5.　其他經行政院核定之土地。（修正條文第十八條）

(3) 提高加徵空地稅之倍數，由原定「二至五倍」提高爲「五至十倍」，以發揮空地稅之作用。（修正條文第二十三條第一項）

第四章　照價收買

增訂空地經限期建築、增建、改建或重建，逾期仍未辦理者，當地主管建築機關不再受理申請建築執照，以利政策之執行。（修正條文第二十六條）

第五章　漲價歸公

(1) 爲鼓勵私人創辦社會福利事業，增訂依法興辦社會福利事業之機構受贈土地時，免徵土地增值稅。（修正條文第二十三條）

(2) 爲改進現行按漲價倍數累進課徵之缺點，土地增值稅改按漲價金額累進課徵，稅率分爲百分之四十五、五十、五十五、六十肆級。（

修正條文第三十八條）

（3）爲促進土地利用，加速都市建設發展，增訂區段徵收以抵價地補償者，免徵土地增值稅。（修正條文第四十一條）

（4）爲便利自耕農民取得耕地，擴大農場經營規模，明定農業用地在依法作農業使用期間，移轉與自行耕作之農民繼續耕作者，免徵土地增值稅，於變更爲非農業使用後再移轉時，以其前次權利變更之日當期之公告土地現值爲原地價，計算漲價總數額，課徵土地增值稅。（修正條文第四十三條）

第六章 土地使用

（1）爲促進土地利用，增訂區段徵收得以徵收後「可供建築土地」折算補償地價之規定，並明定抵價地總面積，以徵收總面積之百分之四十爲原則，最低不得少於百分之三十。（修正條文第五十二條）

（2）爲使重劃區土地所有權人共同參與公共建設，增訂市地重劃公共設施用地共同負擔項目，除現行道路、溝渠、廣場、鄰里公園、市場等五項外，增加兒童遊樂場、綠地、國民小學、國民中學、停車場等五項。並將共同負擔比例，由現行百分之四十提高爲百分之四十五。（修正條文第六十條）

（3）增訂出租耕地因市地重劃不能達到租賃目的者，由政府逕爲註銷租約，並視其有無分配土地而賦予請求或領取三分之一地價補償，藉使承租耕地之佃農與因終止租約所受之補償一致。（修正條文第六十六條）

（4）爲加強辦理市地重劃，增訂中央或省主管機關得選定適當地區逕爲辦理或指定直轄市或縣（市）政府限期辦理市地重劃。（修正條文第五十六條）

第七章 罰 則

（1）爲防止做藉捐贈土地供社會福利事業使用而逃避土地增值稅，

明定財團法人受贈土地違背捐贈目的移作他用者，除追徵應納之土地增值稅外，並處原納土地稅增值二倍之罰鍰。（修正條文第八十四條）

(2)爲防止不法之徒故意破壞或以強暴、脅迫或其他非法方法妨害市地重劃工作之實施，明定對移動或毀損重劃測量標樁，致妨害市地重劃之實施者，處三年以下有期徒刑、拘役或科或併科五千元以下罰金。（修正條文第八十六條）

（二）財政部李次長洪鰲說明：

1.　地價稅與土地增值稅之徵收，爲實施平均地權之兩大手段。自六十六年二月二日平均地權條例修正，擴大全面實施平均地權以來，已歷經八年，在此八年中，地價稅與土地增值稅雖有大幅稅收，對政府財政之挹注、國民教育之實施、國民住宅之興建以及各項社會福利、公共建設之推展，均有莫大助益，但由於臺灣地區土地有限，人口增加迅速，且因國家經濟之持續發展，對土地需求日股，致引發許多土地問題。爲因應實際需要，解決問題，經內政部多次邀集本部等有關機關，以及地政、財政方面之專家學者共同審愼研商結果，作成「當前土地政策之檢討與建議方案」，報請行政院交由經建會專案研究後作成十二項改進原則，本次平均地權條例基本上卽是依據上述改進原則而修正。

2.　在地價稅徵收方面：本次平均地權條例修正草案中，作了以下幾項重點修正：（一）全面調整地價稅稅率結構：爲求課稅地價確實，今後規定地價將儘量接近市價，地價稅之稅率如不降低，勢將使所有權人之負擔增加，故調整地價稅之稅率結構如次：(1)地價稅之基本稅率由千分之十五降爲千分之十，最高累進稅率由千分之七十降爲千分之五十五；(2)自用住宅用地由千分之五降爲千分之四；(3)公共設施保留地由千分之十降爲千分之八。(二)擴大不累進課稅之適用範圍：現行地價稅採累進課徵，目的在避免土地集中防止壟斷，但有些土地大面積使用

，係屬大眾服務性質，如礦業用地、私立公園、動物園、體育館場等用地，加油站、停車場等，如仍予維持累進課稅，稅負過重，將影響大眾生活品質，特規定與工業用地一同適用千分之十基本稅率徵收。（三）提高空地稅之加徵倍數：空地稅之加徵，在促進土地有效利用防止投機壟斷。由於現行空地稅僅按地價稅基本稅額加徵二至五倍，難以達到目的，故擬修正加徵倍數為地價稅基本稅額之五至十倍。

3. 本次平均地權條例修正草案中，對於土地增值稅之徵收除調整稅率結構外並將現行按「漲價倍數」累進課徵，修正為改按「漲價金額」累進課徵。

以上，是本草案有關本部主管部分，較為重要各點，至於本草案中涉及地價稅及土地增值稅之修正部分，均已配合納入「土地稅法」修正草案中，提出「土地稅法部分條文修正草案」報請行政院審查中。

（三）經濟部李次長模說明：

本次平均地權條例修正草案，關於經濟部方面的比較少，大概有第三章照價徵稅方面，關於礦業用地的問題及如何對礦業用地下定義，其次在修正條文第十五條，地價稅採累進稅率，但不包括礦業用地在內。另外修正條文第十八條，礦業用地按千分之十計徵地價稅。本次討論的關於經濟方面有兩條，即第十五及第十八條。修正之後，礦業用地將比照工業用地課稅，如此對礦業發展，將有莫大的幫助。

（四）法務部朱次長石貴說明：

1. 第七章罰則方面，現行條文第八十一條、第八十三條，僅將條次修改為第八十三條及八十五條，內容未修正。

2. 本次刪除兩條，即現行第八十條及八十二條。

現行條文第八十條為「土地所有權移轉或設定典權之權利人及義務人，不於第四十七條規定期限內，申請為土地權利變更登記或設定典權

登記者，每逾十日，處應納登記費一倍之罰鍰，以納至二十倍爲限。因可歸責於權利人或義務人之事由，致未如期申請者，其罰鍰應由有責任之一方繳納。

前項罰鍰，應通知期限繳納，逾期仍未繳納者，由主管機關移送法院強制執行。

本條例施行前土地經一次或數次移轉，迄未申請登記者，應定期准其補辦登記，並免處罰鍰。」

刪除之原因爲「土地法第七十三條第二項對土地權利變更登記逾期申請登記者，予以罰鍰處分已訂有明文。現行條文第八十條與上開土地法所定罰鍰之計算標準不一，適用範圍亦異，適用時易生爭議，爰將本條第一、第二兩項刪除，將來一律適用土地法第七十三條規定處理。再者現行條文第三項對本條例施行前移轉案件准予補辦登記免罰之規定，已無必要，併予刪除。」

現行條文第八十二條是「本條例施行後，違反第七十條之規定，將承租之公有建築基地轉租或頂替者，除終止租約外，並處原轉租或頂替人以該項土地年租金五倍以上、十倍以下之罰鍰。前項罰鍰，經通知限期繳納，逾期仍未繳納者，由主管徵收機關移送法院強制執行。」

至於刪除之原因爲「現行條例第七十條已刪除，故本條無保留必要，併予刪除。」

3. 本次修正後，新增兩條，卽第八十四條及八十六條。八十四條之增定，乃配合第三十三條之規定而來。其新增之目的乃是「爲鼓勵私人創辦社會福利事業，修正條文第三十三條經定有免徵土地增值稅之規定，唯爲避免財團法人受贈之土地未按捐贈目的使用或違反該事業設立宗旨或土地收益未全部用於各業，爰增訂本條罰鍰規定，以防流弊。

其次新增第八十六條，乃有關刑事處罰的條文。增修之目的乃因市

地重劃之成果，影響人民權益甚鉅，而辦理市地重劃之過程與手續甚為繁複，為使重劃工作能順利進行，並確保重劃分配結果，以杜糾紛，故參照農地重劃條例第四十條規定，明定對移動或毀損重劃測量標樁，致妨害市地重劃工程之設計、施工或土地之分配者，及以強暴、脅迫或其他非法方法妨害市地重劃之實施者，處以刑罰。

政府首長說明之後，委員們分別提出質詢，並由政府首長答覆。總計質詢及再質詢人次共計 22 人次，茲就質詢重點歸納如下，以窺質詢之梗概。

（一）有關修正草案精神之質詢：部分委員質詢認為本修正草案草擬當時客觀社會經濟環境，不同於目前，是審議本案首應注意之問題。蓋本修正草案於民國六十九年開始草擬，當時正值民國六十七年八月間國內房屋價格節節上揚後，當時土地投機風氣日見熾盛，房地產價格波動劇烈，為了有效遏止建築業界不正常發展，行政院通過「當前土地政策檢討與建議方案」，根據此一方案，內政部與財政部分別著手修正平均地權條例與土地稅法。

以如此「歷史」背景產生的修正草案，可以想見對於建築業、房屋土地的買賣，必然採取相當消極的態度。然而，今天的情形卻是，建築業極其不振，房屋買賣陷于低潮，房地價格下跌，甚至乏人問津，情況已經到令人憂慮的地步，現在經建會正在擬訂建築業振興方案，就顯示問題嚴重到政府必須籌思對策。因此，面對在建築業最混亂、最不正常時期，所草擬出的法案，在審議時必須特別謹慎，因為平均地權條例與建築業關係至為密切，如何藉此次修正，讓建築業有一正常、合理、有利的發展環境，而非一味消極、抑制，這是最須注意的問題 ❼。

---

❼ 王金平、周文勇委員質詢，民國七十四年四月二十六日立法院公報新聞稿第三五八〇號，第十四、十五頁。

（二）降低地價稅稅率結構問題：本修正草案對地價稅稅率予以降低，以減輕土地所有權人之負擔。多位委員對所降之稅率能否減輕人民負擔提出質疑。其理由為：修正草案中地價稅稅率雖略降，惟因修正草案通過後將重新規定地價，地價勢必大幅調高，如此將造成土地所有權人負擔越加沈重 ❽。

（三）土地增值稅改按漲價金額累進課徵問題：本修正草案中將土地增值稅之徵收，由原來的按「漲價倍數」累進課徵，修正為改按「漲價金額」累進課徵。對此改變，多位委員質詢認為：土地增值稅改按金額累進課徵，最後會轉嫁到消費大眾，增加民眾的負擔。其次，按照漲價金額累進課稅也會提高都市中心土地地價，使都市發展的成本提高，公共工程投資也會受影響。再以大規模整體性土地開發而言，此種徵稅方式也會造成不利影響 ❾。

（四）有關公共設施保留地問題：本修正草案中將公共設施保留地稅率由原定「千分之十」降低為「千分之八」。惟有關此問題，委員質詢認為，公共設施保留地對地主權益有重大損害，故應依自用住宅用地千分之四稅率徵稅，以示補償。又有部分公共設施保留地自日據時期保留至今，地主受損更大，應免除地價稅與土地增值稅 ❿。

（五）提高空地稅及空地限期建築問題：本修正草案中提高加徵空地稅之倍數，由原定「二至五倍」提高為「五至十倍」，以發揮空地稅

---

❽　蔡友土、王金平、周文勇委員質詢，同前註新聞稿，第十三至十五頁。

❾　王金平、周文勇、蔡友土委員質詢，同前註新聞稿，第十四、十五、十七頁。費希平、林庚申委員質詢，民國七十四年五月三日立法院公報新聞稿第三五八六號，第七、九頁。李宗仁、張俊雄委員質詢，民國七十四年五月十日立法院公報新聞稿第三五九二號，第五頁。

❿　費希平委員質詢，民國七十四年五月三日立法院公報新聞稿第三五八六號，第八頁。

之作用。並增訂空地限期建築、增建、改建或重建，逾期仍未辦理者，當地主管建築機關不再受理申請建築執照，以利政策之執行。對此，多位委員認為在經濟不景氣，建築業低迷不振的現在，提高空地稅將更形成打擊，故應維持現行稅率。又空地限期建築之規定，不切實際，將造成人民及政府極大的困擾 ⑪。

上述委員之質詢，均經各部有關首長或其代表分別加以答覆。

二、廣泛討論

審查政府法案，詢問答覆結束後，卽進行廣泛討論。此階段，係由立法委員就法案之立案精神詳加檢討，彼此交換意見，表明對該案之態度和主張；但如遇法案內容較簡單者，於詢問及答覆時，若委員間之意見已充分表達，且意見相近，卽常省此階段而逕行逐條討論之程序。本修正草案於第三次聯席會議結束詢問及答覆，適有劉錫五、黃澤青、黃雲煥、張俊雄等委員提案，以本修正草案，修正幅度甚大，不同意見甚多，為求適應當前國家政策之需，應予詢答完畢後舉辦各界座談會再審查。此外，費委員希平也有相同之建議。主席於徵求無異議後，卽宣佈詢答完畢，座談會由召集委員會議安排 ⑫。

各界座談會於第四、五、六次聯席會議舉行，邀請學者專家列席發表意見。在三次座談會中共邀請二十八位各界代表列席，計有 ⑬：中華經濟院院長中央研究院院士蔣碩傑、臺灣大學教授王作榮、中國土地改

---

⑪ 蔡友土、王清連委員質詢，民國七十四年四月二十六日立法院公報新聞稿第三五八○號，第十三、十八頁。費希平委員質詢，民國七十四年五月三日立法院公報新聞稿第三五八六號，第八頁。

⑫ 民國七十四年五月十日立法院公報新聞稿第三五九二號，第八頁。

⑬ 民國七十四年五月十九日立法院公報新聞稿第三六○○號，第三頁。民國七十四年五月二十四日立法院公報新聞稿第三六○四號，第一頁。民國七十四年六月二日立法院公報新聞稿第三六一二號，第一頁。

革協會理事長蕭錚、臺灣大學校長孫震、土地改革訓練所所長毛育剛、中興大學地政系教授李鴻毅、考試院考試委員張維一、政治大學地政研究所所長殷章甫、中興大學都市計畫研究所教授辛晚敎、政治大學地政系教授蘇志超、中興大學地政系教授來璋、政治大學地政系主任林英彥、政治大學經濟研究所所長陸民仁、臺北市建築投資商業同業公會代表章民強、江輝雄、臺灣大學農業經濟系教授陳超塵、政治大學財稅系教授殷文俊、中興大學財稅系教授黃春生、中興大學地政系副教授張強、中華經濟研究院副院長于宗先、政治大學三民主義研究所所長馬起華、師範大學三民主義研究所所長朱諶（蕭行易代）、逢甲大學土地管理學系主任韓乾、中興大學地政系主任朱嗣德、宏泰建設公司董事長林育璘、全國工業總會常務理事侯政廷、現代地政雜誌社社務委員陳銘福、中華民國工商協進會理事長辜振甫。

　　廣泛討論於第七次聯席會議正式展開。茲歸納各委員發言重點如下：

　　（一）區段徵收問題：　1.本修正草案第五十一條第一項規定「各級主管機關為都市發展或開發新社區之需要，得選擇適當地施行區段徵收。」惟所謂「都市發展或開發新社區之需要」並無一定標準。2.「區段徵收地區選定後，徵收機關得進入該地區範圍內實施工作」之規定，顯過於忽視人民的權益。3.區段徵收之補償金額應訂客觀標準，且可讓民眾表示意見❹。

　　（二）為加速都市發展，應提高徵收土地補償費，以利市地重劃之進行❺。

---

❹　冷彭、潘衍興委員發言，民國七十四年十一月八日立法院公報新聞稿第三六七七號，第十九頁。冷彭委員發言，民國七十四年十二月六日立法院公報新聞稿第三六九四號，第十六頁。

（三）土地增值稅改按「漲價金額」課徵有缺失： 1.將助長郊區土地之投機，影響舊市區的更新。 2.將促使土地細分，影響土地的整體使用。 3.將嚴重影響投資人的融資，有礙經濟發展 ⑯。

（四）私人捐贈供興辦社會福利事業使用之土地免徵土地增值稅，甚有必要，惟其範圍太窄，應加以放寬，使學校、醫院亦能享受免稅 ⑰。

（五）公共設施保留地問題：政府對公共設施保留地一再藉故不予徵收，使百姓受極大損害，且造成土地之荒蕪，對於隔離使用土地免稅者，亦皆為難之，應於本法一併詳列解決辦法。再者，公共設施保留地縱被徵收，應一律免征土地增值稅，蓋公共設施保留地所有人，已長期被限制該土地的使用型態， 其損失不謂不少， 故宜一律免征土地增值稅，藉平衡被徵收人的不滿心態 ⑱。

（六）關於徵收空地稅問題： 臺灣土地至為有限，一味要求房屋建造，從資源利用的角度言，頗不合理 ⑲。

（七）公告地價應依市價， 不能超過市價太多， 免造成徵稅之不公 ⑳。

---

⑮ 沈世雄、饒穎奇委員發言，民國七十四年十一月八日立法院公報新聞稿第三六七七號，第十九頁。

⑯ 許勝發委員發言，同前註新聞稿，第二十頁。費希平委員發言，民國七十四年十一月二十九日立法院公報新聞稿第三六九○號，第十一頁。

⑰ 潘衍興委員發言，民國七十四年十一月八日立法院公報新聞稿第三六七七號，第二十一頁。

⑱ 蔡友土委員發言，民國七十四年十一月二十二日立法院公報新聞稿第三六八六號，第九頁。費希平委員發言，民國七十四年十一月二十九日立法院公報新聞稿第三六九○號，第十一頁。

⑲ 同⑱。

⑳ 張其彭委員發言，民國七十四年十一月二十九日立法院公報新聞稿第三六九○號，第十頁。

　　（八）自用住宅用地稅率應予降低：本條例修正草案將地價稅基本稅率由原定「千分之十五」降低爲「千分之十」，而自用住宅用地稅率僅由「千分之五」降爲「千分之四」，降幅過低 ❹。

　　（九）各縣市地價稅累進起點差距甚大，是否公平？值得懷疑。累進稅率之制定應著重徵大地主之稅，目前則變成徵小市民或農人的稅，頗不合理。似可以全國平均地價爲累進起點，或採單一稅率，以求公平 ❷。

　　（十）「區段徵收」係政府依計畫進行，且無「照價收買」之懲罰性意味，故其地價補償應以現金發放，不應搭配土地債券 ❸。

　　以上所列十點係廣泛討論期間委員發言之重點。廣泛討論從第七次聯席會議開始，至第十一次聯席會議結束，並於第十一次聯席會議開始進入逐條討論階段 ❹。

　　三、逐條討論

　　所謂逐條討論者，即於審查法案時，依草案修正之條文順序，依次朗讀，逐條討論，逐一通過。在此階段有關部會主管司人員須列席說明。本修正草案於七十四年十二月十三日第十一次聯席會議時，進入逐條討論。至七十五年五月十八日第二十三次聯席會議全案審查結束，先後共舉行聯席會議二十三次。分析言之，本修正草案於逐條討論時，一經朗讀未加討論即經與會委員全體無異議通過者計三十九條，經討論後

❹　楊寶琳委員發言，民國七十四年十一月二十二日立法院公報新聞稿第三六八六號，第十二頁。

❷　冷彭、費希平委員發言，民國七十四年十二月六日立法院公報新聞稿第三六九四號，第十四、十六頁。

❸　費希平、蔡友土委員發言，民國七十四年十一月二十九日立法院公報新聞稿第三六九〇號，第十、十三頁。

❹　民國七十四年十二月十三日立法院公報新聞稿第三七〇〇號，第十二頁。

全體無異議照案通過者十三條，全體無異議修正通過者三十六條，增訂
二條，刪除一條。合計八章九十條。茲依本修正草案之聯席審查會議有
關情形列表說明如下 ㉕：

會期	會次	時間				地點	政府首長列席人數			主 席	備 註
		年	月	日	星期	時					
							部長	次長	其他代表		
第七十五會期	1	74	4	25	4	上午九時	第六會議室	1	3		牛委員踐初	政府首長列席說明及答覆委員詢問階段
	2	74	5	2	4	上午九時	第六會議室	1	3		楊委員寶琳	
	3	74	5	9	4	上午九時	第六會議室		4		蔡委員友土	
	4	74	5	18	6	上午九時	第六會議室			3	牛委員踐初	邀請學者專家列席發表意見階段
	5	74	5	23	4	上午九時	第六會議室			4	楊委員寶琳	
	6	74	6	1	6	上午九時	第六會議室			4	蔡委員友土	
第七十六	7	74	11	7	4	上午九時	第十會議室		2		張委員鴻學	廣泛討論階段
	8	74	11	21	4	上午九時	第一會議室			4	牛委員踐初	
	9	74	11	28	4	上午九時	第四會議室			5	楊委員寶琳	
	10	74	12	5	4	上午九時	第六會議室			5	黃委員澤青	

㉕ 本表係參照立法院公報新聞稿第三五八〇、三五八六、三五九二、三六〇
〇、三六〇四、三六一二、三六七七、三六八六、三六九〇、三六九四、
三七〇〇、三七〇六、三七一〇、三七一三、三七二〇、三七二五、三七
三八、三七四一、三七四四、三七六八、三七七〇、三七七三、三七八八
等各號製成。

會期	11	74	12	12	4	上午九時	第五會議室		5	牛委員踐初	逐條討論 通過第 1 、 2 條
	12	74	12	19	4	上午九時	第五會議室		6	楊委員寶琳	逐條討論 通過第 4 至 8 條 保留第 9 條
	13	74	12	26	4	上午九時	第六會議室		6	黃委員澤青	逐條討論　通過 第10至13條，16條 保留第14、15條
	14	74	12	30	1	上午九時	第五會議室		5	牛委員踐初	逐條討論 通過第17條
	15	75	1	9	4	上午九時	第七會議室		5	楊委員寶琳	逐條討論 保留第18條 通過第19、20條
	16	75	1	16	4	上午九時	第五會議室		6	黃委員澤青	逐條討論 通過第21至27條
第七十七會期	17	75	3	17	1	上午九時	第五會議室		5	饒委員穎奇	逐條討論　保留第 28、30、31條通過 第29、32至37條
	18	75	3	20	4	上午九時	第四會議室		5	饒委員穎奇	逐條討論 通過第38、39條
	19	75	3	24	1	上午九時	第五會議室		5	洪委員文棟	逐條討論　通過第 40、42至45條保留 第41條恢復現行 法第43條第2、3項
	20	75	4	24	4	上午九時	第四會議室		5	黃委員澤青	逐條討論通過第 46、48、49、50條 保留第47、51條
	21	75	4	26	6	上午九時	第五會議室		5	黃委員澤青	逐條討論 通過第52、53、54、 57、58、59條 保留第55、56條
	22	75	4	30	3	上午九至十二時下午三至六時	第五會議室		5	饒委員穎奇	逐條討論 保留第60、78條 通過第61至77及 79至89條
	23	75	5	17	6	上午九時	第五會議室		5	黃委員澤青	逐條討論　通過第 9、14、15、18、28、 30、31、41、47、51、 55、56、60條　增加 恢復現行法第12 條　刪除第78條

四、審查報告

按立法院各委員會組織法第十一條規定：各委員會審查議案之經過與決議，應以書面提報院會討論。本修正草案於七十五年五月十七日第二十三次聯席會議全案審查完畢後，卽由四委員會提出審查報告，函請立法院秘書處查照提報院會討論。

其審查報告除略述聯席會議審查本修正草案之經過外，並對政府實施平均地權政策所致之成效予以肯定。至審查報告列舉修正草案修正要點如下 ⑳：

（一）原草案第三條第一項第三款規定：「農業用地：指供農作、森林、養殖、畜牧及與農業經營不可分離之農舍、畜禽舍、倉儲設備、曬場、集貨場、農路、灌漑、排水及其他農用之土地」，乃對農業用地之定義採列舉方式，而漁業旣屬農業範圍，「漁用碼頭」用地當爲漁業經營所不可分離者，本款未將其列入，似屬缺漏，爰於「排水」之下加「漁用碼頭」四字，以資周延。又同條第七款規定空地：「指已完成道路、排水及電力設施，於有自來水地區並已完成自來水系統，而仍未依法建築使用；或雖建築使用，而其建築改良物價值不及所占基地申報地價百分之十，且經直轄市或縣（市）政府認定應予增建、改建或重建之私有建築用地。」旨在促進都市土地之有效利用，而對空地之定義予以明定。惟本款所規定之建築用地範圍僅限於私有，而未包括公有，顯有悖促進土地利用之旨，而公有建築用地尚有很多非公用者，若其合於空地要件，而不將其納入本款範圍以加徵空地稅，似有失公平，爰於「私有」下加「及公有非公用」六字，以資妥適。並作文字修正，於「自來水系統」下加「之建築用地」五字。至第八款抵價地定義之規定似無必

---

⑳ 立法院第一屆第七十七會期第二十九次會議議案關係文書，第二二七至二三八頁。

要，爰將其刪除。

（二）原草案第五條第一項及第六條第二項規定：「依本條例照價收買或區段徵收土地所需之資金，得由省（市）政府發行土地債券。」、「區段徵收之土地以現金補償地價者，每一土地所有權人扣除應納土地增值稅後總額在四十萬元以下者，全部發給現金；超過四十萬元者，其超過部分，得在半數以內搭發土地債券。」乃對「照價收買」及「區段徵收」土地規定所需資金得發行及搭發部份土地債券。惟「區段徵收」乃為公共利益，且其地價之補償，較一般土地買賣價格為低，其所有權人已蒙受重大損失，顯與具有懲罰性之「照價收買」土地有所不同。且在其土地被徵收後，亦常急需現金，而不應再搭發土地債券，爰將第五條第一項中之「或區段徵收」五字刪除，並將第六條第二項修正為「區段徵收之土地以現金補償之。」

（三）原草案第八條規定：「本條例實施地區內之土地，政府於依法徵收時，應按照徵收當期之公告土地現值補償其地價，其地上建築改良物，應參照重建價格補償。」既對地上建築改良物之補償，係參照都市計畫法第五十三條之規定，而增訂「應參照重建價格補償」。而都市計畫區域內之公共設施保留地公告現值往往偏低，其補償標準，似亦應在本條中有所規定，爰參照都市計畫法第四十九條第二項規定，於「其地上建築改良物」之上增訂「在都市計畫區域內之公共設施保留地，應按毗鄰非公共設施保留地之平均公告現值，補償其地價。」以資依據。

（四）現行法第十二條規定：「本條例施行區域內之地籍總歸戶，由中央主管機關訂定辦法，報請行政院核定行之。」原草案以臺灣地區土地總筆數過多，異動頻繁以及所需人力、經費龐大等原因，而予以刪除。惟依據原草案說明：「內政部已成立地政資料中心，負責推動地政資料電腦化工作，一俟全面建檔完成，地籍總歸戶之困難將可全部克

服」， 旣然將來在作業上並無困難， 本條仍以恢復而修正爲第十條爲宜。（原第十條以下各條條次依次遞改。）

（五）原草案第十三條前段規定： 「舉辦規定地價或重新規定地價時， 土地所有權人未於公告期間申報地價者， 以公告地價爲其申報地價」， 顯與原草案第十四條但書「但土地所有權人未申報地價者，以公告地價百分之八十課徵地價稅」有所矛盾，爰將於第十三條前段「公告地價」之下增加「百分之八十」， 另將第十四條之但書刪除。

（六）原草案第十七條 前文規定： 「 合於左列規定 之自用住宅用地， 其地價稅按千分之四計徵。」由於地價稅基本稅率旣由千分之十五減爲千分之十，而自用住宅用地地價稅率亦應比照其降低幅度而降低，方屬公平合理，爰將「千分之四」修正爲「千分之三」。

（七）原草案第十九條規定： 「左列土地在作農業用地使用期間徵收田賦： 一、都市土地依都市計畫編爲農業區及保護區，限作農業用地使用者。二、都市土地在公共設施尚未完竣前，仍作農業用地使用者。三、都市土地依法限制建築，仍作農業用地使用者。四、都市土地依法不能建築，仍作農業用地使用者。五、都市土地依都市計畫編爲公共設施保留地， 仍作農業用地使用者 。 六、非都市土地限作農業用地使用者。七、非都市土地未規定地價者。前項第二款及第三款，以自耕農地及依耕地三七五減租條例出租之耕地爲限。農民團體與合作農場所有直接供農業使用之倉庫、冷凍（藏）庫、農機中心、蠶種製造（繁殖）場、集貨場、檢驗場等用地，仍徵收田賦。第一項及第三項之土地，於本條例施行前原未徵收田賦之區域，仍徵收地價稅，其稅率由行政院視實際情況定之。」固有所本，惟以凡非都市土地依法編定之農業用地及未規定地價者均應徵收田賦，而原條文第一項未予明文規定，似非所宜。又第四項規定對「第一項及第三項之土地，於本條例施行前原未徵收田賦

之區域，仍徵收地價稅」之規定有悖農業用地徵收田賦之原則，顯不合理，爰將其刪除。又第三項「檢驗場」之下加「水稻育苗中心」六字。本條經綜合整理，其修正後之文字如下：「非都市土地依法編定之農業用地或未規定地價者，徵收田賦，但都市土地合於左列規定者，亦同：一、依都市計畫編爲農業區及保護區，限作農業用地使用者。二、在公共設施尚未完竣前，仍作農業用地使用者。三、依法限制建築，仍作農業用地使用者。四、依法不能建築，仍作農業用地使用者。五、依都市計畫編爲公共設施保留地，仍作農業用地使用者。前項第二款及第三款，以自耕農地及依耕地三七五減租條例出租之耕地爲限。農民團體與合作農場所有直接供農業使用之倉庫、冷凍（藏）庫、農機中心、蠶種製造（繁殖）場、集貨場、檢驗場、水稻育苗中心等用地，仍徵收田賦。」

（八）原草案第二十條對都市計畫公共設施保留地，在保留期間仍爲建築使用而非自用住宅者，按千分之八計徵地價稅。因公共設施保留地之使用受到限制，其價值甚低，本修正案已將地價稅基本稅率由千分之十五降爲千分之十，降幅爲三分之一。本條對公共設施保留地地價稅率由千分之十降爲千分之八，仍嫌偏高，爰將「千分之八」修正爲「千分之六」。

（九）原草案第二十二條規定：「供公共通行之騎樓走廊地，無建築改良物者，應免徵地價稅；有建築改良物者，應減徵地價稅；減徵標準及程序，由行政院定之。」本條對免徵地價稅之範圍，僅規定騎樓走廊，且與實際情況不相符合，有欠周延，爰將現行土地稅法第六條所規定各項減免土地稅項目均納入本條，其修正後之條文爲：「供國防、政府機關、公共設施、騎樓走廊、研究機構、教育、交通、水利、給水、鹽業、宗教、醫療、衛生、公私墓、慈善或公益事業等所使用之土地及

重劃、墾荒、改良土地者，其地價稅或田賦得予適當之減免；減免標準
與程序，由行政院定之。」

（十）原草案第二十三條規定：「直轄市或縣（市）政府對於私有空
地，得視建設發展情形，分別劃定區域限期建築、增建、改建或重建；
逾期未建築、增建、改建或重建者，按該宗土地應納地價稅基本稅額加
徵五倍至十倍之空地稅或照價收買。經依前項規定限期建築、增建、改
建或重建之土地，其所建之改良物價值不及所占基地申報地價百分之五
十，直轄市或縣（市）政府不予核發建築執照。」立意固善，惟對空地限
期建築似應報經內政部核准，並視房屋市場之供需情形而實施，不宜規
定過嚴，而對逾期未建築者，如照基本稅額五至十倍加徵空地稅，亦嫌
過高，且公有空地亦應包括在限期建築範圍之內，以促進土地利用並示
公平合理，爰將其修正爲「直轄市或縣（市）政府報經內政部核准，對於
空地得視建設發展情形，分別劃定區域限期建築、增建、改建或重建；
逾期未建築、增建、改建或重建者，按該宗土地應納地價稅基本稅額加
徵一至三倍之空地稅。經加徵空地稅滿三年仍不使用者，得照價收買。」

（十一）原草案 第二十四條第一項 前文規定： 「 農業用地閒置不
用，經直轄市或縣（市）政府通知限期使用；逾期仍未使用者，按應納
田賦加徵三倍之荒地稅。經加徵荒地稅滿三年，仍不使用者，得照價收
買。」惟對閒置不用之農業用地如採取措施亦應報經內政部核准，以示
愼重。至農業用地之使用，農業發展條例已規定有「委託經營」一項，
如農業用地閒置不用，除通知限期使用外，亦可「命其委託經營」。關
於荒地稅之加徵田賦，不宜硬性規定三倍，而似應作彈性規定，爰於「
經直轄市或縣（市）政府」下增訂「報經內政部核准」，「限期使用」
下增訂「或命其委託經營」七字，「逾期仍未使用者」下增訂「或委託
經營者」。並將「按應納田賦加徵三倍之荒地稅」，修正爲「按應納田

賦加徵一至三倍之荒地稅」。又第四款原規定：「因灌溉設施損壞不能耕作者」，惟因農業用地，如排水設施損壞，即不能耕作，故於「灌溉」下加「排水」二字。又同條第二項規定：「前項規定之實施辦法，由中央主管機關定之」，因本條之執行涉及農業主管機關業務，在研訂實施辦法時，似應會同農業主管機關較為妥當，爰於「機關」下增加「會同農業主管機關」八字。

（十二）原草案第二十五條第一項第一款規定：「直轄市或縣（市）政府應將照價收買之土地先行公告，並以書面通知土地所有權人及土地移轉之權利人或他項權利人。」因照價收買土地，具有懲罰性，如執行發生偏差，則對人民權利影響甚鉅，為慎重起見，似應增加報奉核准之程序，爰於「應將」之下加「奉准」二字。又第二款規定：「受通知人應於通知送達之次日起三十日內繳交土地所有權狀、土地他項權利證明書及有關證件；逾期不繳交者，宣告其書狀、證件無效。」其中所定「三十日」之限制，似為時過短，爰將其修正為「五十日」。

（十三）原草案第二十七條末段規定：「逾期不交付者，由主管機關移送法院裁定後強制執行。」經作文字修正，為「逾期不交付者，必要時主管機關得移送法院裁定後強制執行」，使其較具彈性。

（十四）原草案第三十條第二項末段規定：「其在一年以上者，應依其種植費用，並參酌現值估定之。」係對照價收買之土地農作改良物補償價額之估定標準。惟一年以上之農作物如森林、果樹等，其培育費用有時超過種植費用，若不將其列入以估價補償範圍，實不合理，爰於「種植」之下加「培育」二字。

（十五）原草案第三十一條第二項規定：「前項改良物之價額，由直轄市或縣（市）地政機關查估後，提交地價評議委員會評定之。」其中所定「縣市地政機關」對地上建築改良物價額不一定能完全瞭解，如

單獨由其查估難免有不正確之情形發生，而引起民間之不滿，爰將「直轄市或縣（市）地政機關」改爲「政府」。至於原草案第六十五條、第七十七條及第八十二條中之「直轄市或縣（市）地政機關」亦均修正爲「直轄市或縣（市）政府」，以資配合。

（十六）原草案第三十四條規定：「土地增值稅之徵收，應依照土地漲價總數額計算，於土地所有權移轉或設定典權時行之。但因繼承而移轉者，免徵土地增值稅。前項土地漲價總數額，應減去土地所有權人爲改良土地已支付之全部費用。」乃將現行法第三十六條第三項「土地所有權人辦理土地移轉繳納土地增值稅時，在其持有土地期間內，因重新規定地價增繳之地價稅，就其移轉土地部分，准予抵繳其應納之土地增值稅。但准予抵繳之總額，以不超過土地移轉時應繳增值稅總額百分之五爲限。」及第四項「前項增繳之地價稅抵繳辦法，由行政院定之。」刪除。即對土地所有權人持有土地期間，因重新規定地價增繳之地價稅，不再准予抵繳其土地移轉時應納之土地增值稅。惟以土地重新規定地價而增繳之地價稅，係因地價增加後所增加之負擔，若不准其抵繳土地增值稅，有欠合理。爰將其恢復，即本條仍維持現行法條文。

（十七）原草案第三十八條規定：「土地增值稅之稅率，依左列之規定：一、土地漲價總數額在六十萬元以下者，課徵百分之四十五。二、土地漲價總數額超過六十萬元至一百萬元部分，課徵百分之五十。三、土地漲價總數額超過一百萬元至一百四十萬元部分，課徵百分之五十五。四、土地漲價總數額超過一百四十萬元部分，課徵百分之六十。同一土地所有權人於一年間就同一筆土地曾分次移轉或分割移轉者，應合併計算土地漲價總數額，依前項規定之稅率徵收之。」乃將現行土地增值稅按漲價倍數累進課徵，而改爲按漲價金額累進課徵，並將第一級稅率由百分之四十提高爲百分之四十五。惟以：（1）現制乃國家平均地

權之基本政策，行之多年，人民業已習慣，並無不良反應，如遽予改變則將造成不適應之困擾。(2) 新制將助長郊區土地之投機，而影響土地加速利用及舊市區之更新。(3) 大規模整體土地之規劃開發，勢將負擔較重之土地增值稅，而減低投資開發土地意願。(4) 加重人民稅負。基于上述理由，乃決定仍維持現行法第四十條條文。

　　（十八）原草案第四十條第一項規定：「被徵收之土地，其土地增值稅一律減徵百分之二十。但在中華民國六十二年九月六日都市計畫法修正公布前，經編定為公共設施保留地，並已規定地價，且在該次都市計畫法修正公布後未曾移轉者，其土地增值稅減徵百分之四十。」乃將現行法第四十二條對被徵土地之土地增值稅減徵「百分之四十」之規定而降低為「百分之二十」，又將六十二年都市計畫法修正公布前編定為公共設施保留地之土地增值稅減徵「百分之七十」之規定降低為「百分之四十」，惟公共設施保留地土地增值稅之優惠稅率，係因土地被編為公共設施保留地後，在土地使用型態上既有所限制，當然使用價值亦降低甚多，而對土地所有權人之權益影響甚鉅，且時間愈久損害愈大，而徵收土地補償地價係以公告現值為準，而較一般買賣地價為低，似仍以維持現行優惠稅率為宜，爰將其中「百分之二十」修正為「百分之四十」，而「百分之四十」則修正為「百分之七十」。至於第二項「依法得徵收之私有土地，土地所有權人同意按公告土地現值或低於公告土地現值之價格售與需地機關者，準用前項規定」中之「同意」二字修正為「自願」，並將其中「或低於公告土地現值」一句刪除，以免有損土地所有權人。

　　（十九）原草案將現行法第四十三條全條刪除，惟其第二項及第三項係屬獎勵及行政程序之規定，似不宜刪除，爰將其恢復，為第四十三條。其條文如下：「私有荒地或空地，經改良利用或建築使用而移轉所

有權者，就其應納土地增值稅稅額減徵百分之二十。前項改良利用或建
築使用，應以經主管機關登記有案者爲限。」（原第四十三條以下各條
條次，依序遞改。）

（二十）原草案第四十三條第一項前段「農業用地在依法作農業使
用期間」中之「期間」二字修正爲「時」字。

（二十一）原草案第四十六條第一項前文規定「土地所有權移轉或
設定典權，其申請移轉現值之審核標準」中之「申請」二字修正爲「申
報」。

（二十二）原草案第四十九條規定：「依本條例施行漲價歸公之收
入，以供育幼、養老、救災、濟貧、衞生、扶助殘障等公共福利事業、
興建國民住宅、興辦公共設施及推展國民教育之用。」乃規定漲價歸公
之用途，用意至善。惟以其未將「徵收公共設施保留地」一項列入其
中，似欠合理，爰於「興建國民住宅」下增加「徵收公共設施保留地」
一項，以裕徵收公共設施保留地之財源。

（二十三）原草案第五十一條規定：「各級主管機關爲都市發展或
開發新社區之需要，得選擇適當地區施行區段徵收。區段徵收地區選定
後，徵收機關得進入該地區範圍內實施工作，並得視實際需要報經上級
主管機關核定後，分別或同時公告禁止左列事項。一、土地移轉、分
割、設定負擔。二、建築改良物之新建、增建、改建或重建及採取土石
或變更地形。前項禁止期間，以一年六個月爲期。期滿有特殊情形者，
得報經上級主管機關准予延長六個月。」其中所定「適當地區」範圍有
欠明確，而完全授權各級主管機關選擇，易滋流弊，且第二項規定「區
段徵收地區選定後」，旣未公告，亦未發給徵收補償，卽在土地所有權
人毫不知情之下，徵收機關卽可進入該地區範圍內工作，實嚴重侵害人
民權益，似有不當，而應先行通知，再行爲之。又第三項將現行法之「

禁止期間不得超過一年六個月」，得准予延長六個月。在禁止期間，該被選定徵收地區之土地等於凍結。實對人民權益影響至鉅。經斟酌至再，乃將現行辦理區段徵收，選舉適當地區之標準，納入本條，使之法律化，並將條文重新加以整理如下：「各級主管機關得就左列地區報經行政院核准後施行區段徵收：一、新設都市地區之全部或一部，實施開發建設者。二、舊都市地區為公共安全、公共衛生、公共交通之需要或促進土地之合理使用實施更新者。三、都市土地開發新社區者。四、農村社區為加強公共設施、改善公共衛生之需要或配合農業發展之規劃實施更新或開發新社區者。區段徵收地區選定後，徵收機關於通知其土地所有權人或使用人後，得進入該地區內為勘查或測量。其必須遷移或除去該土地上之障礙物時，應事先通知其所有權人或使用人；其所有權人或使用人因而遭受之損失，應予適當之補償；補償金額由雙方協議之，協議不成，由當地直轄市、縣（市）政府函請上級政府予以核定。區段徵收地區選定後，徵收機關得視實際需要報經上級主管機關核定後，分別或同時公告禁止左列事項：一、土地移轉、分割、設定負擔。二、建築改良物之新建、增建、改建或重建及採取土石或變更地形。第三項禁止期間，以一年六個月為期。徵收公告後，徵收地區內應行拆除或遷移之地上物，徵收機關應於公告期滿後十五日內發給補償。於補償完竣後，得進入該地區內實施工作。」

（二十四）原草案第五十二條第一項規定：「各級主管機關依本條例規定施行區段徵收時，其補償地價得以徵收後可供建築之土地折算抵付。抵價地總面積，以徵收總面積百分之四十為原則。其因情形特殊，經上級主管機關核准者，不在此限；但不得少於百分之三十。」惟其中對區段徵收地價之補償標準及土地所有權人對抵價地之意願，均未有規定，似有未當，爰將其中「其補償地價」一句修正為「應依本條例第八

條規定補償其地價，如經土地所有權人之申請」，則得以徵收後可供建築之土地折算抵付，似較合理。至於抵價地總面積佔徵收總面積之比例規定爲「百分之四十」及「不得少於百分之三十」，實嫌太低，爰予修正爲「百分之五十」及「百分之四十」，似較適宜。

（二十五）原草案第五十三條第一項規定：「依本條例實施區段徵收之土地，原土地所有權人不願領回抵價地，於徵收公告確定之日起二十日內經以書面申請發給現金者，徵收機關應於三十日內，按原徵收補償地價發給現金補償。未於規定期間內提出申請者，視爲同意領回抵價地。」乃對於區段徵收土地之補償地價規定以發給抵價地爲主，而以土地所有權人之申請始發給現金。茲爲配合第五十二條之修正，特改以發給現金爲主，而以土地所有權人之申請始發給抵價地。其條文經整理修正如下：「依本條例實施區段徵收之土地，原土地所有權人不願領回現金者，於徵收公告確定之日起二十日內經以書面申請發給抵價地，徵收機關應於三十日內，核定其申請。」

（二十六）原草案第五十五條規定：「區段徵收範圍內之土地，經規劃整理後，其處理方式如左：一、抵價地發交原土地所有權人領回。二、道路、溝渠、公園、綠地、兒童遊樂場、廣場、停車場、體育場所、國民學校等公共設施用地無償登記爲直轄市或縣（市）有。三、前款以外之公共設施用地、國民住宅用地及安置原住戶所需土地讓售或有償撥供需地機關使用。四、其餘可供建築土地，應予標售。依前項第三款、第四款讓售或撥用地價及標售底價，以可供讓售、撥用及標售土地總面積，除開發總費用所得之商數爲準。第一項第四款土地之標售，原土地所有權人及他項權利人可參加標售。但無優先承買權。」茲爲配合第五十二條之修正，特增加第一項第二款「原土地所有權人領取現金補償地價者，於區段徵收完成後，得優先買回土地，其地價應按徵收補償

地價另加公共設施費用計算，其買回最高面積，依第五十二條核計。」（原第二至四款，依次遞改爲三至五款）並將原第三項刪除。

（二十七）原草案第五十六條第一項規定：「直轄市或縣（市）政府爲促進土地建築使用或爲開發新都市、新社區，得選擇適當地區辦理市地重劃。中央或省主管機關亦得選定適當地區逕爲辦理或指定直轄市或縣（市）政府限期辦理。」其中「適當地區」範圍有欠明確，漫無標準易滋流弊，爰於五十一條採同樣方式，而作具體規定，其修正後之條文如次：「各級主管機關得就左列地區報經上級主管機關核准後辦理市地重劃：一、新設都市地區之全部或一部，實施開發建設者。二、舊都市地區爲公共安全、公共衛生、公共交通或促進土地合理使用之需要者。三、都市土地開發新社區者。四、經中央或省主管機關指定限期辦理者。」

（二十八）原草案第五十八條第二項規定：「重劃會辦理市地重劃時，應由重劃區內私有土地所有權人半數以上，而其所有土地面積超過重劃區私有土地總面積三分之二以上者之同意，並經主管機關核准後實施之。」其中規定「所有土地面積超過重劃區私有土地總面積三分之二以上者之同意」，似過分偏重於土地多之所有人，爰比照第五十七條之規定，將「三分之二」修正爲「半數」，較爲適宜。

（二十九）原草案第五十九條第二項規定：「前項禁止或限制期間，以一年六個月爲期。期滿有特殊情形者，得報請上級主管機關准予延長六個月。」經比照第五十一條之修正，特將末段「期滿有特殊情形者，得報請上級主管機關准予延長六個月」刪除。

（三十）原草案第六十條第三項首段規定「依第一項規定折價抵付共同負擔之土地，其合計面積以不超過各該重劃區總面積百分之四十五爲限。」惟以其中所定之「百分之四十五」似嫌過高，爰予修正爲「百

分之四十」，較爲適宜。

（三十一）原草案第六十二條第一項規定「主管機關於辦理重劃分配完畢後，應將分配結果公告三十日。」惟以土地重劃後分配結果，關係人民權益至鉅，不僅應予公告，並應通知土地所有權人，爰參照農地重劃條例第二十六條之規定，而於項末增加「並通知土地所有權人」。並於第三項「前項異議，由主管機關調處之。」之末增「調處不成，應報請上級機關裁決之。」以臻周全。

（三十二）原草案第六十五條第一項規定：「重劃區內應行拆遷之土地改良物或墳墓，直轄市或縣（市）政府應予公告，並通知其所有權人或墓主限期三十日內自行拆除或遷葬。逾期不拆除或遷葬者，得代爲拆除或遷葬。」其中所定墳墓遷葬，我國民俗視爲大事，「限期三十日」時間太短，爲免遷葬不及，爰將土地改良物之拆遷與墳墓之遷葬限期予以分別規定，並將遷葬墳墓之期限放寬爲「三個月」。另將第二項中之「由直轄市或縣（市）地政機關查定之」修正爲「由直轄市或縣（市）政府查定之」。

（三十三）原草案第七十八條規定：「依第二十三條規定限期建築之土地，直轄市或縣（市）政府得斟酌都市發展情形，按土地使用種類及性質，爲最低建築高度之限制。」惟以建築物之高度，來防止土地所有人之投機取巧，並不能發生作用，而徒增民眾困擾，爰于刪除。

貳、第二讀會

立法院內政、財政、經濟、司法四委員會聯席審查「平均地權條例修正草案」完竣後，於七十五年五月二十七日⑺臺內發字第〇〇一一二號函送立法院秘書處請提報院會公決，案經立法院第七十七會期第二十九次會議於六月三日上午提出討論，由黃委員澤青補充說明，本條正草

案正式進入「第二讀會」階段。

　　本案進行廣泛討論時，吳委員延環發言後隨卽進行逐條討論，進行相當順利，並於同月十三日第三十二次會議完成二讀，茲將二讀會對委員會聯席會議通過之九十條修正草案討論情形及表決情形列表說明如次❷⑦：

討論情形		表決方法	表決人數	條　　　次	條數
未經討論照案通過		口頭表決	全體無異議通過	一、二、四、七、八、十一、十二、十四～十八、二十、二十一、二十六～三十二、三十五～四十二、四十四、四十五、四十七～五十二、五十四、五十六、五十八、六十、六十一、六十三～九十	71
經過討論	照案通過	口頭表決	全體無異議通過	十、二十五、三十三、五十七、五十九	5
		舉手表決	多數通過	十九、二十三、三十四	3
	修正通過	口頭表決	全體無異議通過	三、五、六、九、十三、二十四、四十六	7
		舉手表決	多數通過	五十三、五十五、六十三	3
	刪除通過	舉手表決	多數通過	四十三	1

上表所列照審查案通過者計七十九條，經過討論而口頭表決全體無異議修正通過者七條，舉手表決多數贊成修正通過者三條，舉手表決多數贊成刪除通過者一條。

　　本次修正草案在立法院二讀會審查時，共保留八條，茲歸納其最為爭論之焦點條文如后：

---

❷⑦　詳見七十五年六月四日暨六月十四日立法院公報第三八〇一、三八〇二期院會要聞。

（一）第六條有關照價收買土地應行償付之地價暨區段徵收之土地以現金補償之問題：行政院修正草案維持照價收買土地應行償付之地價暨區段徵收之土地補償均有發給現金之規定，但視兩者為同一性質，在前者超過二十萬元，後者超過四十萬元者，其超過部分得搭發土地債券二分之一。而二讀會審查時立委認為兩者性質不同，應以人民權益為重，因區段徵收並非全以公益，其於徵收後交由商人處理，因此聯席審查時，將區段徵收之土地全部以現金補償之，修正行政院之草案，但於二讀會吳委員延環提出折衷修正案，將行政院修正草案之區段徵收搭發土地債券之額度從四十萬元提高五十萬元，因而再引發爭論，歷經表決結果不僅變更了對區段徵收之土地以現金補償之審查會修正案，而且也修正了行政院草案，有關發給現金暨搭發土地債券之額度。

（二）第十九條關於將工業用地之稅率並擴大不予累進課稅之適用範圍問題，一讀審查會不但增列第三項，以本條工業用地之地價稅，如符合本條例第二十三條減免規定者，依該條減免之，且於第一項未按核定規劃使用者不適用該稅率之權責，課歸目的事業主管機關，因而引發爭論，二讀會部分委員主張刪除「目的事業主管機關」一語，爰經表決，多數贊成審查會條文。

（三）第四十三條關於購買荒地或空地，以其有否改良利用或建築使用而出售，對其土地增值稅加、減徵百分比之規定，行政院修正草案咸以農業發展條例暨本條例中已有其他規定，政策上實無採雙重懲罰之必要，而將現行條例第四十三條刪除。一讀會審查恢復了現行法第二項暨第三項條文，二讀會吳委員延環主張行政院修正案之理由充足，應照行政院意見刪除現行條文，為院會多數贊成，變更一讀會之審查結論，現行條文第四十三條終被刪除。

（四）第五十三條關於區段徵收之選定暨公告禁止行為事項，一讀

會大幅度變更修正行政院草案，二讀會時復引起爭論，吳委員延環提出審查會第五項，土地法第二百三十一條、第二百三十三條已有更詳明之規定，建議予以刪除，經表決多數通過贊成吳委員修正動議。

（五）第五十五條關於實施區段徵收之土地，原土地所有權人不願領回抵價地而應如何申請發給現金之規定，一讀會聯席會議審查變更行政院修正草案，反修正為原土地所有權人不願領回現金如何申請發給抵價地之規定。因審查會與行政院意見正好完全相反，二讀會於反覆討論後由吳委員延環探審查會修正草案之精神再予修正，經表決多數通過贊成吳委員所提修正動議。

（六）第六十二條關於實施市地重劃之費用，由參加重劃土地所有權人之比例分擔問題，立法院審查會將行政院修正草案有關「折價抵付共同負擔之土地，其合計面積以不超過各該重劃區總面積百分之四十五為限」，修正為「百分之四十為限」，二讀會吳委員延環提出為提高重劃區之品質，重劃負擔比例應維持百分之四十五，為二讀會所接受。

叁、第三讀會

立法院審議法律案之程序，依其議事規則之規定，應經三讀會議，又第三讀會應於第二讀會之下次會議行之，因此，本修正草案於七十五年六月十七日第三十三次院會進行三讀，並於同日完成三讀法定程序。

第三讀會除發現議案內容有相互牴觸或與憲法及其他法律相牴觸者外，祇得為文字之修正，會中有委員吳延環、費希平、張俊雄、林聯輝等提出文字修正，除標點符號外，關於修正文字部分，茲列表說明如次❷：

---

❷　詳見立法院公報第七十五卷第四十九期，院會紀錄第十、十一、十六、二十二頁。

條　　次	說　明	第二讀會通過之條文	第三讀會通過之條文
第　十　條	末　段	應按毗鄰非公共設施保留地之平均公告現值	應按……之平均公告土地現值
第二十六條之一	第一項	一至三倍	一倍至三倍
第二十八條	第一款	奉　准	報　准
第四十六條	前　段	繪製地價區段圖及估計區段地價後	繪製地價區段圖並估計區段地價後
第五十三條	第二項末行	由當地直轄市、縣（市）政府	由當地直轄市或縣（市）政府
第五十四條	第三項第一句	依第二項規定	依前項規定
第五十九條	第一項第一款	分割、設定負擔	分割或設定負擔
第　六　十　條之二	第三項末　句	上級機關	上級主管機關
第　八　十　條之一	第一項	除追補應納之土地增值稅外，處應納土地增值稅額二倍之罰鍰	除追補應納之土地增值稅外，並處應納……罰鍰

第三節　現行條例之內容

　　平均地權條例修正草案，行政院於七十三年九月十三日第一九○一次院會決議通過，並於同年十月十八日函請立法院審議，立法院先後於七十四年五月十七日、七十五年六月十三日暨六月十七日分別歷經第一、二、三讀會，完成修法程序，總統於同年月二十九日修正公布施行。茲將修正後之「平均地權條例」（簡稱現行條例，以下同），依其章次內容舉要歸納並說明修正重點如次：

壹、總　則

關於第一章「總則」，修正前平均地權條例（指六十九年之平均地權條例，簡稱修正前條例，以下同），原為十二條，被刪除二條（卽第八條、第九條），修正後計有十條，其內容：

一、立法意旨與其他法律之關係

平均地權之實施，依本條例之規定；本條例未規定者，適用土地法及其他法律之規定（現行條例第一條）。本條未修正，前者揭櫫立法宗旨，後者標明其法律地位，係「土地法及其他有關法律」之特別法。

二、主管機關之規定

本條例所稱主管機關：中央為內政部；省（市）為省（市）政府；縣（市）為縣（市）政府。其有關土地債券之發行事項，中央主管機關為財政部（現行條例第二條）。本條未修正，凡法令之執行，宜由一定之機關擔任，俾責有攸歸，以收事權統一之效。

三、各種土地名稱意義之規定

本條例用辭定義如左：

（一）都市土地：指依法發布都市計畫範圍內之土地。

（二）非都市土地：指都市土地以外之土地。

（三）農業用地：指供農作、森林、養殖、畜牧及與農業經營不可分離之農舍、畜禽舍、倉儲設備、曬場、集貨場、農路、灌溉、排水、漁用碼頭及其他農用之土地。

（四）工業用地：指依法核定之工業區土地及政府核准工業或工廠使用之土地。

（五）礦業用地：指供礦業實際使用地面之土地。

（六）自用住宅用地：指土地所有權人或其配偶、直系親屬於該地

辦竣戶籍登記，且無出租或供營業用之住宅用地。

（七）空地：指已完成道路、排水及電力設施，於有自來水地區並
已完成自來水系統，而仍未依法建築使用；或雖建築使用，
而其建築改良物價值不及所占基地申報地價百分之十，且經
直轄市或縣（市）政府認定應予增建、改建或重建之私有及
公有非公用建築用地。（現行條例第三條）

本條例將原有用辭之定義分款列舉並加修正，並刪除修正前條例第
八、九條，將其有關「自用住宅用地」及「空地」之定義，移列於本
條，另增列「農業用地」、「礦業用地」，對各種不同使用性質之各項
土地，界定其意義。

四、地價評議委員會之規定

本條例所定地價評議委員會，由直轄市或縣（市）政府組織之，並
應由地方民意代表及其他公正人士參加；其組織規程，由內政部定之（
現行條例第四條）。依本條例所設地價評議委員會，其任務與土地法第
一百五十五條所設標準地價評議委員會同，宜予合併。惟地價評議委員
會組織規程，修正前條例規定由行政院定之；而標準地價評議委員會組
織規程，依土地法規定，係由中央地政機關定之，為統一事權，爰修正
由「內政部」定之。

五、照價收買或區段徵收所需償付之地價資金之籌措與標準

照價收買或區段徵收土地所需之資金，得由省（市）政府依「臺灣
地區平均地權土地債券發行條例」規定，發行土地債券（現行條例第五
條），而其現金償付標準，照價收買之土地，由十萬元提高為三十萬
元，區段徵收之土地，由二十萬元提高為五十萬元，其修正內容為：

照價收買土地應行償付之地價，每一土地所有權人扣除應納土地增
值稅後，總額在三十萬元以下者，全部發給現金；超過三十萬元者，就

其超過部分，搭發土地債券二分之一。

　　區段徵收之土地以現金補償地價者，每一土地所有權人扣除應納土地增值稅後，總額在五十萬元以下者，全部發給現金；超過五十萬元者，其超過部分，得在半數以內搭發土地債券。（現行條例第六條）

　　六、徵收土地之補償規定

　　本條例實施地區內之土地，政府於依法徵收時，應按照徵收當期之公告土地現值，補償其地價。在都市計畫區內之公共設施保留地，應按毗鄰非公共設施保留地之平均公告土地現值，補償其地價，其地上建築改良物，應參照重建價格補償（現行條例第十條）。修正前條例規定，徵收土地均按公告現值補償地價。此次修正，參照都市計畫法第四十九條第二項暨第五十二條規定及其精神，增訂都市計畫區內之公共設施保留地，及其地上建築改良物之補償標準。

　　七、擴大政府得隨時公開出售取得之土地

　　修正前條例規定，政府不受土地法第二十五條之限制，得隨時公開出售其取得之土地，僅限於本條例之照價收買、區段徵收或因土地重劃而取得之土地。現行條例將「依本條例規定」修正爲「依法」，俾依「國民住宅條例」、「農地重劃條例」等其他條例，亦可適用本條之規定。

　　八、出租耕地之徵收或照價收買補償承租人之規定

　　修正前條例對出租耕地補償承租人之規定，僅以依法徵收爲限，本次增訂照價收買之出租耕地一併適用，修正爲：

　　依法徵收或照價收買之土地爲出租耕地時，除由政府補償承租人爲改良土地所支付之費用，及尚未收穫之農作改良物外，並應由土地所有權人，以所得之補償地價，扣除土地增值稅後餘額之三分之一，補償耕地承租人。

前項補償承租人之地價，應由主管機關於發放補償或依法提存時，代為扣交。

公有出租耕地依法撥用時，準用前二項之規定，補償承租人；所需經費，由原管理機關負擔。但為無償撥用者，補償費用，由需地機關負擔。（現行條例第十一條）

貳、規定地價

規定地價為劃分公、私地權界線之方法，目的在規定私人現有地價，藉以照價徵稅。凡經規定地價後之漲價，屬於社會全體，並以土地增值稅使其歸公，進而便於照價收買，有助於調節土地分配，促進土地利用。因此，規定地價為推行土地政策，實施平均地權以解決土地問題之基礎工作。

規定地價，土地法雖設有相當規定，已如第二章第四節之論述，但平均地權條例為土地法之特別法，應予優先適用。現行條例第二章係為規定地價而設，自第十三條至第十六條計四條，茲舉其內容重點如后：

一、規定地價或重新規定地價之時期與範圍

規定地價或重新規定地價之時期與範圍，本次修正並未變更，仍以本條例施行區域內，未規定地價之土地，應即全面舉辦規定地價。但偏遠地區及未登記之土地，得由省（市）政府劃定範圍，報經內政部核定後分期辦理（現行條例第十三條）。規定地價後，每三年重新規定地價一次。但必要時得延長之。重新規定地價者亦同。（現行條例第十四條）

二、規定地價或重新規定地價之程序

直轄市或縣（市）主管機關辦理規定地價或重新規定地價之程序，本次修正，係針對下列情況與理由：

　　（一）爲明權責，將「直轄市及縣（市）主管機關」修正爲「直轄市或縣（市）地政機關。」

　　（二）地目已不足以表徵土地之使用狀況，故將第一款「地目」二字刪除。

　　（三）區段地價評議後，按其地價高低劃分其等級，目的在瞭解各地地價之概況。就規定地價之程序言，無提交地價評價委員會評議之必要，參照實際作業予以修正，以資簡化。

　　（四）增訂「計算宗地單位地價」，以應實際需要❷❾。

　　前項修正爲現行條例第十五條：直轄市或縣（市）主管機關辦理規定地價或重新規定地價之程序如左：

（一）分區調查最近一年之土地買賣價格或收益價格。

（二）依據調查結果，劃分地價區段並估計區段地價後，提交地價評議委員會評議。

（三）計算宗地單位地價。

（四）公告及申報地價，其期限爲三十日。

（五）編造地價册及總歸戶册。

準此，規定地價或重新規定地價之程序：

　　（一）調查地價：直轄市或縣（市）主管機關辦理規定地價或重新規定地價，應先分區調查最近一年之土地買賣價格或收益價格。

　　（二）評議地價：依據前項調查結果，劃分地價等級及地價區段，並予估計區段地價後再提交地價評議委員會評議。

　　（三）計算宗地單位地價：主管機關依前項評議結果分別計算宗地單位地價，以便公告。

---

❷❾　立法院議案關係文書，院總第二四八號，政府提案第二六八八號之一，第十四條之修法說明。

（四）分區公告：主管機關按土地所在地之鄉、鎮、市、區分別公告地價等級表、地價區段圖及宗地單位地價。其公告之期限爲三十日。

（五）申報地價：土地所有權人之申報地價，本次修正刪除「土地所有權人應自行申報地價」之規定，賦與土地所有權人以自由選舉之權利，以資便民。卽「舉辦規定地價或重新規定地價時，土地所有權人未於公告期間申報地價者，以公告地價百分之八十爲其申報地價。土地所有權人於公告期間申報地價者，其申報之地價超過公告地價百分之一百二十時，以公告地價百分之一百二十爲其申報地價；申報之地價未滿公告地價百分之八十時，得照收買或以公告地價百分之八十爲其申報地價」。（現行條例第十六條）

（六）編造地價册及總歸戶册：依據申報地價而編造地價册及總歸戶册之規定與土地法第一五九條同。目前仍按縣（市）總歸戶，與現行條例第十二條訂定地籍總歸戶辦法尚有一段差距。

叁、照價徵稅

照價徵稅，爲國家收取土地租稅之方法。因規定地價後，土地所有權人所報之地價，旣爲私人財產，由其使用收益，則應向國家繳納「地租稅」，平均地權條例第三章照價徵稅，對「已規定地價之土地，應按申報地價依法徵收地價稅」（第十七條），乃爲實現 國父照價抽稅、地利歸公之平均地權遺敎。本章自第十七條至第二十六條之一，計有十一條，茲將其內容重點暨修正事項分析列舉如后：

一、課徵地價稅部分

地價稅之課徵採累進稅制，其累進起點地價及稅率規定爲：

（一）累進起點地價：現行條例第十八條爲「地價稅採累進稅率，以各該直轄市或縣（市）土地七公畝之平均地價，爲累進起點地價。但

不包括工業用地、礦業用地、農業用地及免稅土地在內」。與修正前條
例比較而言，其累進起點地價同爲七公畝之平均地價，惟其標準除不包
括工業用地、農業用地、免稅土地外，增列礦業用地之土地，亦不包括
在內。

（二）地價稅率：現行條例規定爲基本稅率、累進稅率與減免稅
率。

1.　基本稅率：爲減輕土地所有權人之地價稅負擔，將地價稅基本
稅率由千分之十五降低爲千分之十。卽土地所有權人之地價總額未超過
土地所在地直轄市或縣（市）累進起點地價者暨公有土地（現行條例第
二十四條前段），其地價稅按基本稅率（千分之十）徵收。

2.　累進稅率：累進稅率每級距均降低百分之五，並將原有六級降
爲五級，卽最高累進稅率爲百分之五十五。其計算方式，按土地所有權
人之地價總額超過前述累進起點地價者，依左列規定累進課徵：（現行
條例第十九條）

①超過累進起點地價未達五倍者，就其超過部分課徵千分之十五。

②超過累進起點地價五倍至十倍者，就其超過部分課徵千分之二十
　五。

③超過累進起點地價十倍至十五倍者，就其超過部分課徵千分之三
　十五。

④超過累進起點地價十五倍至二十倍者，就其超過部分課徵千分之
　四十五。

⑤超過累進起點地價二十倍以上者，就其超過部分課徵千分之五十
　五。

爲便於比較起見，茲將四十三年原條例，四十七年、五十三年、六十六
年修正條例暨現行條例所定累進稅率列表如下：

累進級次	四十三年原條例		四十七年修正條例		五十三年修正條例		六十六年修正條例		七十五年現行條例	
	級 距	稅率	級 距	稅率	級距	稅率	級距	稅率	級距	稅率
第一級	地價總額未超過累進起點地價之數額	15%	地價總額未超過累進起點地價之數額	7%	同上	15%	同上	15%	同上	10%
第二級	地價總額超過累進起點地價而未超過四倍之數額	20%	地價總額超過累進起點地價而未超過五倍之數額	12%	同上	20%	同上	20%	同上	15%
第三級	超過累進起點地價四倍而未超過八倍之數額	25%	超過累進起點地價五倍而未超過十倍之數額	22%	同上	30%	同上	30%	同上	25%
第四級	超過累進起點地價八倍而未超過十二倍之數額	30%	超過累進起點地價十倍而未超過十五倍之數額	32%	同上	40%	同上	40%	同上	35%
第五級	超過累進起點地價十二倍而未超過十六倍之數額	35%	超過累進起點地價十五倍而未超過二十倍之數額	42%	同上	50%	同上	50%	同上	45%
第六級	超過累進起點地價十六倍而未超過二十倍之數額	40%	超過累進起點地價二十倍而未超過二十五倍之數額	52%	同上	60%	同上	60%	超過累進起點地價二十倍以上者	55%
第七級	超過累進起點地價二十倍而未超過二十四倍之數額	45%	超過累進起點地價二十五倍之數額	62%	同上	70%	同上	70%		
第八級	超過累進起點地價二十四倍而未超過二十八倍之數額	50%								
第九級	超過累進起點地價二十八倍而未超過三十二倍之數額	55%								
第十級	超過累進起點地價三十二倍而未超過三十六倍之數額	60%								
第十一級	超過累進起點地價三十六倍之數額	65%								

3、　減免稅率：　本章對於自用住宅用地、特定事業直接使用之土地、農業用地、公共設施保留地與公有土地等，不僅不予累進課稅，且有減免稅率之規定，茲分述如左：

(1) 按千分之十稅率課徵地價稅：（現行條例第二十一條）

供左列事業直接使用之土地，按千分之十計徵地價稅。但未按目的事業主管機關核定規劃使用者，不適用之：

①工業用地、礦業用地。

②私立公園、動物園、體育場所用地。

③寺廟、教堂用地、政府指定之名勝古蹟用地。

④依都市計畫法規定設置之加油站及供公眾使用之停車場用地。

⑤其他經行政院核定之土地。

在依法劃定之工業區或工業用地公告前，已在非工業區或工業用地設立之工廠，經政府核准有案者，其直接供工廠使用之土地，準用前項規定。

第一項各款土地之地價稅，符合第二十五條減免規定者，依該條減免之。

本條之修正，除配合基本稅率之降低，將工業用地之稅率由千分之十五降為千分之十外，針對實際需要，擴大不予累進課稅之適用範圍。此擴大適用範圍，為期週延，明定其適用條件，並依土地之性質符合減免者，可依第二十五條規定再予減免。

(2) 按千分之六稅率課徵地價稅者：公共設施保留地之地價稅率，由千分之十降低為千分之六。卽「都市計畫公共設施保留地，在保留期間仍為建築使用者，除自用住宅用地依第二十條之規定外，統按千分之六計徵地價稅」。（現行條例第二十三條前段）

(3) 按千分之三稅率課徵地價稅者：自用住宅用地之地價稅率，由

修正前條例規定千分之五降低爲千分之三計徵，其規定如左：（現行條例第二十條）

合於左列規定之自用住宅用地，其地價稅按千分之三計徵：

①都市土地面積未超過三公畝部分。

②非都市土地面積未超過七公畝部分。

政府興建之國民住宅，自動工興建或取得土地所有權之日起，其用地之地價稅，適用前項稅率計徵。

土地所有權人與其配偶及未成年之受扶養親屬，適用第一項自用住宅用地稅率繳納地價稅者，以一處爲限。

（4）減免地價稅者：修正前條例第二十五條供公共通行之騎樓走廊地減徵地價稅規定，爲配合土地稅法第六條規定，將本條「減徵辦法」修正爲「減免標準及程序」，並擴大減免地價稅之適用範圍。如左：（現行條例第二十五條）

供國防、政府機關、公共設施、騎樓走廊、研究機構、教育、交通、水利、給水、鹽業、宗教、醫療、衛生、公私墓、慈善或公益事業等所使用之土地，及重劃、墾荒、改良土地者，其地價稅或田賦得予適當之減免；減免標準與程序，由行政院定之。

（5）免徵地價稅者：除前述免徵情況暨公有土地供公共使用者免徵地價稅外，都市計畫公共設施保留地，其未作任何使用，並與使用中之土地隔離者，亦免徵地價稅。（現行條例第二十三條後段）

二、課徵田賦部分

課徵田賦依現行條例第二十二條之規定：非都市土地依法編定之農業用地或未規定地價者，徵收田賦。但都市土地合於左列規定者，亦同：

①依都市計畫編爲農業區及保護區，限作農業用地使用者。

②公共設施尙未完竣前，仍作農業用地使用者。

③依法限制建築，仍作農業用地使用者。

④依法不能建築，仍作農業用地使用者。

⑤依都市計畫編爲公共設施保留地，仍作農業用地使用者。

前項第二款及第三款，以自耕農地及依耕地三七五減租條例出租之耕地爲限。

農民團體與合作農場所有直接供農業使用之倉庫、冷凍（藏）庫、農機中心、蠶種製造（繁殖）場、集貨場、檢驗場、水稻育苗中心等用地，仍徵收田賦。

本條之修正，係配合農業發展條例第三條第十款之規定，增列第三項，俾該等用地（視同農業用地），亦可徵收田賦，以減輕其負擔。

三、加徵空地稅或照價收買部分

對於得以建築之私有空地，政府爲促進土地利用，除以加徵空地稅或照價收買外，並修正第二十六條增列第二項不予核發建築執照，以免空地所有權人規避加徵空地稅或照價收買。以提高空地利用價值，達成地盡其利之目的，爰修正爲：（現行條例第二十六條）

直轄市或縣（市）政府對於私有空地，得視建設發展情形，分別劃定區域，限期建築、增建、改建或重建；逾期未建築、增建、改建或重建者，按該宗土地應納地價稅基本稅額加徵二倍至五倍之空地稅或照價收買。

經依前項規定限期建築、增建、改建或重建之土地，其新建之改良物價值不及所占基地申報地價百分之五十者，直轄市或縣（市）政府不予核發建築執照。

四、加徵荒地稅或照價收買部分

爲促進農地之有效利用，本次修正增訂第二十六條之一，如后：

農業用地閒置不用，經直轄市或縣（市）政府報經內政部核准通知限期使用或命其委託經營，逾期仍未使用或委託經營者，按應納田賦加徵一倍至三倍之荒地稅；經加徵荒地稅滿三年，仍不使用者，得照價收買。但有左列情形之一者不在此限：

①因農業生產或政策之必要而休閒者。

②因地區性生產不經濟而休耕者。

③因公害污染不能耕作者。

④因灌溉、排水設施損壞不能耕作者。

⑤因不可抗力不能耕作者。

前項規定之實施辦法，由中央主管機關會同農業主管機關定之。

肆、照價收買

照價收買係政府照土地所有權人申報之地價收買其土地之謂，為國家保持地權分配平等之具體辦法。因國家得隨時收回私人地權，以為分配需要之調整，而滿足缺乏土地者之要求，故私人僅可獲得地權而不能專占地權，此亦可維持土地之自由。至於其輔助作用：在規定地價時，控制申報地價趨於正常，使照價徵稅與漲價歸公順利實行；在促進土地利用時，可發揮政府之權力，促其實現。現行條例自第二十八條至第三十四條為規定照價收買之條文。茲綜合分析其內容與修正重點如左：

一、照價收買之時機

私有土地在何種情形下得實施照價收買，已分列於現行條例第十六條、第二十六條、第二十六條之一、第四十七條之一、第七十二條暨第七十六條，故將第二十七條予以刪除。惟為增進瞭解，茲依各該條文意旨，歸納照價收買之時機，如下：

（一）申報之地未滿公告地價百分之八十者。（第十六條）

（二）私有空地經限期建築、增建、改建或重建，逾期未建築、增建、改建或重建者。（第二十六條）

（三）農業用地閒置不用經通知限期使用或命其委託經營；逾期仍未使用或委託經營者。（第二十六條之一）

（四）申報報土地移轉現值，低於當期公告土地現值者。（第四十七條之一）

（五）超額建築用地，經通知限期出售或建築使用，逾期未出售或未建築使用者。（第七十二條）

（六）編爲建築用地之出租耕地，經終止租約收回滿一年，尚未建築使用者。（第七十六條）

二、照價收買之程序

依前舉得以照價收買之情況，直轄市或縣（市）政府執行照價收買之程序如左：（參照現行條例第二十八條）

（一）勘查核定：由地政機關檢具得予收買土地之地籍圖及登記簿謄本或建築改良物登記簿謄本，會同工務（建設）、財政機關逐筆勘查土地之使用情形與土地編定使用概況，並徵詢地上權人或土地承租人是否願意承購之意見。依據勘查結果，簽註擬收買或不擬收買之意見，並連同財務計畫簽報直轄市或縣（市）長核定。

（二）公告通知：經核定應予收買者，直轄市或縣（市）政府應將照價收買之土地先行公告；並以書面通知土地所有權人及土地移轉之權利人或他項權利人。

（三）繳交證件：受通知人應於通知送達之次日起五十日內，繳交土地所有權狀、土地他項權利證明書及有關證件；逾期不繳交者，宣告其書狀、證件無效。

（四）給付補償：直轄市或縣（市）政府對繳交之書狀、證件審核

無訛或宣告其書狀、證件無效後，應於三十日內給付地價及他項權利補償費；逾期不領取者，依法提存。

又為減少糾紛起見，現行條例第二十九條規定，對低報地價之照價收買，其公告及通知應於申報地價後，開徵當年期地價稅之前辦理完竣。至於私有空地逾期未建築使用暨超額建築用地逾期未出售或建築使用之照價收買，自限期屆滿之次日起，當地主管建築機關應停止受理申請建築執照，以減少處理之困難。此一管制為本次修正第二十九條所增列者。

三、照價收買之標的

若土地上之建築改良物及農作改良物不一併收買，則政府對此類土地將無法利用，照價收買亦失其本意。因此，現行條例第三十四條乃詳定應一併收買同屬土地所有權人所有之地上建築改良物；第三十三條亦對地上農作改良物作補償規定；故本章規定照價收買之對象為：土地、地上建築改良物及地上農作改良物。

四、照價收買之補償

（一）土地之補償：照價收買之土地補償，依現行條例第三十條規定：

照價收買土地之地價，依左列規定計算之：

①依第十六條規定收買者，以其申報地價為準。

②依第四十七條之一規定收買者，以其申報土地移轉現值為準。

③依第二十六條、第二十六條之一、第七十二條、第七十六條規定收買者，以收買當期之公告土地現值為準。

（二）土地改良費用及工程受益費之補償：照價收買之土地，如土地所有權人有改良土地情事，其改良土地之費用及已繳納之工程受益費，經該管主管機關驗證登記者，應併入地價內計算之。（現行條例第

三十二條）

　　（三）地上物之補償：現行條例第三十三條及第三十四條，係分別對農作改良物與建築改良物之補償規定，其內容如下：

　　1.　農作改良物之補償：照價收買之土地，地上如有農作改良物，應予補償。

　　前項農作改良物價額之估定，如其孳息成熟時間在收買後一年以內者，應按其成熟時之孳息估定之；其在一年以上者，應依其種植、培育費用，並參酌現值估定之。

　　依法徵收之土地，準用前二項之規定。

　　2.　建築改良物之補償：照價收買之土地，地上建築改良物同屬土地所有權人所有者，應一併收買。但不屬土地所有權人所有者，不在此限。

　　前項改良物之價額，由直轄市或縣（市）政府查估後，提交地價評議委員會評定之。

　　（四）他項權利之補償：依現行條例第二十八條規定，照價收買時應通知他項權利人，並限期繳交他項權利證件及給付他項權利補償費。由此得知他項權利補償亦爲照價收買補償之一；意即照價收買之土地，如設有他項權利者，他項權利補償費，係由直轄市或縣（市）政府於發給土地所有權人之補償地價內代爲扣交他項權利人，並塗銷之。

　　五、照價收買之交付與出售

　　現行條例第三十條規定：「照價收買之土地，其所有權應於受領補償價款完竣，或其補償價款依法提存之翌日起六十日內，將其土地交付該管直轄市或縣（市）政府；逾期不交付者，由主管機關移送法院裁定後，強制執行。」又第七條規定，政府依本條例照價收買而取得之土地，得隨時公開出售，不受土地法第二十五條之限制。卽照價收買土地

交付與出售之施行，旣有強制之規定，復不須經同級民意機關之同意，及行政院之核准。

伍、漲價歸公

漲價歸公爲國家收取土地未來漲價之方法，卽在規定地價後，除土地所有人之土地改良，出自地主之投資設施或勞力外，凡因經濟發展、文化進步、人口增加；或開闢道路、設立學校等之公共建設；或土地投機商人之操縱等之漲價，源於社會進步之自然增值，自應收歸公有，此爲 國父平均地權遺教之重心所在。故平均地權條例設有「漲價歸公」專章，以課徵土地增值稅方式，將私有土地自規定地價後所增漲之價值以歸公家享有，茲將土地增值稅之內容列析如次：

一、課稅時機

爲實施漲價歸公，土地所有權人於申報地價後之土地自然漲價，應依第三十六條規定徵收土地增值稅。再就第三十六條規定而言，課徵土地增值稅之時機有二：（一）土地所有權移轉。（二）設定典權。

二、納稅義務人

「土地增值稅，以原土地所有權人爲納稅義務人。但土地所有權無償移轉者，以取得所有權人爲納稅義務人」。（現行條例第三十七條）又「土地所有權移轉，其應納之土地增值稅，納稅義務人未於規定期限內繳納者，得由取得所有權之人代爲繳納。依第四十七條規定由權利人單獨申報土地移轉現值者，其應納之土地增值稅，應由權利人代爲繳納」。（現行條例第五十條）

三、課稅標準

土地增值稅之徵收，行政院本作大幅度之修正，其內容於本章第一節已有詳述，但此一重大修正未爲立法院所接受，因而有關土地增值稅

課稅標準之第三十五條至第三十九條等主要條文均未修正。準此，現行條例之土地增值稅係依照土地漲價總數額，扣除減除額後所餘之數額，照計算公式課徵。

（一）土地漲價總數額之計算:

1.　總數額之意義: 土地漲價總數額之意義與土地法所稱「土地增值總數額」之意義相當。現行條例第三十六條所稱土地漲價總數額，依左列規定計算之:

（1）原規定地價後，未經過移轉之土地，於所有權移轉或設定典權時，以其所申報之土地移轉現值超過原規定地價之數額，爲其土地漲價總數額。

（2）原規定地價後，曾經移轉之土地，於所有權移轉或設定典權時，以其所申報之土地移轉現值超過前次移轉時所申報之土地移轉現值之數額，爲其土地漲價總數額。

（3）經過繼承之土地，以其所申報之土地移轉現值超過被繼承人死亡時公告土地現值之數額，爲土地漲價總數額。被繼承人於第一次規定地價前死亡者，準用第一款之規定。但本條例施行前依遺產稅補報期限及處理辦法規定補辦繼承登記者，以其所報土地移轉現值超過補辦繼承登記時之公告土地現值之數額爲漲價總數額，其於所定補報期間屆滿後逾六個月仍未辦理繼承登記者，以補報遺產稅時之公告現值爲地價計算土地漲價總數額。

又現行條例第三十八條第一項規定: 「土地所有權移轉，其移轉現值超過原規定地價或前次移轉時申報之現值，應就其超過總數額（卽土地漲價總數額），依第三十六條第二項之規定扣減後徵收土地增值稅。」此與土地法第一七八條所定土地增值總額之計算標準，大致相仿; 其第二項再規定: 前項所稱「原規定地價」，指民國五十三年規定之地價;

其在中華民國五十三年以前已依土地法規定辦理規定地價及在中華民國五十三年以後舉辦規定地價之土地，均以其第一次規定之地價爲原規定地價。所稱前次移轉時申報之現值，於因繼承取得之土地再行移轉者，係指繼承開始時該土地之公告土地現值。

2. 依物價指數調整土地現值以計算土地漲價總數額：依現行條例第三十九條規定：「前條原規定地價或前次移轉時申報之現值，應按政府公告之物價指數調整後，再計算土地漲價總數額。」

（二）土地漲價總數額之減除額：

土地漲價總數額之減除額：現行條例第三十六條第二項規定：「前項土地漲價總數額，應減去土地所有權人爲改良土地已支付之全部費用。」此一規定與土地法第一八四條大致相同；但土地法第一八〇條尙有從土地增值總數額中減去免稅額之規定，本條例並無此規定，此爲其不同之點。

（三）計算公式：

土地自然漲價總數額＝申報土地移轉現值－原規定地價或前次移轉時所申報之土地移轉現值×$\frac{物價指數}{100}$－（改良土地費用＋工程受益費＋土地重劃負擔總費用）

四、累進稅率

土地增值稅之稅率，依左列之規定：

（一）土地漲價總數額，超過原規定地價或前次移轉時申報之現值數額未達百分之一百者，就其漲價總數額，徵收增值稅百分之四十。

（二）土地漲價總數額，超過原規定地價或前次移轉時申報之現值數額在百分之一百以上未達百分之二百者，除按前款規定辦理外，其超過部分，徵收增值稅百分之五十。

（三）土地漲價總數額，超過原規定地價或前次移轉時申報之現值

數額在百分之二百以上者，除按前兩款規定分別辦理外，其超過部分，徵收增值稅百分之六十。（現行條例第四十條）

其詳細計算公式如左：

稅級別	計　算　公　式
第一級	應徵稅額＝土地漲價總數額〔超過原規定地價或前次移轉時申報現值（按物價指數調整後）未達百分之一百〕×稅率（40％）
第二級	應徵稅額＝土地漲價總數額〔超過原規定地價或前次移轉時申報現值（按物價指數調整後）在百分之二百以下〕×稅率（50％）－累進差額（由物價指數調整後之原規定地價或前次移轉現值×0.10）
第三級	應徵稅額＝土地漲價總數額〔超過原規定地價或前次移轉時申報現值（按物價指數調整後）在百分之二百以上〕×稅率（60％）－累進差額（由物價指數調整後之原規定地價或前次移轉現值×0.30）

茲為便於比較起見，特將四十三年原條例至七十五年現行條例所定土地增值稅率，列於下表：

累進級數	四十三年原條例		五十三年修正條例		五十七年修正條例		六十六年修正條例		七十五年現行條例	
	級　距	稅率	級　距	稅率	級距	稅率	級距	稅率	級距	稅率
第一級	土地漲價總數額在原申報地價一倍以下之數額	30％	土地漲價總數額超過原規定地價或前次移轉時申報現值未達一倍之數額	20％	同上	20％	同上	40％	同上	40％
第二級	超過原申報地價一倍而未超過二倍以下之數額	50％	超過原規定地價或前次移轉時申報現值一倍而未達二倍之數額	40％	同上	40％	同上	50％	同上	50％

級別										
第三級	超過原申報地價二倍而未超過三倍之數額	70%	超過原規定地價或前次移轉時申報現值二倍而未達三倍之數額	60%	同上	60%	同上	60%	同	60%
第四級	超過原申報地價三倍而未超過四倍之數額	90%	超過原規定地價或前次移轉時申報現值三倍而未達四倍之數額	80%	超過三倍數之額	80%				
第五級	超過原申報地價四倍之數額	100%	超過原規定地價或前次移轉時申報現值四倍之數額	100%						

五、減免稅率

平均地權條例規定自用住宅用地、被徵收之土地、經重劃之土地，分別予以減輕稅率課徵土地增值稅，並有免徵、不徵土地增值稅者，其規定如下：

（一）按百分之十徵收土地增值稅者

土地所有權人出售其自用住宅用地者，都市土地面積未超過三公畝部分或非都市土地面積未超過七公畝部分，其土地增值稅統就該部分之土地漲價總數額按百分之十徵收之；超過三公畝或七公畝者，其超過部分之土地漲價總數額，依前條規定之稅率徵收之。

前項規定於土地出售前一年內，曾供營業使用或出租者，不適用之。

土地所有權人，依第一項規定稅率繳納土地增值稅者，以一次為限。（現行條例第四十一條）

（二）減徵百分之二十土地增值稅者

經重劃之土地，於重劃後第一次移轉時，其土地增值稅減徵百分之二十。（現行條例第四十二條第三項）

（三）減徵百分之四十土地增值稅者

1.　被徵收之土地，其土地增值稅一律減徵百分之四十。依法得徵收之私有土地，土地所有權人自願按公告土地現值之價值售與需地機關者，準用之（現行條例第四十一條第一項前段暨第二項）。此項準用，旨在政府機關因公共事業之需要而能迅速取得土地。

2.　區段徵收之土地，以現金補償其地價者依第四十二條第一項規定（卽減徵百分之四十），減徵其土地增值稅（現行條例第四十二條之一第一項前段）。按：區段徵收爲徵收方式之一種，其以現金補償地價時，土地所有權人所受權益與一般徵收無異，自應享受減徵土地增值稅之規定。此爲本次修正所增列者。

（四）減徵百分之七十土地增值稅者

被徵收之土地，在中華民國六十二年九月六日都市計畫法修正公布前，經編定爲公共設施保留地，並已規定地價，且在該次都市計畫法修正公布後未曾移轉者，其土地增值稅減徵百分之七十（現行條例第四十二條第一項但書），此但書規定，對依法得徵收之私有土地，土地所有權人自願按公告土地現值之價格售與需地機關者，亦準用之。（現行第四十二條第二項）

（五）退還土地增值稅者

土地所有權人出售其自用住宅用地、自營工廠用地或自耕之農業用地，另行購買使用性質相同之土地者，依法退還其出售土地所繳之土地增值稅。

前項土地被徵收時，原土地所有權人於領取補償地價後，另行購買使用性質相同之土地者，依法退還徵收土地所繳之土地增值稅。（現行條例第四十四條）

（六）免（不）徵土地增值稅者

修正前平均地權條例，對於免徵土地增值稅，僅以各級政府出售之

公有土地暨同一農業專產區交換自耕農業用地爲限。本次修正不僅擴大免徵土地增值稅之範圍與對象，且增列條文，詳予規定，其移轉時應辦理手續，茲分述如下：

1. 適用範圍

(1) 政府出售或依法贈與之公有土地暨受贈之私有土地：現行條例第三十五條但書規定，政府出售或依法贈與之公有土地，及接受捐贈之私有土地，免徵土地增值稅。

(2) 私人捐贈供與辦社會福利事業使用之土地：本次條例修正，爲配合老人福利法、兒童福利法及社會救助法之施行，增訂第三十五條之一如下，以鼓勵私人與辦社會福利事業。

私人捐贈供與辦社會福利事業使用之土地，免徵土地增值稅。但以符合左列各款規定者爲限：

①受贈人爲財團法人。

②法人章程載明法人解散時，其賸餘財產歸屬當地地方政府所有。

③捐贈人未以任何方式取得所捐贈土地之利益。

此項鼓勵措施，爲避免發生流弊，特於第七章「罰則」增列第八十三條之一：

依第三十五條之一受贈土地之財團法人，有左列情形之一者，除追補應納之土地增值稅外，並處應納土地增值稅額二倍之罰鍰：

①未按捐贈目的使用土地者。

②違反各該事業設立宗旨者。

③土地收益未全部用於各該事業者。

(3) 因繼承而移轉之土地：土地所有權因繼承而移轉者不徵土地增值稅。（現行條例第三十六條但書）

(4) 區段徵收領回抵價地太小而改領現金補償之土地：區段徵收以

抵價地抵付而其面積狹小無法建築改領現金補償時，爲照顧小地主之權益，特於增列第四十二條之一時第一項但書作如下規定：「但依第五十四條第三項規定，因領回抵價地不足最小建築單位面積而領取現金補償者，免徵土地增值稅」。

（5）區段徵收以抵價地補償其地價之土地：區段徵收依規定改按抵價地抵付補償地價者，因原土地所有權人所領取者爲土地而非現金，如仍須籌款繳納土地增值稅，勢必增加原土地所有權人之困難，且區段徵收後原土地所有權人實際已提出百分之六十之土地，供公共設施及建設之用，若仍課徵土地增值稅，亦有欠公允，爰增列第四十二條之一第二項如后：

區段徵收之土地，依第五十四條第一項、第二項規定以抵價地補償其地價者，免徵土地增值稅。但領回抵價地後第一次移轉時，應以原土地所有權人實際領回抵價地之地價爲原地價，計算漲價總數額，課徵土地增值稅。

（6）移轉後仍繼續耕作之農業用地：爲配合農業發展條例第二十七條規定，以便利自耕農民取得農地，擴大農場經營規模，由修正前條例之補助承受人百分之二十土地增值稅修正爲免徵土地增值稅，於現行條例第四十五條，其規定如后：

農業用地在依法作農業使用時，移轉與自行耕作之農民繼續耕作者，免徵土地增值稅。

依前項規定免徵土地增值稅之農業用地，於變更爲非農業使用後再移轉時，應以其前次權利變更之日當期之公告土地現值爲原地價，計算漲價總數額，課徵土地增值稅。

2.　辦理手續

本次修正旣已擴大免徵土地增值稅之適用範圍，有如前述。但本次

移轉免徵土地增值稅，而下一次再移轉時，其漲價之總數額之計算，應有明確之規定作爲依據；同時當事人辦理土地所有權移轉登記時，亦應由主管稅務機關核發證明，以便辦理。準此，現行條例增訂第四十七條之二規定：

依法免徵土地增值稅之土地，主管稅捐機關應依左列規定核定其移轉現值並發給免稅證明，以憑辦理土地所有權移轉登記：

①依第三十五條規定免徵土地增值稅之公有土地，以實際出售價額爲準。但各級政府贈與或受贈之土地，以贈與契約訂約日當期之公告土地現值爲準。

②依第三十五條之一規定免徵土地增值稅之私有土地，以贈與契約訂約日當期之公告土地現值爲準。

③依第三十六條規定免徵土地增值稅之繼承土地，以繼承開始時當期之公告土地現值爲準。

④依第四十二條之一第二項規定免徵土地增值稅之抵價地，以區段徵收時實際領回抵價地之地價爲準。

⑤依第四十五條第一項規定免徵土地增值稅之農業用地，以權利變更之日當期之公告土地現值爲準。

六、移轉現值

按土地增值稅之課徵，其基本要素有二：即（一）土地漲價總數額與（二）稅率。依前述說明，概括言之，土地漲價總數額，係由申報土地移轉現值減去原規定地價或前次移轉現值。因此，如何申報移轉現值及其數額，亦與土地增值稅之課徵息息相關。準此，本次修正時，除對私權行爲之第四十八條、第四十九條，予以刪除；對第四十六條暨第四十七條予以修正外，並增訂第四十七條之一，茲分述如次：

（一）土地現值表之編定

修正前條例第四十七條規定對全部土地逐筆計算後再送評議，手續過於繁瑣，又每年於何時公告土地現值，未予規定，致實施以來，其公告時間不一，或於七月一日、或於九月一日、或於十二月三十一日❸。特針對上述缺點，修正第四十六條爲：

直轄市或縣（市）政府對於轄區內之土地，應經常調查其地價動態，繪製地價區段圖並估計區段地價後，提經地價評議委員會評定，據以編製土地現值表於每年七月一日公告，作爲土地移轉及設定典權時，申報土地移轉現值之參考；並作爲主管機關審核土地移轉現值及補償徵收土地地價之依據。

（二）權利人及義務人之申報

申報土地移轉現值因涉及當事人雙方權益甚大，應以權利人及義務人共同申報爲原則。惟爲避免因法院判決、拍賣等原因，致難於會同義務人申報，特於第四十七條修正明定依規定得由權利人單獨申請登記者，得由其單獨申報現值❹，其條文爲：

土地所有權移轉或設定典權時，權利人及義務人應於訂定契約之日起三十日內，檢同契約及有關文件，共同申請土地所有權移轉或設定典權登記，並共同申報其土地移轉現值。但依規定得由權利人單獨申請登記者，權利人得單獨申報其移轉現值。

（三）審核標準

修正前條例第四十七條第二項有關主管機關對於申報人所申報之土地移轉現值，過於簡略，特增訂第四十七條之一，其重點有兩項，第一項將土地移轉或設定典權，政府審核移轉現值之標準，逐款列舉，以資明確；第二項明定第一項土地申報之移轉低於或於各該款所訂審核標準

❸　同❷第四十六條之修法說明。
❹　同❷第四十七條之修法說明。

之公告土地現值時之處理方法 ❸。其條文規定如后：

　　土地所有權移轉或設定典權，其申報移轉現值之審核標準，依左列規定：

　　①申報人於訂定契約之日起三十日內申報者，以訂約日當期之公告土地現值爲準。

　　②申報人逾訂定契約之日起三十日始申報者，以受理申報機關收件日當期之公告土地現值爲準。

　　③遺贈之土地，以遺贈人死亡日當期之公告土地現值爲準。

　　④依法院判決移轉登記者，以申報人向法院起訴日當期之公告土地現值爲準。

　　⑤經法院拍賣之土地，以拍定之價額爲準。但拍定價額如已先將設定抵押金額及其他債務予以扣除者，應以併同計算之金額爲準。

　　⑥經政府核定照價收買或政府協議購買之土地，以政府給付之地價爲準。

　　前項第一款至第四款申報人申報之移轉現值，經審核低於公告土地現值者，得由主管機關照其自行申報之移轉現值收買或照公告土地現值徵收土地增值稅。第一款至第三款之申報移轉現值，經審核超過公告土地現值者，應以其自行申報之移轉現值爲準，徵收土地增值稅。

　　七、漲價歸公收入之用途

　　爲促進地利公享，修正前條例第五十一條係規定漲價歸公收入之用途，惟爲配合殘障福利法規定，公共設施之興辦暨公共設施保留地之取得，以擴大地利公享之範圍，爰修正爲現行條例第五十一條：「依本條例施行漲價歸公之收入，以供育幼、養老、救災、濟貧、衛生、扶助殘

─────────

❸　同❷第四十八條之修法說明。

障等公共福利事業、興建國民住宅、徵收公共設施保留地、興辦公共設施及推展國民教育之用」。

陸、土地使用

所謂土地使用，乃人類為滿足其生存慾望而對土地投施勞力或資本，藉以收取報酬之行為。雖因土地之面積有限，其位置亦復固定，但其生產力與效用，則可因人力而增強，其施於農耕用地謂之農地利用，於建築用地者為基地利用，於山、林、河、川、礦源、水力、海洋者，則為富源地利用，故土地使用，在使地無荒置並作最經濟之使用，俾發展地利而為社會所共享。準此，土地使用之方法，須受法律之規範與節制，不可任憑私人自由使用或不使用，尤應適應土地天然之特性、國家經濟發展之政策及社會公共福利之需要，平均地權條例第六章「土地使用」即基於此而為之規定。

本章「土地使用」自第五十二條至第八十三條，刪除第六十八條至第七十條等三條，增訂第五十五條之一、第五十五條之二、第六十條之一、第六十條之二、第六十二條之一、第六十三條之一、第六十四條之一等七條，為本次條例修正變動最大者，茲將本章內容重點與修正要旨分述如次：

一、土地使用之管制

為促進土地合理使用，並謀經濟均衡發展，主管機關應依國家經濟政策、地方需要情形、土地所能提供使用之性質與區域計畫及都市計畫之規定，全面編定各種土地用途（現行條例第五十二條）。按土地使用之編定，係就現有土地作整體規畫，以期協助經濟、農業、觀光、建築……等方面之發展。

二、辦理區段徵收

現階段平均地權政策，係以促進地盡其利為首要目標。區段徵收與市地重劃同為促進土地利用之主要手段，而區段徵收較之市地重劃，更可達成整體規劃有效利用之目的。茲將本章有關區段徵收之主要內容析舉如后：

（一）實施之原因

各級主管機關得就左列地區報經行政院核准後施行區段徵收：

①新設都市地區之全部或一部，實施開發建設者。

②舊都市地區為公共安全、公共衛生、公共交通之需要或促進土地之合理使用實施更新者。

③都市土地開發新社區者。

④農村社區為加強公共設施、改善公共衛生之需要、或配合農業發展之規劃實施更新或開發新社區者。（現行條例第五十三條第一項）

（二）徵收之程序

區段徵收地區選定後，徵收機關於通知其土地所有權人或使用人後，得進入該地區內為勘查或測量。其必須遷移或除去該土地上之障礙物時，應事先通知其所有權人或使用人；其所有權人或使用人因而遭受之損失，應予適當之補償。補償金額，由雙方協議之；協議不成，由當地直轄市或縣（市）政府函請上級政府予以核定。

區段徵收地區選定後，徵收機關得視實際需要報經上級主管機關核定後，分別或同時公告禁止左列事項：

①土地移轉、分割、設定負擔。

②建築改良物之新建、增建、改建或重建及採取土石或變更地形。

前項禁止期間，以一年六個月為期。（現行條例第五十三條第二項、第三項）

（三）徵收之補償

區段徵收之補償，分由（一）現金補償。（二）抵價土地折價抵付等方式行之。

1.　以現金補償者

依現行條例第五十四條第一項前段規定「各級主管機關依本條例規定施行區段徵收時，應依本條例第十條規定補償其地價」；再依第十條暨第六條第二項之規定；區段徵收之土地，應按照徵收當期之公告土地現值，補償其地價。此一現金補償，每一土地所有權人扣除應納土地增值稅後，總額在五十萬元以下者，全部發給現金，超過五十萬元者，其超過部分，得在半數以內搭發土地債券。

2.　以抵價地補償者

（1）現行條例第五十四條第一項後段「（區段徵收）如經土地所有權人之申請，得以徵收後可供建築之土地折算抵付。抵價地總面積，以徵收總面積百分之五十為原則；　其因情形特殊，經上級主管機關核准者，不在此限。但不得少於百分之四十。」

（2）現行條例第五十五條規定：「依本條例實施區段徵收之土地，原土地所有權人不願領取現金補償者，應於徵收公告期間內以書面申請發給抵價地。領回抵價地者，由徵收機關於規劃分配後，囑託該管登記機關逕行辦理土地所有權登記並通知土地所有權人。」

（3）現行條例第五十四條第二項暨第三項規定如左：

被徵收土地所有權人，應領回抵價地之面積，由徵收機關按其應領補償地價與區段徵收補償地價總額之比例計算其應領之權利價值，並以該抵價地之單位地價折算之。

依前項規定領回面積不足最小建築單位面積者，應於規定期間內提出申請合併，未於規定期間內申請者，徵收機關應於規定期間屆滿之日

起三十日內，按原徵收補償地價發給現金補償。

（4）現行條例第五十五條之一：區段徵收之土地以抵價地抵付補償地價者，其原有租賃關係及他項權利準用市地重劃有關規定處理。

（四）徵收土地之處理

為明定區段徵收後土地之處理方式及讓售、撥用、標售土地底價之計算標準，本次條例修正，特增訂第五十五條之二條文如左：

區段徵收範圍內之土地，經規劃整理後，其處理方式如左：

①抵價地發交原土地所有權人領回。

②原土地所有權人領取現金補償地價者，於區段徵收完成後，得優先買回土地，其地價應按徵收補償地價另加公共設施費用計算，其買回最高面積依第五十四條核計。

③道路、溝渠、公園、綠地、兒童遊樂場、廣場、停車場、體育場所、國民學校等公共設施用地無償登記為直轄市或縣（市）有。

④前款以外之公共設施用地、國民住宅用地及安置原住戶所需土地讓售或有償撥供需地機關使用。

⑤其餘可供建築土地，應予標售。

依前項第四款、第五款讓售或撥用地價及標售底價，以可供讓售、撥用及標售土地總面積，除開發總費用所得之商數為準。

三、辦理市地重劃

修正前平均地權條例自第五十六條至第六十八條，均為規定土地重劃之條文，但細觀條文內容，係指市地重劃而言，因此本次修正，除因農地重劃條例業經總統於民國六十九年十二月十九日令公布實施，刪除第六十八條外，將各條之「土地重劃」一詞全部修正為「市地重劃」，以期名實相符。按市地重劃，即於都市一定區域內之土地，因細碎分散或坵塊不整，不合建築使用，而將區內之全部土地重加整理，以原有土

地位置爲交換分配之原則，使每一坵塊土地均面臨路街，符合建築規格，以利都市土地之利用。茲就市地重劃之規定，綜析如次：

（一）辦理之原因

現行條例第五十六條第一項，係針對修正前條例，僅爲促進土地建築使用或爲開發新都市、新社區始得辦理市地重劃，修正擴大爲：

各級主管機關得就左列地區報經上級主管機關核准後辦理市地重劃：

①新設都市地區之全部或一部，實施開發建設者。

②舊都市地區爲公共安全、公共衞生、公共交通或促進土地合理使用之需要者。

③都市土地開發新社區者。

④經中央或主管機關指定限期辦理者。

（二）辦理之方式

依現行條例之規定，市地重劃之辦理可歸有下列三種方式：

1.　政府強制辦理者

各級主管機關依第五十八條第一項辦理市地重劃時，應擬具市地重劃計畫書，送經上級主管機關核定公告三十日後實施之；在公告期間重劃地區私有土地所有權人半數以上，而其所有土地面積超過重劃地區土地總面積半數者，表示反對時，主管機關應予調處，並參酌反對理由，修訂市地重劃計畫書，重行報請核定，並依其核定結果公告實施，土地所有權人不得再提異議（現行條例第五十八條第二、三項），此爲政府強制辦理者。

2.　地主申請辦理者

適當地區內之私有土地所有權人半數以上，而其所有土地面積超過區內私有土地總面積半數者之同意，得申請該管直轄市或縣（市）政府

核准後優先實施市地重劃。（現行條例第五十七條）

3.　獎勵民間辦理者

為運用民間力量加速擴大辦理市地重劃，內政部發布「獎勵都市土地所有權人辦理重劃辦法」，即依據第五十八條之委任立法者，現行條例之條文為：

為促進土地利用，擴大辦理市地重劃，中央主管機關得訂定辦法，獎勵土地所有權人自行組織重劃會辦理之。其獎勵事項如左：

①給予低利之重劃貸款。

②免收或減收地籍整理規費及換發權利書狀費用。

③優先興建重劃區及其相關地區之公共設施。

④免徵或減徵地價稅與田賦。

⑤其他有助於市地重劃之推行事項。

重劃會辦理市地重劃時，應由重劃區內私有土地所有權人半數以上，而其所有土地面積超過重劃區私有土地總面積半數以上者之同意，並經主管機關核准後實施之。

（三）辦理之程序

市地重劃之實施程序及作業方法，至為複雜，內政部依修正前條例第五十六條第三項之立法授權發布「都市土地重劃實施辦法」，進一步詳細規定，但實施辦法究屬行政規章，因此現行條例復有多項規定，以便因牽涉人民土地權益關係之重行確定有法律上之依據，特列舉於后：

1.　都市土地重劃實施辦法規定之程序如左：

(1) 選定重劃地區。

(2) 重劃計畫之擬定、核定及公告通知。

(3) 測量、調查及地價查估。

(4) 計算負擔及分配設計。

(5) 土地改良物拆遷補償及工程施工。

(6) 地籍整理。

(7) 交換及清償。

(8) 財務結算。

2.　重劃區內之禁止或限制事項

重劃地區選定後，直轄市或縣（市）政府，得視實際需要報經上級主管機關核定後，分別或同時公告禁止或限制左列事項：

①土地移轉、分割或設定負擔。

②建築改良物之新建、增建、改建或重建及採取土石或變更地形。

前項禁止或限制期間，以一年六個月爲期。（現行條例第五十九條）

3.　公共用地之負擔

依本條例規定實施市地重劃時，重劃區內供公共使用之道路、溝渠、兒童遊樂場、鄰里公園、廣場、綠地、國民小學、國民中學、停車場、零售市場等十項用地，除以原公有道路、溝渠、河川及未登記地等四項土地抵充外，其不足土地及工程費用、重劃費用與貸款利息，由參加重劃土地所有權人按其土地受益比例共同負擔，並以重劃區內未建築土地折價抵付。如無未建築土地者，改以現金繳納。其經限期繳納而逾期不繳納者，得移送法院強制執行。

重劃區內未列爲前項共同負擔之其他公共設施用地，於土地交換分配時，應以重劃地區之公有土地優先指配。

依第一項規定折價抵付共同負擔之土地，其合計面積以不超過各該重劃區總面積百分之四十五爲限。但經重劃區內私有土地所有權人半數以上且其所有土地面積超過區內私有土地總面積半數之同意者，不在此限。（現行條例第六十條）

4.　重劃土地之分配、公告與通知

市地重劃後之土地扣除前條共同負擔之土地後，自應分配與原土地所有權人，並公告通知，當事人如有意見，得提出異議，本次條例修正時，針對以上實際需要有所增訂與修正。

(1) 增訂第六十條之一：

重劃區內之土地扣除前條規定折價抵付共同負擔之土地後，其餘土地仍依各宗土地地價數額比例分配與原土地所有權人。但應分配土地之一部或全部因未達最小分配面積標準，不能分配土地者，得以現金補償之。

依前項規定分配結果，實際分配之土地面積多於應分配之面積者，應繳納差額地價；實際分配面積少於應分配之面積者，應發給差額地價。

第二項應繳納之差額地價經限期繳納逾期未繳納者，得移送法院強制執行。

未繳納差額地價之土地，不得移轉。但因繼承而移轉者，不在此限。

(2) 增訂第六十條之二：

主管機關於辦理重劃分配完畢後，應將分配結果公告三十日，並通知土地所有權人。

土地所有權人對於重劃之分配結果，得於公告期間內向主管機關以書面提出異議；未提出異議者，其分配結果於公告期滿時確定。

前項異議，由主管機關調處之；調處不成，應報請上級主管機關裁決之。

(3) 第六十六條：市地重劃區內，經重劃分配之土地，重劃機關應以書面分別通知原土地所有權人及使用人，限期辦理遷讓或接管；逾期不遷讓者，得移送法院強制執行；逾期不接管者，自限期屆滿之日起，

視爲已接管。

(4) 第六十七條: 經重劃之土地，重劃機關應依據重劃結果，重新編號，列册送由該管登記機關，逕爲辦理權利變更登記，換發土地權利書狀；未於規定期限內換領者，宣告其原土地權利書狀無效。

5.　重劃區內土地改良物與墳墓之拆遷

爲使市地重劃工程順利進行，參照農地重劃條例第十七條規定，明定重劃區內土地改良物或墳墓之拆除或遷葬之補償及處理辦法，特增訂第六十二條之一:

重劃區內應行拆遷之土地改良物或墳墓，直轄市或縣（市）政府應予公告，並通知其所有權人或墓主，土地改良物限期三十日內、墳墓限期三個月內自行拆除或遷葬。逾期不拆除或遷葬者，得代爲拆除或遷葬。

前項因重劃而拆除或遷葬之土地改良物或墳墓，應予補償；其補償數額，由直轄市或縣（市）政府查定之。但違反依第五十九條規定公告禁止或限制事項者，不予補償。代爲拆除或遷葬者，其費用在其應領補償金額內扣回。

6.　他項權利之處理

(1) 租賃權: 現行條例第六十三條暨第六十三條之一分別規定耕地與其他土地租賃權之處理:

甲、第六十三條: 出租之公、私有耕地因實施市地重劃致不能達到原租賃之目的者，由直轄市或縣（市）政府逕爲註銷其租約並通知當事人。

依前項規定註銷租約者，承租人得依左列規定請求或領取補償:

①重劃後分配土地者，承租人得向出租人請求按重劃計畫書公告當
　期該土地之公告土地現值三分之一之補償。

②重劃後未受分配土地者，其應領之補償地價，由出租人領取三分之二，承租人領取三分之一。

因重劃抵充爲公共設施用地之公有出租農業用地，直轄市或縣（市）政府應逕爲註銷租約，並按重劃計畫書公告當期該土地之公告土地現值三分之一補償承租人，所需費用列爲重劃共同負擔。

乙、第六十三條之一：前條以外之出租土地，因重劃而不能達到原租賃之目的者，承租人得終止租約，並得向出租人請求相當一年租金之補償。其因重劃而增減其利用價值者，出租人或承租人得向對方請求變更租約及增減相當之租金。

（2）地上權、永佃權及地役權

地上權、永佃權及地役權因市地重劃致不能達其設定目的者，各該權利視爲消滅。地上權人、永佃權人或地役權人得向土地所有權人請求相當之補償。（現行條例第六十四條第一項）

（3）抵押權或典權

土地建築改良物經設定抵押權或典權，因市地重劃致不能達其設定目的者，各該權利視爲消滅。抵押權人或典權人得向土地所有權人請求以其所分配之土地，設定抵押權或典權。（現行條例第六十四條第二項）

實施重劃未受土地分配者，其原設定抵押權或典權之權利價值，由重劃機關在不超過土地所有權人應得補償之數額內予以協調清理。（現行條例第六十四條之一）

（四）違反市地重劃之處罰

市地重劃之成果，影響人民權益至鉅，而辦理市地重劃之過程與手續甚爲繁複，尤其牽涉人民土地權益關係之重行確定，更宜愼重，除前面所論述外，爲使重劃工作能順利進行，並確保重劃分配結果，以杜糾紛，故本次修正時，參照農地重劃條例第四十條規定，增訂第八十三條

之一:

有左列行爲之一者，處三年以下有期徒刑、拘役或科或併科五千元以下罰金:

①移動或毀損重劃測量標樁，致妨害市地重劃工程之設計、施工或土地之分配者。

②以強暴、脅迫或其他非法方法妨害市地重劃之實施者。

四、促進土地之建築使用

（一）私有建築用地面積之限制

直轄市或縣（市）政府對於尙未建築之私有建築用地，應限制土地所有權人所有面積之最高額。

前項所有面積之最高額，以十公畝爲限。但工業用地、學校用地及經政府核准之大規模建築用地，應視其實際需要分別訂定之。

計算尙未建築土地面積 最高額時， 對於因法令限制 不能建築之土地，應予扣除。（現行條例第七十一條）

（二）超額建築用地之照價收買以供建築使用

前條超額土地，直轄市或縣（市）政府應通知土地所有權人於二年內出售或建築使用；逾期未出售或未建築使用者，得予照價收買，整理後出售與需用土地人建築使用。但在建設發展較緩之地段，不在此限。（現行條例第七十二條）

（三）照價收買之建築用地逾期未建築之再行收回

依第二十六條、第七十二條、第七十六條照價收買後再出售之土地及依第五十五條之二第一項第五款出售之土地，其承購人應自承購之日起一年內興工建築；逾期不建築，亦未報准延期建築者，直轄市或縣（市）政府得照原價收回。

前項延期建築之期限，不得逾六個月。

（四）限期建築使用土地有關他項權利之處理

1. 現行條例第七十四條規定：

依第二十六條規定限期建築之土地，有左列情形之一者，土地所有權人應於接到限期使用通知後，與承租人、借用人或地上權人協議建築、增建或改建；協議不成時，得終止租約、借貸或撤銷地上權：

①土地所有權人將其土地出租、貸與或設有地上權者。

②土地所有權人將其所有之建築改良物出租或貸與他人使用者。

③土地承租人、借用人或地上權人將其所有建築改良物出租或貸與他人使用者。

2. 現行條例第七十五條規定：

依前條第一款規定收回土地之所有權人，除應給予承租人、借用人或地上權人為改良土地所支付之費用外，並應就其建築改良物給予補償。

前項建築改良物給予補償額，由直轄市或縣（市）政府估定之。

（五）供建築用出租耕地終止租約之處理

1. 現行條例第七十六條規定：

出租耕地經依法編為建築用地者，出租人為收回自行建築或出售作為建築使用者，得終止租約。

依前項規定終止租約，實際收回耕地屆滿一年後，不依照使用計畫建築使用者，直轄市或縣（市）政府得照價收買之。

2. 現行條例第七十七條規定：

耕地出租人依前條規定終止租約收回耕地時，除應補償承租人為改良土地所支付之費用及尚未收穫之農作改良物外，應就申請終止租約當期之公告土地現值，預計土地增值稅，並按該公告土地現值減除預計土地增值稅後餘額三分之一給予補償。

前項改良土地所支付之費用，以承租人已依耕地三七五減租條例第十三條規定以書面通知出租人者爲限。

公有出租耕地終止租約時，應依照第一項規定補償耕地承租人。

3.　現行條例第七十八條規定:

依第七十六條規定終止耕地租約時，應由土地所有權人以書面向直轄市或縣（市）政府提出申請，經審核其已與承租人協議成立者，應准終止耕地租約；　其經審核尚未與承租人達成協議者，　應卽邀集雙方協調。承租人拒不接受協調或對補償金額有爭議時，由直轄市或縣（市）政府，依前條規定標準計算承租人應領之補償，並通知領取，其經領取或依法提存者，准予終止耕地租約。

耕地租約終止後，承租人拒不返還耕地時，由直轄市或縣（市）政府移送法院裁定後，強制執行之，不受耕地三七五減租條例關於租佃爭議調解調處程序之限制。

茲爲增進瞭解起見，　再就土地法，　六十一年實施都市平均地權條例、六十六年平均地權條例暨七十五年現行平均地權條例，有關「實施範圍」、「規定地價」、「照價徵稅」、「照價收買」、「漲價歸公」暨「土地使用」等項列表對照比較如後:

第一、實施範圍

土　地　法	（略）
六十一年實施都市平均地權條例	①依法公布都市計畫範圍內之全部土地。 ②計畫建設之港口、商埠、工礦業發達及新闢都市，或其他尚未完成都市計畫地區，經內政部核定實施本條例之全部土地。
六十六年平均地權條例	①都市土地: 依法發布都市計畫範圍內之全部土地。 ②都市土地範圍外各地類、地目之全部土地。

七十五年平均地權條例	①都市土地：依法發布都市計畫範圍內之全部土地。 ②都市土地範圍外各地類、地目之全部土地。

第二、規定地價

土地法	①縣市政府公布標準地價，如符合異議條件，應再提交標準地價評議委員會評議之。 ②土地所有權人申報地價，僅可就標準地價爲百分之二十以內之增減。 ③地價申報滿五年或一年屆滿而地價已較原標準地價有百分之五十以上之增減時，得重新規定地價。
六十一年實施都市平均地權條例	①縣市政府就地價調查結果提交都市地價評議委員會評議後，公告地價。 ②地主申報之地價，若仍低於公告地價百分之二十時，得由政府照價收買，或照公告地價徵稅，但對高報地價則無限制規定。 ③規定地價之時間爲每隔三年，其地價已較原規定地價有百分之五十以上增減時，應重新規定地價。
六十六年平均地權條例	①縣市政府就地價調查結果提交地價評議委員會評議後，公告地價。 ②土地所有權人應申報地價，但僅就公告地價爲百分之二十以內之增減。 ③申報地價未滿公告地價百分之八十時，除照價收買者外，以公告地價百分之八十爲其申報地價。申報地價超過公告地價百分之一百二十時，以公告地價百分之一百二十爲其申報地價。 ④規定地價之時間爲每隔三年，但必要時得延長之。
七十五年平均地權條例	①縣市政府就地價調查結果提交地價評議委員會評議後，公告地價。 ②土地所有權人自由選擇申報地價與否，未申報地價者，以公告地價百分之八十爲其申報地價。 ③申報地價未滿公告地價百分之八十時，除照價收買者外，以公告地價百分之八十爲其申報地價。申報地價超過公告地價

	百分之一百二十時，以公告地價百分之一百二十爲其申報地價。 ④規定地價之時間爲每隔三年，但必要時得延長之。

第三、照價徵稅

土　地　法	①基本稅率爲千分之十五，並採累進稅率徵收地價稅。 ②累進稅率以超過累進起點地價百分之五百（卽五倍）爲一級距，分爲千分之十五、十七、二十、二十五、三十、三十五、四十、四十五、五十、五十五、六十、六十五，共十二級。 ③累進起點地價，以自住地一市畝（二〇一‧六七坪）之平均地價爲準。 ④私有空地加徵空地稅，以應繳地價稅之三倍至十倍爲範圍。 ⑤私有荒地加徵荒地稅，以應繳地價稅額至其三倍爲範圍。 ⑥不在地主之地價稅加倍徵收之。 ⑦供公共使用之公有土地免徵地價稅。
六十一年實施都市平均地權條例	①基本稅率爲千分之十五，並採累進稅率徵收地價稅。 ②累進稅率爲超過累進起點地價未達百分之五百（五倍）者，其超過部份加徵千分之五，超過在百分之五百以上者，以每超過五倍爲一級距，分爲千分之十五、二十、三十、四十、五十、六十、七十，共七級。 ③累進起點地價以都市土地七公畝（二一一‧七五坪）之平均地價爲準。 ④三公畝以內之自用住宅用地之地價稅率爲千分之七。 ⑤工廠用地之地價稅率爲千分之十五。 ⑥都市計畫內之農業區及綠帶土地，其稅率爲千分之十，但仍爲農地使用者徵收田賦。 ⑦農地使用之都市土地在限期建築使用前，其稅率爲千分之十五。 ⑧公有土地之地價稅率爲千分之七，供公共使用者，免徵地價稅。 ⑨供公共通行之騎樓走廊地免徵或減徵地價稅。 ⑩不在地主之地價稅加倍徵收之。

六十六年平均地權條例	①基本稅率爲千分之十五，並採累進稅率徵收地價稅。 ②累進起點地價以各該直轄市或縣（市）土地七公畝 　（二一一‧七五坪）之平均地價爲準。 ③累進稅率爲超過累進起點地價未達百分之五百（五倍）者， 　其超過部份加徵千分之五，超過百分之五百以上者，以每超 　過五倍爲一級距分爲千分之十五、二十、三十、四十、五 　十、六十、七十等七級。 ④都市土地三公畝以內或非都市土地七公畝以內之自用住宅用 　地之地價稅率爲千分之五。 ⑤工業用地之地價稅率爲千分之十五。 ⑥農業用地使用期間徵收田賦。 ⑦公有土地之地價稅率爲千分之十五，供公共使用者，免徵地 　價稅。 ⑧供公共通行之騎樓走廊地免徵或減徵地價稅。 ⑨私有空地未依限期建築者加徵二至五倍之空地稅。
七十五年平均地權條例	①基本稅率爲千分之十，並採累進稅率徵收地價稅。 ②累進起點地價以各該直轄市或縣（市）土地七公畝 　（二一一‧七五坪）之平均地價爲準。 ③累進稅率爲超過累進起點地價未達五倍者，就其超過部分課 　徵千分之十五，超過五倍者，以每超過五倍爲一級距，分爲 　千分之十五、二十五、三十五、四十五、五十五等五級。 ④都市土地三公畝以內或非都市土地七公畝以內之自用住宅用 　地之地價稅率爲千分之三。 ⑤工業、礦業；私立公園、動物園、體育場所；寺廟、教堂、 　名勝古蹟；加油站、停車場等用地之地價稅率爲千分之十。 ⑥農業用地使用期間徵收田賦。 ⑦都市計畫公共設施保留地之地價稅率爲千分之六。 ⑧公有土地之地價稅率爲千分之十，供公共使用者免徵地價稅。 ⑨供國防、政府機關、公共設施、騎樓走廊、研究機構、教 　育、交通、水利、給水、鹽業、宗教、醫療、衛生、公私 　墓、慈善或公益事業等所使用之土地，及重劃、墾荒、改良 　土地者，免徵或減徵地價稅。 ⑩私有空地未依限期建築者加徵二至五倍之空地稅。 ⑪農業用地閒置不用，按應納田賦加徵一倍至三倍之荒地稅。

第四、照價收買

土 地 法	①土地所有權人認爲標準地價過高，不能以其百分之二十以內增減申報時得申請該管市縣政府照標準地價收買其土地。 ②逾期不使用之私有荒地，政府得照申報地價收買之。
六十一年實施都市平均地權條例	①照價收買之對象：申報地價低於公告地價百分之二十，及土地移轉申報現值過低之土地。 ②照價收買之補償：包括地價、改良土地費用、已繳工程受益費、農作改良物等。
六十六年平均地權條例	①照價收買之對象有五： 甲、申報地價低於公告地價百分之八十者。 乙、申報土地移轉現值低於當期公告土地現值者。 丙、超額建築用地，經依法限期使用，期滿尚未依法使用者。 丁、編爲建築用地之出租耕地，經終止租約收回滿一年尚未建築使用者。 戊、空地經限期建築使用，逾期仍未建築使用者。 ②照價收買之補償：包括地價、改良土地費用、已繳工程受益費、農作改良物、建築改良物及他項權利等。 ③同屬土地所有權人所有之地上建築改良物應一併收買。
七十五年平均地權條例	①照價收買之對象有六： 甲、申報之地價未滿公告地價百分之八十者。 乙、私有空地經限期建築、增建、改建或重建逾期未建築、增建、改建或重建者。 丙、農業用地閒置不用，經通知限期使用或命其委託經營，逾期仍未使用或委託經營者。 丁、申報土地移轉現值低於當期公告土地現值者。 戊、超額建築用地，經通知限期出售或建築使用，逾期未出售或未建築使用者。 已、編爲建築用地之出租耕地，經終止租約收回滿一年尚未建築使用者。 ②照價收買之補償：包括地價、改良土地費用、已繳工程受益費、農作改良物、建築改良物及他項權利等。 ③同屬土地所有權人所有之地上建築改良物應一併收買。

④限期建築暨尚未建築而超額之照價收買土地，自限期屆滿之次日起，當地主管建築機關應停止受理申請建照。

第五、漲價歸公

土　地　法	①土地增值稅照土地增值之實數額計算，該實數額應減去土地所有權人爲改良土地所用之資本暨已繳納之工程受益費。 ②土地所有權移轉時，或雖無移轉而屆滿十年，及實施土地改革工程地區屆滿五年，課徵土地增值稅。 ③土地增值稅率按土地漲價之倍數分爲百分之二十、四十、六十、八十，共四級。
六十一年實施都市平均地權條例	①土地增值稅以土地移轉時申報土地現值，超過原規定地價之數額爲土地漲價數額計算，該漲價總數額應減去土地所有權人爲改良土地所用之費用及已繳納之工程受益費。 ②前項所稱原規定地價，指五十三年規定地價，在五十三年以後擴大實施之地區舉辦規定地價者，以其第一次規定之地價爲原規定地價。 ③本條例僅列移轉增值稅，未列定期增值稅。 ④以重新規定地價後增繳之地價稅，准予抵繳土地增值稅。 ⑤土地增值稅稅率按土地漲價之倍數分爲百分之二十、四十、六十、八十，共四級。 ⑥自用住宅用地在三公畝以下者，其稅率爲百分之十。 ⑦土地增值稅之徵收，優先於一切債權及抵押權。
六十六年平均地權條例	①土地增值稅以土地移轉時申報土地現值，超過原規定地價之數額爲土地漲價數額計算，該漲價總數額應減去土地所有權人爲改良土地所用之費用及已繳納之工程受益費。 ②前項所稱原規定地價，指五十三年規定之地價，在五十三年以前已依土地法規定辦理規定地價及在五十三年以後舉辦規定地價之土地，均以其第一次規定之地價爲原規定地價。 ③本條例僅列移轉土地增值稅，未列定期土地增值稅。 ④以重新規定地價後增繳之地價稅，准予抵繳土地增值稅，但以百分之五爲限。 ⑤土地增值稅率按土地漲價之倍數分爲百分之四十、五十、六十，三級。

	⑥自用住宅用地在都市土地三公畝內，非都市土地七公畝內，其稅率爲百分之十。 ⑦徵收之土地暨土地重劃後移轉之土地，減徵土地增值稅。 ⑧購買荒地或空地，未經改良利用或建築使用而出售者，加徵土地增值稅。 ⑨各級政府出售 公有土地， 同一農業專產區 交換自耕農業用地，暨因繼承而移轉之土地，免（不）徵土地增值稅。
七十五年平均地權條例	①土地增值稅以土地移轉時申報土地現值，超過原規定地價之數額爲土地漲價數額計算，該漲價總數額應減去土地所有權人爲改良土地所用之費用及已繳納之工程受益費。 ②前項所稱原規定地價，指五十三年規定之地價，在五十三年以前已依土地法規定辦理規定地價及在五十三年以後舉辦規定地價之土地，均以其第一次規定之地價爲原規定地價。 ③本條例僅列移轉土地增值稅，未列定期土地增值稅。 ④以重新規定地價後增繳之地價稅，准予抵繳土地增值稅，但以百分之五爲限。 ⑤土地增值稅率按土地漲價之倍數分爲百分之四十、五十、六十，三級。 ⑥自用住宅用地在都市土地三公畝內，非都市土地七公畝內，其稅率爲百分之十。 ⑦徵收、協議價購或 區段徵收之 土地暨 土地重劃後 移轉之土地，減徵土地增值稅。 ⑧政府出售或依法贈與之公有土地暨受贈之私有土地，私人捐贈供興辦社會福利專業使用之土地，因繼承而移轉之土地，區段徵收領回抵價地太小而改領現金補償之土地，區段徵收以抵價地補償其地價之土地，移轉後仍繼續耕作之農業用地等免（不）徵土地增值稅。 ⑨增列對於免徵土地增值稅之如何辦理暨核發證明之規定。 ⑩增列申報移轉現值之審核標準之規定。

第六、土地使用

土　地　法	（略）
六十一年實施都市平均地權條例	①各級政府得視都市發展之需要，施行區段徵收、整理分割，分宗公開標售。 ②各級政府徵得土地所有權人之同意舉辦市地重劃。

	⑧限制承租公有建築基地之最高面積，並限制轉租頂替。 ④限制尚未建築之私有都市土地最高面積爲十公畝，超過部份逾二年未出售者，主管機關得徵收出售。 ⑤都市計畫範圍內之出租耕地，出租人得有償收回建築。 ⑥建築基地租金及房屋租金均有限制其最高額。
六十六年平 均地權條例	①爲促進土地合理使用，應全面編定各種土地用途。 ②各級政府爲都市發展或開發新社區之需要，施行區段徵收、整理分割後分宗標售，原土地所有權人得按比例優先買回。 ③各級政府得強制舉辦市地重劃，並鼓勵土地所有權人自行辦理市地重劃，土地所有權人亦得申請舉辦市地重劃。 ④農地重劃另以法律定之。 ⑤限制承租公有基地之最高面積，並限制轉租、頂替。 ⑥限制尚未建築之私有建築用地最高面積爲十公畝，超過部份逾二年未出售或建築使用者，主管機關得照價收買出售。 ⑦編爲建築用地之出租耕地，出租人得有償收回建築。 ⑧建築基地租金及房屋租金之限制因土地法已有規定予以刪除。
七十五年平 均地權條例	①爲促進土地合理使用，應全面編定各種土地用途。 ②擴大辦理區段徵收並不祇限於都市發展與開發新社區之需要。 ③增訂區段徵收之土地以抵價地抵付補償地價者，其原有租賃關係及他項權利之處理。 ④明定區段徵收後土地之處理方式及讓售、撥用、標售土地底價之計算標準。 ⑤除擴大各級政府強制辦理市地重劃外，由土地所有權人申請優先辦理，並獎勵民間辦理市地重劃。 ⑥市地重劃中有關辦理程序、重劃區內之禁止或限制事項、公共用地之負擔、重劃土地之分配公告與通知、重劃區內土地改良物與墳墓之拆遷、他項權利之處理等或再爲修正明定或爲增訂。 ⑦增列違反市地重劃之處罰。 ⑧促進土地之建築使用方面有：私有建築用地面積之限制、超額建築用地之照價收買、照價收買之建築用地逾期未建築之再行收回、限期建築使用土地有關他項權利之處理、供建築用出租耕地終止租約之處理等。

第七章　結　論

第一節　「申報地價」與「漲價歸公」之評估

　　任何一制度或學說，必於時空之歷煉中，迭經嘗試、考驗及改進，並隨時添注新血，始可與時俱進而長久爲社會所適用；故雖博大精深，有體有用之　國父遺敎亦如是。　國父遺敎有原理、有方法，濟用兼備，包羅萬象，但詳究其「體」乃屬大經大法之原理原則，係放諸四海皆準者，自可經久而不變；而其實施方法之「用」，則有因時損益之可變性，若墨守成規，抱殘守缺，應變而不變，則對遺敎之實施與闡揚，非徒無益適足以害之。胡漢民氏卽深知此理之至然，故於草創土地法時，對　國父平均地權之主張，因鑒於實行方法之可變與應變，遂毅然作重大之修改，是正明其忠於遺敎之處，亦足爲後來者法式 ❶。

　　國父平均地權之根本目的，在使土地因社會繁榮進步自然增值之利益歸諸公享，而不讓地主不勞而獲，以免土地爲人投機操縱，壟斷居奇，妨礙土地利用。此誠無可厚非，亦無可修正之處，而欲達此目的之

❶　參照仲肇湘撰「爲研究國父遺敎開闢新天地」，東方雜誌第一卷第十期。

實施方法， 國父雖有「隨地主報多報少，所報之價，則永以為定」，
「土地漲價，全部歸公」等之遺訓，但就當前經濟環境及社會發展之需
要而言，實有深入探究之必要，茲分述如下：

壹、申報地價問題

一、公告地價與申報地價爭論之始末

國父平均地權之主張為照價徵稅及漲價歸公，而以自報地價、照價
收買等方式貫徹之。 其遺教中之規定地價， 係由人民自行申報， 政府
復依自報地價計徵地價稅且將其自然漲價歸公。考諸 國父當初本意乃
是： 報高則平時地價稅多，他日土地移轉時，漲價歸公遂少；報低則平
時地價稅少，日後土地移轉時，漲價歸公必多；兩者互相制衡下，故人
民自報地價必接近市價，可免政府公估地價之困難。惟欲人民自報地價
則須具下列條件始有可行 ❷：

（一）政府須具雄厚之財力，以能執行照價收買為後盾，嚴防地主
故意低報地價，更須訂定適當之課稅稅率，以防地主蓄意高報地價。

（二）人民應具相當程度之知識水準，能仰體「平均地權」之崇高
理想而熱誠擁護；並確知其所持有土地之真實地價，踴躍申報，才不致
被照價收買或吃重稅之虧。準此，則自報地價之方法並不一定可行（見
土地法立法之九項原則第一項），且自報地價之執行，除技術上每感困
難外，復因遺教中一再提及照申報地價納稅，遂使地價稅之徵收引起諸
多紛擾，更因「永以為定」一語，遺教論者乃堅持此說而謂地價稅當永
以土地所有人第一次申報之地價納稅，而不顧其不合於遺教地利歸諸公
享之原則，遂有地價增漲後，土地稅應否改照漲價後之標準徵收之爭議

❷ 凌清遠撰「平均地權之研究」第一〇一頁。

問題。

　　胡漢民先生為親炙　國父三民主義之忠實信徒，故能就　國父遺教之體用，舉其可變與應變者，在民國十九年主持訓政時期立法院，起草土地法之際，將　國父自報地價之主張修正為公定地價。按土地法雖規定以土地所有權人所申報之地價為法定地價，並照法定地價徵收地價稅；但同時規定縣市政府須先查定標準地價，地主申報地價時，僅得為標準地價百分之二十以內之增減，故名為申報地價，實係公定之地價。其漲價歸公亦改為累進計徵土地增值稅，而非全部歸公，且土地法中無照價收買之條文，僅規定土地所有權人認為標準地價過高，不能依照申報時，得申請政府照標準地價收購其土地，此乃報價既不得低於標準地價百分之二十，即無報價過低情事，政府主動照價收買自成多餘。由上土地法所規定，大致近情合理，平實易行，亦仍符平均地權之原則，惜因當時大陸政治環境不靖，未及實施。

　　政府遷臺後因地制宜，於四十三年制定實施都市平均地權條例，對土地法曾作若干補充規定，不意送立法院審議時，竟發生遺教之爭，結果土地法有關遺教方法上諸多修改遂遭否定，而大抵恢復　國父遺教之舊貫。其中最顯著者為自報地價部份，堅持遺教者，將政府原以公告地價為課徵地價稅標準之草案，改為照申報地價，永以為定，並於條例中規定地主申報地價，高低均不受限制，政府全照申報地價徵收地價稅，但如申報地價低於公告地價百分之二十時，政府得照價收買之。遂令地價縱因社會繁榮而上漲者，其地價稅仍凍結於原申報之基礎上，非但政府地價稅收有限，且地價稅愈低則地價愈漲，乃經濟上之必然道理。此即都市平均地權，因遺教方法上「公告地價」與「申報地價」之爭而影響成效之第一回合。

　　五十二年政府鑒於地價稅依申報地價徵收甚不切實際，復提案申報

地價不得低於公告地價百分之二十， 亦卽地價稅事實上依公告地價 徵收，大體回復土地法之規定；但經五十三年立法院審議後，雖通過此一修改，卻又規定增值稅徵收，不依原申報地價而依政府重新規定之地價為計算基數。 其理由為地價不可有兩個標準， 如按公告地價徵收地價稅，則亦當按公告地價起徵增值稅。因此公告地價每調整一次，調整前之增值卽不納土地增值稅，而土地增值稅遂名存實亡。（按： 欲徵增值稅實需有兩個地價始能產生差距，進而有增值所得，若地價不許有雙重標準， 則原先申報地價與政府重新規定地價期間之漲價， 可免其增值稅， 大部份土地增值亦因而豁免， 誠與平均地權漲價歸公原則大相逕庭。）是以， 顧此地價稅， 則失彼土地增值稅， 致此一期間內之土地增值乃大部份歸諸地主私有。是為都市平均地權因遺敎方法上「公告地價」與「申報地價」之爭而影響成效之另一回合。

民國五十六年政府因上次所修正之實施都市平均地權條例造成土地增值稅收大減，漲價歸私，遂又提案修正其條例，對土地增值稅部份主張依五十三年以前之辦法，按原規定地價或前次移轉申報時之現值為計算基數，藉此得收回部份漲價歸公。五十七年經立法院院會通過時，復再提出對案，規定地價稅因土地增值而增加課徵部份，將來土地移轉時可抵繳土地增值稅。是此番顧及土地增值稅又疏其地價稅，亦為都市平均地權因遺敎方法上「公告地價」與「申報地價」之爭而影響成效之第三回合。

民國六十五年， 因政府對高報地價素無其他限制， 故在實際執行上，早已流弊叢生，如規定地價時，地主若已準備出售土地，卽紛紛任意高報地價，以逃避土地增值稅，致買受人於承購土地後，每年均須負擔極重之地價稅；或地主已知悉該土地將被政府徵收，則亦紛紛高報地價，以圖獲取鉅額之地價補償，造成徵收補償之困擾。乃再提案修正條

例，限制土地所有權人申報之地價僅得爲公告地價百分之二十以內之增減，而其未申報地價者以公告地價爲其申報地價；並對地價稅可以抵繳增值稅之抵繳總額，准以不超過土地移轉時應繳增值稅總額百分之五爲限。雖恢復土地法名爲申報地價實爲公定地價之規定，而地價稅與土地增值稅之糾纏狀態，仍未能作徹底之澄清，而今（七十五年）之修正條例亦予維持。斯乃「公告地價」與「申報地價」之爭而影響成效之又一回合。

三十年來，吾人卽爲公告地價、申報地價、公告現值、一個地價、二個地價諸名詞爭論不休，亦僅在遺教方法之循環爭執中打轉，卽不問　國父平均地權之本旨何在，又不察　國父遺教之實施方法是有其因革損益之可變性者，於是平均地權難免陷於進退維谷之困境中❸。

二、公告地價爲現制下所必要

國父之主張地價由地主自行申報，而不應由政府公定，乃因當時辦理估價之困難情形甚多，例如：①估價手續太繁，花費過鉅，所需時間過久。②人民對政府終少信賴，對估價總多有不平之感。③估價原理雖多，然土地情形過於複雜，的確不易求得公平之眞價，致估價官吏易於舞弊。④因估價必有爭議，難公斷，因而妨礙業務之推行，的確不如改由人民報價較爲簡易。職是之故　國父對地主自行申報之地價，卽以照價徵稅、漲價歸公兩者互相制衡，並以照價收買爲控制手段，故遺教對此問題誠有其一貫構想。

今爰就實施之經驗而言，此一理論之執行確有其困難處；主要乃在防止低報地價最有效之「照價收買」配合不易，因而對低報地價者，無法作有效之控制。易言之，卽政府於照價收買時，須支現金，或發行土

---

❸ 參照仲肇湘撰「爲研究國父遺教開闢新天地」及「關於平均地權論爭種種」。東方雜誌一卷十期及二卷十一期。

地債券，始能收買之，此在政府財力上能否負荷，尚須考慮；即使政府有此財力，執行時亦每多困難，蓋因都市土地已多有建築改良物，而土地與建築物或非同屬一人所有，如若土地與建築物非同一人所有，則政府照價收買土地後，亦必因建築物之另有其人，而無法出售，則此因市地之地位價值完全附於建築物之上，若僅承購土地則毫無用處，如考慮連同建築物一併收買，又因都市房屋多為大型建築，立體發展，房屋造價每十百倍於地價，政府何來借大財力用以收買此項建築物，且建築物必有人居住，政府即令收買，又如何能使現住人遷出？倘現住人仍繼續居住，則政府收買之土地與建築物，勢將無法重行出售。諸如此類等困難，俱為目前尚無法克服者。抑有甚者，如其土地產權存有糾紛，土地所有權人乃低報地價，以逃避地價稅，並謀借助政府之照價收買，圖解決其問題，故自土地法始，其所以限制申報地價不得低於公告地價百分之二十，關鍵即於此。且遺教中又言及「此後所有土地之買賣，亦由公家經手，不得私相受授。」政府如能有此龐大機關，經管私人全部土地買賣，則人民之於照價徵稅、漲價歸公均無從逃避，再任由人民自報地價，實可得其真值。惟民主政制中，於自由市場上，因政府設立機關，經管一切土地買賣，目前似不易做到。因之，地價之能否由地主自報自定，端視政府之能否全面經營私人土地之買賣及有效運用照價收買之方法而定。如政府不能徹底經管私人土地之買賣，且執行照價收買之運用無法在技術、財力上有所突破，則以公告地價限制私人低報地價，似為現制下最起碼之必要辦法。

貳、漲價歸公問題

漲價歸公乃是將素地增值扣除改良費用後之餘額全部收歸公有。蓋因土地自然增值既係社會進步所致，自應歸諸社會公享，如將其納入私

囊則弊病叢生，故漲價全部歸公，似無不合之處；然證諸事實，則無論於理於情均有其弱點，未能爲人們所完全接受，而最基本之問題乃在「漲價歸公」之理論欠圓滿；因土地自然增值所漲價之受益，並不限於土地有無移轉，如僅於移轉行爲發生時課徵土地增值稅，將其漲價全部歸公，而無移轉行爲者全免，實爲不公。（我國土地法雖有定期課徵土地增值稅之規定，惟歷次及現行條例中並無類似之規定。）反之，若對無移轉行爲之土地課徵定期增值稅，又因土地未發生移轉，其增值是虛幻而非眞實，土地所有權人並未獲漲價所得，如依法課徵，除致土地使用者負擔加重，而於善用土地者更是一大打擊，就促進土地利用上亦將產生不利影響。此一理論缺陷迄今尙無法彌補。即僅就「移轉增值稅」如作全部歸公，亦猶有下列之問題殊堪顧慮 ❹：

一、人性問題

土地漲價若能全部歸公，自是「平均地權」最高境界之表現，而人性「自益」原則於此目的下將蒙受極大衝擊。大凡主張私利者，莫不承認「自我」才是社會進展之原動力，爲人生之眞目的；雖主張「互助」之論者，以爲生物界之進步，及人類進展之眞因，全賴互助，競爭（自我）僅能使人類趨至滅亡，而認定「自我」之必然不對，卻又無法提出否定「自我」主義所謂自我（競爭）能促進社會進步之理由。再觀今日世界之物質文明，無可否認即是由以自我爲基礎之資本主義制度所達成；故我們若擬藉用土地所有權人之努力，以改善社會，繁榮經濟，並求均富之大同社會速能實現，則應首先顧及個人應有之「利潤動機」，因人們皆以「自益」爲其成長要件，實爲不可否認之事實。人既有利己（自益）之觀念，其對自身不利之措施，雖不明示反對，亦將暗爲規

---

❹　參照侯仲智撰「都市平均地權中土地漲價歸公之研究」第六章。

避，此諒為社會之共同習尚，自古即然。土地增值稅之實施，首當其衝者即土地所有權人切身利害關係，若再作全部歸公，則與人性之利益原則相去更遠，其進程因而遭遇之困難，當可想像。故據人性之觀點而論，土地增值不宜全部歸公。

二、價格機能問題

今日經濟社會雖極其複雜，而其經濟秩序卻能順利進行，主要係透過市場與價格制度所產生之具有不同程度準確性之調節作用——亞當斯密斯將之比為「看不見的手」——藉而引領整體社會步上繁榮之境。倘土地增值全部歸公，則土地所有權人不論以何種高價出售其地，皆僅能收回一定數額之所得，因此地主在缺乏利潤動機刺激下，只求能收回此一定數額即可，故對以何種價格出售均不以為意，如此情況，致令市場價格機能為之破壞，其土地供需亦因之失調，甚而造成經濟整體之混亂；故於私有財產制度社會中，就市場與價格制度之觀點而言，土地增值亦不宜全部歸公。

三、資本保護問題

土地之移轉，有土地投機與投資之分。土地投機係以資金購入土地後再俟機出售，從中謀取暴利；土地投資乃以資金購買土地後，作為生產因素，運用勞力和資本，促進土地利用，增加生產，獲取合理利潤。雖兩類情形土地均發生移轉行為，但因動機不同，影響各異；前者對都市土地利用百害而無一利，應予制止；後者對都市建設具有貢獻，則當獎勵。且土地投資，置產建業乃我國傳統儲蓄美德，更應保障。而土地漲價全部歸公，視土地投機與投資不分，實與平均地權促進土地利用之目的相違也。如自用宅地或工廠用地，因故遷移而出售，經課徵增值稅後，其餘款即無法於新地點購入適當用地。是以五十三年第二次修正條例增訂第二十九條（現行條例第四十四條），規定自用住宅及工廠遷移

之退稅辦法，以配合都市之發展，及分辨土地投資和投機之不同，其用意即在此。按租稅原理，資本稅不應行重稅率，以避免有礙資本之形成，而土地用作生產時，即具有資本之部份性質，故就保護資本之經濟觀點言，土地增值亦不宜全部歸公。

四、土地增值公私界線劃分問題

土地增值全部歸公除上舉諸理論之問題外，其於執行技術上亦頗多顧慮，因土地增值具有追溯性，而究以何時地價為計算增值基數，不無爭議（我國歷次實施都市平均地權條例之修正，此即為爭論重心之一）。若時間相隔久遠，前後幣值不同，生活指數變異，種種問題均須考慮。又其增值中，何者屬人為之改良價值，何者為真正之自然增值，殊難論定，按人為之改良，除投入有形之勞資外，更有無形之精神耗費亦應計入，故土地之自然增值確實難乎計算，土地增值之公私界線自不易劃清，則土地增值亦無法達成百分之百之歸公矣。

第二節　現行地價與地稅政策之探討

平均地權係透過「規定地價」、「照價徵稅」、「照價收買」及「漲價歸公」四大方法予以實施，其四大方法中均涉有「價」之問題，此「價」即為規定之「地價」；地價既定，再據以照價徵稅與漲價歸公，是又衍生「地稅」之問題；因此，地價與地稅之合理與否，是實現平均地權，達成地盡其利、地利公享目標之主要關鍵。詳言之，規定地價乃基本工作，照價徵稅與漲價歸公為主要手段，照價收買係輔助之控制辦法。規定地價後則土地所有權之公私界限劃分清楚，於是可藉照價徵稅與漲價歸公收取土地自然利益與社會利益；並可藉以促使地價趨於公平，便於照價收買，有助於調劑土地分配，促進土地利用。至照價收買

之輔助作用，在規定地價時，控制申報地價趨於正常，使照價徵稅與漲價歸公順利實行；在實施調節土地分配與土地利用時，可發揮政府之權力，促其實現。簡言之，四種辦法各具獨立效能，就其作用言，在平均地權中則規定地價乃爲求得公平眞實地價，照價徵稅與漲價歸公乃從價課徵之地稅，估價正確則地稅平，地價失實則負擔不公，預計之目的必不能達，故地價與地稅之重要可知也。如欲達成平均地權之目的，必賴地稅力量，欲地稅發揮力量又必仰賴眞實地價。於此吾人必須認清平均地權中之地價乃具有代表性之標準價格，而地稅亦非一般賦稅，乃負有特殊使命之稅課。

現行地價稅係每年課徵，於時間上有如連續之「線」，空間上則構成爲「面」之稅課。有地卽有價，按地價徵課，稅源廣泛而穩定，決無隱藏逃避之可能，故稅收可靠且因地價上漲，稅收亦隨之俱漲，達成穩固之財政稅收目的，貫徹重稅去地主、地利公享之土地政策。而土地增值稅則不然，因其僅於土地發生交易行爲時，始得按自然增值課徵，如土地無交易發生，或交易甚少，或無論交易多少，若無增值產生，卽無稅收可言，故其稅收之多寡頗不隱定，且易於隱藏或轉嫁，故執行上較爲困難，但其具漲價歸公之社會目的，卻至爲明顯。因此，地價稅與土地增值稅雖同爲租稅之一，卻有異於其他租稅之特質，其主要目的均爲貫徹土地政策，達成地利共享、漲價歸公，故二者於達成財政與社會目標上之運用，宜相輔相成，不宜有所偏頗，若偏重於地價稅而放棄土地增值稅，固易造成土地投機之不良影響，反之則財政目的與平均地權稅去地主之社會政策均將無由達成，是以二者須適當配合，方可發揮最大之效用。

再就實際執行而言，實施都市平均地權條例經四十三年公布後，雖於四十七年、五十三年兩度修正，然因釐訂地價與地稅方面顧此失彼之

差錯，致五十三年之修正條例漏洞層出，如五十四年及五十五年之增值稅，每年僅徵得二千五百餘萬元，而其地價卻瘋狂上漲，造成「漲價歸私」一大諷刺。徵其原因卽出於漲價數額計算之基數上。依五十三年條例第二十七條第三項規定：「重新規定地價後土地有移轉時，其增值稅之徵收，應以重新規定之地價為計算基數。」又第十條規定：「規定地價或重新規定地價屆滿二年後，而地價已較原規定地價百分之五十以上之增減時，應……重新舉辦規定地價。」亦卽課徵增值稅是以重新規定之地價為標準，並非以原申報地價為準。如有一筆土地，最初規定地價為每坪一百元，因其上漲之幅度很大，每過兩年皆予調整一次，十年後，該土地經第五次調整每坪為二千元，而地主亦恰於此次調整後按每坪二千元出售，則增值稅將等於零。無疑是承認此重新規定地價與原規定地價間之漲價歸私。此非但未能達成漲價歸公目的，反而發生下列不良影響：

（一）土地投機者見有利可圖，以人為操縱方式，致地價成突發性之暴漲，妨礙工商業之發展，並使需要土地者為之卻步。

（二）足以誘發不法者之僥倖心，在土地買賣移轉時多持觀望態度，不為登記或故意延宕移轉登記日期，遲至重新規定地價之有利時日辦理，以逃避稅負。

如是，稅負旣失公允，對漲價歸公政策尤多阻礙，因此漲價之計算宜以第一次之地價或最後移轉之地價為基礎，卽以原地價與出售地價間之差額為課稅對象及計稅標準，方能達漲價歸公之要求。其後五十七年第三次修正已針對此點作改進，卽以五十三年所規定之地價為今後課徵之標準，並規定上項土地增值稅可用因重新規定地價而增繳之地價稅轉繳。然此兩種不同之稅互為抵繳，在稅制上實不通，況兩稅之抵繳手續更添增稅務行政上不必要之麻煩。六十六年之修正暨七十五年之最新修正，對抵繳雖有限額，但仍保留可相互抵繳之規定。其如此固步自封於

遺教所定之方法，更不問是否合乎遺教地利歸諸公享原則，準此樹立健
全之地價與地稅政策，遂成爲實施平均地權之當前首要急務。本節爰就
此問題及其對策提出討論，除前節已將國人對 國父有關地價與地稅遺
教上之重大基本爭論予以澄清外，茲再分述如下：

壹、地價問題及其對策

一、定期重新規定地價及公告現値地價應予維持

我國現制，依平均地權條例第十四條規定，每三年辦理重新規定地
價一次，作爲課徵地價稅之依據，又照同條例第四十六條規定，政府應
每年編制土地現値表一次，以爲土地權利變更登記時申報土地移轉現値
之參考，並爲徵收土地地價補償所據。惟每次規定地價與每次公告現値
雖與市價尚有差距，但均有所提升，遂遭致政府調整地價係領導物價上
漲之誹議，且因各縣市土地筆數都在十數萬筆以上，每次規定地價均須
動員大批人力物力；尤其公告現値與市價差距甚大，乃造成徵收補償偏
低，使地主深感不服，或土地漲價大部份歸私現象，有悖平均地權政
策，因而有下列三種爭論：

（一）廢除定期重新規定地價及公告現値制度：即地價稅以最後一
次申報之地價爲課稅標準，以後如有移轉，則以其移轉地價爲準。

（二）公告地價與公告現値合併爲「公定地價」：即每年辦理一次，
使其與市價接近，作爲課徵地價稅及土地增値稅之依據。

（三）維持公告現値制度，廢除重新規定地價：即地價永以爲定，
地價稅以最後一次申報之地價爲課稅標準。

以上三種變革意見，似言之成理，惟細加分析，則無可行性，其
一：規定地價乃實施平均地權之首要工作，亦爲政府推行土地政策之主
要工具，廢止重新規定地價及公告現値後，將使地價形成無政府狀態，

土地政策之推行必大受影響，且相鄰土地之地價稅亦將因其土地之有無移轉而產生懸殊差異，造成政府與民眾之困擾。其二：地價稅與土地增值稅同以「公定地價」為準，則二者之重複課稅情形至為嚴重，且課稅地價年年變動，增加地政及稽徵機關之工作負荷，地價稅將無法如期開徵。其三：地價每隨土地使用性質、經濟及法令因素之變動而變動，如未予定期調整，則地價失實，稅負與產價脫節，必生不公平之稅負。準此，本次修正時仍維持定期重新規定地價及公告現值之制度。惟規定地價或重新規定地價以三年為期，必要時得延長，對因應地價之迅速變動，未有縮短之規定，將失去彈性。

政府近年來每次辦理規定地價或公告現值時，社會各方面之見解紛歧，莫衷一是。今後公告地價或公告現值究應從高或從低，亟須在政策上與執行上作一明確抉擇，以建立公同之信念。而公告地價或公告現值偏低，為歷來不爭之事實，其與市價造成差距之原因則為：

（一）地價之查估依現行法規定，係以過去一年內之買賣市價或收益價格為依據。故查估所得之地價與公告時之「市價」在時間上已有差距。

（二）公告地價或公告現值為課徵地價稅或土地增值稅之依據，為減輕人民之稅負，提請評議時，時有抑低情事。

（三）為顧慮帶動物價之上漲，地政機關作業過程中，常受「延緩公告」及「勿作大幅度提高」之影響。

（四）公告現值依法為徵收土地補償地價之標準，故提高公告現值後，縣市政府徵收公共設施用地之補償地價亦將提高而增加財政支出，土地增值稅收入雖可增加，但縣市分配之比例不多，故縣市首長均不願提高公告現值。

基於上述原因，公告地價與公告現值遂與市價有偏低之差距。但我

們既主張應維持重新規定地價與公告現值制度，則公告地價與公告現值應使其能反映「時價」，並提高與市價接近，方合乎其原意。此乃因公告現值爲補償之依據，如與市價有差距，不獨徵收土地之工作難行，又政府每以市價標準出售公有土地，迭遭「大秤買進，小秤賣出」、「低價買進，高價賣出」之譏，影響民心，遭致民怨，莫此爲甚，此其一。其二爲公告現值偏低，徵收補償必隨之偏低；其都市計畫之規劃因有公共設施預定地之釐訂，故地主每因未來徵收補償偏低，而於規劃期間羣起恐慌大肆活動，都市計畫之規劃工作備受干擾，進而影響都市之健全發展。其三，照條例規定，公告現值爲計算自然漲價之基準，今以偏低之公告現值課徵土地增值稅，必使漲價歸私。職是之故，公告地價與公告現值必須提高至接近市價，尤其，本次條例修正，已將地價稅基本稅率由千分之十五降爲千分之十，更應加以落實，但於提高過程中，應注意下列二點：

（一）影響地價變動之因素至爲複雜，市價漲跌不定，如要地價落實，查估工作相當重要，應建立不動產估價制度並改進現行評議辦法。

（二）現行公告現值應視與市價差距幅度，逐年分期調整使接近市價，至於公告地價於下次舉辦重新規定地價時應配合調整。

二、簡化申報地價手續

修正前平均地權條例第十六條規定，舉辦規定地價或重新規定地價時，地主應於公告申報地價期間內，自行申報地價。而地主所申報之地價，除於第一次規定地價時，作爲將來課徵土地增值稅之基礎外，於重新規定地價時，均僅爲課徵地價稅之依據，故地主爲圖降低地價稅負擔，絕大多數均以公告地價百分之八十爲申報地價，舉臺北市六十七年重新規定地價爲例，即有百分之九七·一九如此申報，實毫無意義可言。再就申報地價期間，動員各級地政人員，並發動村里幹事配合服務

到家之舉，雖基於便民立場，值得讚許，但因各縣市均訂有申報成果之考核競賽辦法，鼓勵提高申報率；故每一地政事務所均全力以赴，求取百分之百之最高成績。此固表現工作人員之認眞，規定地價工作之成功，但少數基層人員因求功心切，偶遇地主不願申報時，仍多次登門勉強之，實易生人民之誤會與困擾。筆者督導期間，卽迭有反應；甚至相傳某縣地政事務所人員於未公告之前，卽私下將申報表送至地主住處先行塡報，以爭取時效，而求達成最高之申報率，此係傳聞，固不足爲憑，惟自四十五年起，每次規定地價或重新規定地價所動用之不少人力、物力中，恐有難以數計之浪費者，實須檢討改進。本次平均地權條例之修正，第十六條已規定土地所有權人自由選擇是否申報地價，亦卽地主未申報者應以公告地價百分之八十爲申報地價，是法律並未硬性強制地主非申報地價不可，故現行地價申報作業及其手續亦應配合簡化，以符政府提倡簡政便民之旨。

貳、地稅問題及其對策

一、地價稅應採累進稅率

本次修正條例規定地價稅，除農業用地課徵田賦，自用住宅用地、按目的事業主管機關核定規劃使用之特定事業直接使用之土地（例如工業用地、礦業用地……等）、公共設施保留地、公有土地等不予累進課稅外，其他土地均採累進稅；但因榮枯縣市之累進起點地價高低不一，易使稅負不平，且據統計資料顯示，目前按高累進稅率課徵地價稅者，大部份爲規模較大之公營企業及非營利團體，有失累進課稅之意義；乃有部份人士建議一律改採比例稅率制，以其卽簡單明確又便於稽徵，並可消除各縣市累進起點地價高低所造成稅負不合理之現象；惟其缺點則因大小地主之稅負相同，極可能誘使土地集中壟斷，而不合實施平均地

權地價稅政策以稅去地主之目的。按累進稅制在使小地主負擔輕，大地主負擔重，頗符量能課稅原則，且照私人所有各宗土地之地價總額，分級提高其稅率，則私人所有土地愈多，其地價總額愈大，所應繳納之地價稅愈重，從土地不勞而獲之利得遂愈少；擁有大量土地者，每因累進地價稅之負擔過重，無利可圖，亦不得不出賣其所不需用之土地，自可終止壟斷兼併，地權分配乃漸趨平均。因此，為促進地權分散及土地之有效利用，現行條例雖採累進稅率課徵地價稅，惟今後如再予修正須配合以下兩點之改進：

（一）累進起點地價為累進課稅之基礎，現行計算標準須作合理調整，以免產生地價高稅負輕，地價低稅負重之現象。

（二）縮短高稅率部份之累進級距，期使大地主加重課稅，以加強地價稅累進課徵之效果。

二、合理訂定地價稅累進起點地價之計算標準

按累進稅率課徵地價稅之土地，其課稅地價總額未超過累進起點地價者，適用基本稅率，故累進起點地價之高低，直接影響地價稅負擔之輕重。又累進起點地價均係以各該直轄市或縣市土地七公畝之平均地價為準；但因各市縣繁榮程度不一，致地價高低懸殊，如六十年臺北市之累進起點地價為七十萬元，宜蘭僅為八萬元，又六十七年之高者達三百多萬元，低者僅二十餘萬元 ❺，在此累進起點地價適用基本稅率千分之十情形下，因而造成繁榮之縣市累進起點地價較高，稅負相對減輕，而地價較低之縣市，稅負反而相對加重之不合理現象。致部份人士，尤其財政機關，主張悉以固定金額（譬如新臺幣三十萬元或四十萬元）為統一之累進起點地價，俾資稅負公平並增裕稅收。

---

❺ 資料來源：內政部地政司。

惟地價稅採累進稅率之意，旨在以重稅為手段而達稅去大地主之目的。雖各縣市繁榮程度不一，地價懸殊極大，今統一以固定金額為累進起點地價並適用於全國各地，則必產生如下兩種後果：其一，如累進起點地價訂定偏高，則低地價地區（如宜蘭縣），雖有地數萬坪仍不須累進課稅，地價稅累進稅制形同虛設。其二，如累進起點地價訂定偏低，則高地價地區（如臺北、高雄等市），雖有地不及一坪，即須累進課稅，地價稅累進稅制又顯見苛繁，故此一主張尚非允當。但為匡補現行辦法所導致之缺失，謹提具下列三種不同之計算標準，以供今後修正之參酌採行：

（一）分組訂定統一之累進起點地價：依地方繁榮程度地價高低情形，將繁榮相似，地價相近之市縣歸為一組，各組再分別訂定統一之累進起點地價；其累進起點地價之產生標準，則仍以各該組七公畝之平均地價為準，俾使全國各地之土地所有權人，皆享有可按基本稅率繳納地價稅最低面積之保障，並免於地價稅負擔發生急遽之變更。

（二）以不同之面積為計算累進起點地價：累進起點地價之標準，按其繁榮程度分別以不同面積來計算，即在直轄市及省轄市仍以七公畝之平均地價為準，在省之縣則改以十公畝之平均地價為準。此種按繁榮程度分別訂定計算標準，至為公平合理，且以縣市歸戶變動小而易於執行。惟因各省轄市及全省各縣間之繁榮程度亦有差別，故僅能縮短前述高價稅輕、低價稅重之差距，猶未能作根本之解決。

（三）以全臺灣地區地主所有面積之總和，訂定全國統一累進起點地價：即按臺灣地區內各市、縣（市）土地總值之總和計徵地價稅，凡有土地分散於各市縣（市）者，其地價總和之數額必多，適用累進稅率之機會亦大，則對有土地散處各縣市之大地主，將是一制裁，就實現平均地權政策目的而言，此誠為最理想之計算標準；但須辦理全國總歸

戶，而目前似尚難做到，惟內政部已成立資訊中心，建立全國性之地籍資料，應能克服全國歸戶之困難，以達成平均地權條例第十二條地籍總歸戶之執行。

三、採彈性基本稅率

為實現漲價歸公，及使徵收補償地價趨於合理，政府公告之地價或現值，應儘量接近市價，前已作申論，惟公告地價接近市價後，地價稅負擔勢將普遍加重，而為使稅負不致增加過鉅，地價稅率誠宜在人民稅負不增加，政府稅收未減少之前題下，予以合理降低；且為貫徹以稅去大地主之地價稅政策，本「小地主從輕課稅，中地主維持現狀，大地主加重課稅」之原則，本次修正已將地價稅之稅率及累進課徵方式作適度調整，惟基本稅率宜採彈性稅率之規定，如將現行之千分之十基本稅率，訂為千分之八至千分之十二，且授權行政院視地價之高低及人民負擔能力，在法定範圍內，採合理之稅率課徵地價稅，實較為妥適。

四、改進土地增值稅課徵標準及其稅率結構

土地增值稅之課徵，係採土地漲價總數額超過原規定地價或前次移轉申報現值數額之倍數累進計算，而實際上均以公告現值為準，但由於公告現值較市價為低，且其稅率為百分之四十、五十、六十等三級，平均僅為百分之五十，故土地漲價大部份歸私，實違反平均地權土地自然增值歸諸公享之基本目的，行政院檢討現行規定後，於本次修正草案中，為改進按漲價倍數累進課徵之缺點，改採按漲價金額累進課徵土地增值稅，但立法院審查時不予採納，恢復原條例規定四○％、五○％、六○％累進，兩者均未解決漲價歸私問題，因此，除將前述之公告現值拉近市價外，似可採取一較突破性之做法，即以類似課徵所得稅方式而累進課徵其漲價總所得。因現行土地增值稅之徵收，是以土地漲價之倍數而非其漲價總所得累進課徵，致漲價總所得達千萬甚至上億者，於課

徵土地增值稅後所歸私部份爲數頗鉅，大失漲價歸公之意，是宜改採類似所得稅課徵方式，以漲價總所得累進，而無須將土地增值稅納入所得稅系統，以顯示平均地權政策之特性。又上項改進方式，如牽涉過廣，目前無法遽以實施，則現行土地增值稅之三級稅率，於今後修正條例時，似應改作五級爲宜，卽：四〇％、五〇％、六〇％、七〇％、八〇％。

第三節　促進土地合理使用之方向

　　土地利用乃人類爲滿足其生存慾望而對土地投施勞力或資本藉以收取報酬之行爲。其施於農耕地者謂之農地利用，於建築地者爲基地利用，於山、林、河、川、礦源、水力、海洋者則爲富源地利用（如政策性之土地分類爲農地、市地、富源地等）；雖土地之分類有別，而合理之使用土地以盡地利，則均須注意下列原則 ❻:

　　（一）以依其天然特性爲最經濟利用之基本原則。

　　（二）以合於國民經濟之要求爲主要目的。

　　（三）以供公共福利之需要爲先決條件。

　　（四）盡量減少荒地之存在。

　　（五）禁止損害地利之使用。

因此如何依上述原則而對土地作合理之利用，實爲土地政策中解決土地問題重要環節之一。雖實施都市平均地權條例「土地使用」一章內，有關乎都市土地合理分配與充分使用之規定，可視爲市地利用之具體措施；惟近年來，經濟之高度發展及人口之急劇加增，均迫使土地講求集約使用以應民需，由是土地問題之重心乃移轉至如何利用上；就民國六

---

❻　蕭錚著「平均地權之理論體系」第二五七頁。

十六年平均地權條例「土地使用」一章所增訂之條文規定暨本次修正再大幅度增訂條文觀之，自可明其梗概。是以本節卽參照條例規定範圍，就土地之合理使用及未來發展之方向，提具應加強之途徑如次：

壹、健全地籍整理

　　將各宗土地之位置、界址、種類、面積、土地權利狀態及使用狀況等查明之而記載成圖册者謂之「地籍」。而健全完整之地籍旣可爲明瞭土地狀況、鑑定土地權利、課徵土地稅及實施土地政策之依據，亦是施行平均地權最重要之基本要件。故實施都市平均地權條例有其施行區域內之土地應依土地法辦理地籍測量及土地登記之規定；卽據此以期平均地權土地政策順利進行。至於加強土地利用則重在實施土地有計畫之管制，再行開發使用，以免不合經濟利用之濫建、亂建而浪費地力，凡此均須以詳確之「地籍整理」爲基礎，故促進土地合理使用之首要工作亦莫甚於此。

　　臺灣地區之地籍乃沿用日據時代之圖册整理而成，一則以當時測量技術落後，經長期使用至今地籍圖已破損、縮水而有所差誤，再則爲提高各種土地測量之基準並掌握土地開發資料，政府乃重加釐整且已責由內政部規劃臺灣地區土地測量工作，於民國六十五年度起實施地籍圖重測三期十三年計畫，第一期五年計畫自六十五年度起至六十九年度止，完成九五二、九六二筆，面積三七、八五〇公頃。第二期四年計畫自七十年度起至七十三年度止，完成六六一、四七七筆，面積二八、八九六公頃。第三期四年計畫自七十四年度起至七十七年度止，估計可辦理完成筆數六六二、一六二筆，面積四三、四二九公頃。共計可完成一一〇、一七五公頃，二、二七六、六〇一筆。屆時臺北市及高雄市可全部辦竣，臺灣省部分除山林地區外，尚有五〇萬公頃急待辦理地籍圖之重

測工作❼。 此項重測旨在建立 臺灣地區完整而詳實 之地籍資料， 亟應加強推動， 內政部已成立資訊中心， 應依平均地權條例第十二條之規定訂定辦法， 期待全國總歸戶工作早日完成， 再以準確健全之地籍資料為本， 推動實施土地計畫管制使用， 增進土地利用之績效， 俾貫徹實施平均地權之土地政策。

貳、土地之全面管制與開發

臺灣地區三十餘年來之經濟開發， 每使人口隨之直線激增， 而造成都市用地、工業用地及農業用地間之競爭， 致原非集約使用之土地轉為集約用地， 卽邊際土地之轉為農地， 農地轉為都市及工業用地等； 其中農地改為非耕地使用者， 民國五十年計二九五公頃， 六十二年增至四、四二七‧五公頃， 六十五年雖略下降但仍達三、一六五‧九公頃❽。除農地外， 山林地之濫墾， 邊際土地之任意轉作為旱作或雜作， 皆未善盡水土之保持設施， 及洪水平原之作工業或都市發展等， 如此土地之不當使用， 情況至為嚴重。為謀經濟之均衡發展， 誠如條例第五十二條之規定， 卽各級主管機關應依國家經濟政策、地方需要情形、土地所能提供使用之性質， 與區域計畫及都市計畫之規定， 全面編定各種土地之用途， 誠為促進土地合理使用， 提示原則性之發展方向。

按臺灣地區之經濟發展與社會繁榮， 係由點而面， 自都市擴至鄉村， 故政府對土地之計畫管制， 乃依自然發展與實際需要， 隨時間先後而制定都市計畫、區域計畫及綜合開發計畫。而所謂綜合開發計畫係以臺灣地區為其規劃範圍， 將國內之人口、產業活動、公共實質設施及土

---

❼　資料來源: 內政部地政司。
❽　「臺灣地區綜合開發計畫」 第一篇第七頁； 六十七年十月， 行政院經濟建設委員會。

地、水、自然景觀等天然資源之未來空間配置型態，直接投影於地圖上之一項實質計畫，其規劃範圍以臺灣地區土地爲對象，故綜合開發計畫擬定後，則區域計畫與都市計畫復受其指導與規範。

　　按臺灣地區之土地計畫管制乃源於都市計畫——將一定地區內有關都市生活之經濟、交通、衞生、保安、國防、文敎及康樂等重要設施，作有計畫之發展，並對其土地使用作合理之規劃者謂之都市計畫——藉以改善居民生活環境，並促進市、鎮、鄉街有計畫之均衡發展 ❾。故都市計畫核定公布後，卽視實際需要，逐步擬定細部計畫以規劃土地使用並分區管制，再開放實施，卽都市計畫之細部計畫爲都市之土地管制與建設發展之主要依據。臺灣地區已實施都市計畫地區，截至民國七十五年五月底共計四一四處，面積達三八二、九○三‧五五公頃，其中市鎮計畫共一二一處，鄉街計畫二○六處，特定區計畫八十七處，計分 ❿：

　　（一）臺灣省部份：已實施都市計畫地區共三九五處，面積三四一、七八一‧○二公頃，其中市鎮計畫共一○八處，鄉街計畫二○六處，特定區計畫八一處。

　　（二）臺北市部份：全部行政轄區爲二七、二一七公頃，均已訂定主要計畫，其中已擬定實施細部計畫地區爲八、八五四公頃。

　　（三）高雄市部份：全部轄區爲一五、二八○公頃，已訂主要計畫爲三、九○五‧五三公頃，其中市鎮計畫共十三處，特定區計畫五處，已經擬定細部計畫地區一二、九二七公頃。

上述範圍之土地，均依都市計畫編定各種用途予以管制，但爲全面促進都市發展，應照現行條例積極舉辦區段徵收、市地重劃、超額土地照價收買、限制私有未建築土地最高面積及加徵空地稅等措施，以提高土地

---

❾　都市計畫法第一條、第三條。
❿　資料來源：內政部營建署。

利用之效能，惟此等加強土地使用之施行，依現行規定須以細部計畫為準，因而其細部計畫如未能及時配合擬定發布實施，則誘導都市發展之計畫藍圖終將成為阻礙都市發展之絆腳石；職是之故，都市計畫與細部計畫之相互配合而及時釐訂，應是促進都市土地合理使用之先決條件，此應為主管機關所特別重視者。

　　都市計畫係管制都市土地使用之所賴，而區域計畫則導引非都市地區土地作合理之使用。所謂區域計畫乃基於地理、人口、資源、經濟活動等相互依賴及共同利益關係而制定之區域發展計畫❹。係以促進土地及天然資源之保育利用，人口及產業活動之合理分布，改善生活環境，加速並健全經濟發展及增進公共福利為目的。而就臺灣地區之區域計畫係劃分為四個區域：

　　（一）北部區域：包括臺北市、基隆市、臺北縣、桃園縣、新竹市、新竹縣、宜蘭縣。

　　（二）中部區域：包括臺中市、臺中縣、彰化縣、南投縣、苗栗縣、雲林縣。

　　（三）南部區域：包括高雄市、臺南市、高雄縣、臺南縣、屏東縣、澎湖縣、嘉義縣。

　　（四）東部區域：包括臺東縣、花蓮縣。

臺灣南部區域計畫已於七十三年間核定公布實施，該區域內之屏東、高雄、臺南及澎湖非都市土地，已依法完成使用分區及編定工作，對該區域內之土地已全面編定用途。臺灣中部區域計畫於七十一年五月十三日核定公告，該區域內之臺中、南投、彰化、苗栗及雲林縣非都市土地，已依法完成分區編定，臺灣北部區域計畫於七十二年五月九日核定公

_____

❹　區域計畫法第一條、第三條。

告，區域內之臺北、桃園、宜蘭縣及基隆、新竹市非都市土地，已依法完成使用編定工作。目前嘉義縣正在辦理非都市土地使用分區編定作業，預計七十五年底可辦理完竣，屆時臺灣地區非都市土地將可全部實施土地使用管制。

　　區域計畫上承綜合開發計畫，下繼以都市計畫、個別開發建設事業計畫及土地分區使用計畫，爲一綱要性之理想藍圖；若此區域建設藍圖能有效付諸實施，則可加強都市土地與非都市土地之使用編定與管制工作，並使有限之土地作最充分合理之使用。準此，爲實施平均地權條例促進土地使用計，今後當非僅於條例「土地使用」章規定爲限，朝此方向邁進，以達平均地權地盡其利之終極目標。

叁、現行規定之貫徹執行

　　本節前面已述及實施平均地權之基礎在於健全地籍整理，同時亦展示區域計畫達成地盡其利之理想遠景。茲願就現行條例中有關促進土地合理使用之具體措施，重申數言：

　　按現行條例「土地使用」章規定有①全面編定各種土地用途②辦理區段徵收⑧舉辦市地重劃④限制私有尚未建築用地之最高面積及限期使用⑤超額土地照價收買⑥加徵空地稅等，已於第四章第三節暨第六章第三節分別說明甚詳。此等規定經第五章第三節之檢討，除市地重劃應再積極推動外，無可諱言，迄今均未徹底施行，致條例有名無實流爲具文，縱有規劃調查及通知，亦僅止於紙面作業，少有成效。此一嚴重事實現象，政府應勇於面對，並切實檢討其原因癥結所在，研求有效改進之方。如眾所知，本次條例修正，對「土地使用」章不僅大幅度修正且增訂條文，可謂相當完備，對促進土地使用之方式，亦均賦予法律之強制力，但願政府對其過去施行成效不彰，除因未及時發布都市計畫細部

計畫及缺乏經費等實際上之困難致影響實施績效外，其執行不力更是主要原因之一，應特予重視。於此我們誠望各市縣政府普遍重視此一條例「土地使用」章之執行，關係土地政策、遏止土地投機與達成地盡其利之成敗，善體其立法旨意，遵以貫徹執行，並時將執行所遭遇之實際困難列舉反映，中央主管機關更應於加強督導之餘，針對地方反應之困難障礙，大力為之解決消除，務期平均地權地盡其利之土地政策得以早日實現，為國家社會開闢無窮福祉之泉源。

參 考 資 料

壹、基本資料

一、機關檔案

（一）立法院檔案——地政類總一七二，地政三十，第一冊。

（二）內政部檔案——「地」類 401.112/62 卷一宗，401.113/18 卷十四宗，401.112/77卷一宗，401.112/79卷一宗，401.113/1卷二宗，401.113/2 卷八宗，401.112/88卷一宗，401.113/22卷一宗，401.113/25卷一宗，401.113/45卷一宗，401.113/66卷一宗，401.113/70卷一宗，401.114/ 188 卷一宗，401.114/199 卷一宗，401.114/232 卷一宗，401.114/234 卷四宗，401.114/233 卷一宗，401.115/114 卷一宗，401.115/166卷一宗，401.2/013卷一宗，401.2/16卷一宗，401.33/21卷一宗，401.9/33 卷一宗，401.9/48卷一宗，401.9/85 卷一宗，402.12/13 卷一宗，402.12/14卷一宗，402.12/19 卷一宗，406.1/1卷二宗，406.1/14 卷一宗，406.1/19 卷一宗，407.1/3 卷一宗，407.1/12 卷一宗，407.1/15 卷一宗，432/34 卷一宗，432/36 卷二宗，432/37 卷二宗，432/38 卷一宗，432/42卷一宗，432/43卷一宗，432.1/1卷一宗，432.1/3卷一宗，432.1/5卷一宗，432.1/6卷一宗，432.1/8卷三宗，432.1/9卷一宗，432.1/ 13卷一宗，432.1/15 卷一宗，432.1/16 卷一宗，442.1/6卷一宗，442/ 48 卷一宗，442/49 卷一宗，461/25 卷一宗，461/28 卷一宗，461/67卷一宗，462/4卷一宗，462/19 卷一宗，462/23卷一宗，462/39 卷一宗，462.1/21卷一宗，及401.115/35卷二十六宗。

二、主要法規

（一）土地法——民國十九年六月三十日公布，三十五年四月二十九日、四十四年三月十九日及六十四年七月二十四日等歷次修正公布者。

（二）土地法施行法——民國二十四年四月五日公布及三十五年四月二十九日
修正公布者。

（三）實施都市平均地權條例——民國四十三年八月二十六日公布，四十七年
七月二日、五十三年二月六日、五十七年二月十二日、六十一年十一月
十一日等歷次修正公布者。

（四）實施都市平均地權條例臺灣省施行細則——民國四十五年一月十九日發
布，五十三年六月二十八日及五十七年四月二十五日修正公布者。

（五）實施都市平均地權條例臺北市施行細則——民國五十七年五月一日發布
者。

（六）平均地權條例——民國六十六年二月二日、六十九年一月二十五日，七
十五年六月二十九日修正公布。

（七）平均地權條例施行細則——民國六十六年四月一日發布，六十八年三月
二十二日、八月七日、六十九年七月十日及七十三年一月廿六日修正。

三、法令專輯

（一）立法院公報，法律案專輯，第九輯，實施都市平均地權條例第三次修正
案，五十八年立法院秘書處編印。

（二）內政法令解釋彙編，地政類，六十六年十月、六十九年五月暨七十四年
九月內政部法規委員會編印。

（三）內政法令解釋彙編，營建類，七十四年九月內政部法規委員會編印。

（四）土地稅法規，六十九年元月財政部編印。

（五）立法院公報，法律案專輯，第二十四輯，內政（二），平均地權條例案
（上、下冊）六十八年八月立法院秘書處印行。

四、國父全集——國父全集（三冊），六十三年六月中國國民黨中央黨史史料編纂
委員會編輯，中央文物供應社發行。

貳、政府文獻

一、臺灣都市土地問題與都市土地政策初步研究報告，五十六年六月行政院國際經

濟合作發展委員會都市建設及住宅計劃小組編印。

二、依平均地權條例立法原則尚難解決之主要問題，六十年徐部長慶鐘撰。

三、國父土地政策遺教與土地價值之研究，六十年徐部長慶鐘撰。

四、土地改革，六十年十月臺灣省政府新聞處編印。

五、健全都市發展重要措施工作計劃表，六十二年六月行政院國際經濟合作發展委員會編印。

六、臺北市實施都市平均地權重新規定地價工作報告，六十四年十二月臺北市政府地政處編印。

七、實施都市平均地權條例修正草案參考資料，六十五年七月立法院內政委員會編印。

八、全面實施平均地權徵文輯，六十七年六月臺灣省政府新聞處編印。

九、臺灣地區綜合開發計劃，六十七年十月行政院經濟建設委員會印行。

十、土地重劃研討會議專輯，六十七年十二月土地改革訓練所印行。

十一、臺北市實施平均地權六十七年重新規定地價工作報告，六十八年三月臺北市政府地政處編印。

十二、實施區域計劃概況，六十八年七月內政部編印。

十三、實施平均地權簡報，六十八年八月內政部編印。

十四、簡述地政問題與其革新（草稿），六十九年元月徐前副院長慶鐘撰。

十五、內政部「土地行政改進措施」執行情形檢討報告，六十九年三月內政部印行。

十六、當前土地政策研議專集，七十一年五月內政部編印。

參、論文專著

一、民生主義土地問題討論集，五十二年三民主義研究所編輯。

二、都市平均地權討論集，五十三年六月中國文化學院三民主義研究所印行。

三、蔡讚雄撰：現行土地稅制之研究，五十四年中國文化學院碩士論文。

四、毛再青撰：國父對平均地權新土地制度之設計，五十四年中國文化學院碩士論

文。

五、金光華撰: 實施都市平均地權制度之研究，五十四年中國文化學院碩士論文。

六、潘廉方等著: 平均地權研究論文集，五十六年七月中國文化學院地政研究所印行。

七、侯仲智撰: 都市平均地權中土地漲價歸公之研究，五十八年中國文化學院碩士論文。

八、王鼎臣撰: 平均地權實施之研究，六十年政戰學校碩士論文。

九、凌清遠撰: 平均地權之研究，六十二年中國文化學院碩士論文。

十、湯季康撰: 都市土地問題之探討及其對策之設計，六十二年中國文化學院碩士論文。

十一、蔡政順撰: 實施都市平均地權條例第三次修正案立法過程之研究，六十三年臺灣大學碩士論文。

十二、孫劍清編著: 中國歷代土地制度史的研究，六十五年九月正中書局發行。

十三、鄭明安撰: 市地重劃效益之分析，內政部六十八年研究發展報告。

十四、陳郁芬撰: 都市平均地權實施績效之評估，七十年成文出版社印行。

十五、汪考先撰: 臺灣省都市土地規定地價之研究，七十年成文出版社印行。

十六、李國雄撰: 臺灣現行地價稅制之研究，七十年政治大學地政研究所碩士論文。

十七、葉創煥撰: 平均地權政策與土地稅制度之研究，七十二年文化大學碩士論文。

肆、一般書籍 (限本書引用者)

一、郭隆朝著: 實施都市平均地權條例釋義，四十四年中央文物供應社印行。

二、張傳獻編著: 中國歷代農田制度之嬗變，五十年時事教育資料社印行。

三、黃通著: 土地政策原論，五十年臺灣土地銀行研究處印行。

四、蕭錚著: 平均地權本義，五十五年中國地政研究所印行。

五、王文甲編著: 中國土地制度史，五十六年正中書局印行。

六、蕭錚著：平均地權之理論體系，五十七年中國地政研究所印行。

七、鮑德澂著：土地法規概論，五十九年臺灣土地銀行研究處印行。

八、蘇志超著：地價與地稅，六十三年文笙書局印行。

九、林英彥著：市地重劃，六十六年文笙書局印行。

十、王鼎臣編著：平均地權之理論與實踐，六十六年黎明書局印行。

十一、焦祖涵著：土地法釋論，六十八年三民書局印行。

十二、王士麟著：平均地權之研究，七十年稅務論壇社印行。

十三、馮小彭著：土地行政，七十年五南圖書出版公可印行。

十四、來璋著：土地行政學，七十年中國地政研究所印行。

十五、高信著：土地問題選集，七十一年正中書局印行。

十六、許松著：土地行政概要，七十三年長樂書局印行。

十七、來璋著：平均地權理論與實踐，七十四年著者印行。

　　伍、報章期刊

一、內政新聞研考資料（自民國六十三年元月至七十五年六月，有關平均地權之剪
　　報，包括中央日報、中國時報、聯合報、青年戰士報、中華日報、臺灣日報、
　　新生報、自立晚報、大華晚報、民族晚報等）。

二、「東方雜誌」月刊及「土地改革」月刊（或雙月刊）。

附 錄：平均地權條例

民國四十三年 八 月二十六日 總 統 令 公 布 施 行
民國四十三年 九 月 七 日指定臺灣省為施行區域
民國四十七年 七 月 二 日修 正 公 布 施 行
民國五十三年 二 月 六 日修 正 公 布 施 行
民國五十七年 二 月 十二 日修 正 公 布 施 行
民國六十一年十一月 十一 日修 正 公 布 施 行
民國六十六年 二 月 二 日修 正 公 布 施 行
民國六十六年 二 月 三 日指定臺灣省、臺北市為施行區域
民國六十九年 一 月二十五日修 正 公 布 施 行
民國七十五年 六 月二十九日修 正 公 布 施 行

第一章 總 則

第 一 條 平均地權之實施，依本條例之規定；本條例未規定者，適用土地法及
其他有關法律之規定。

第 二 條 本條例所稱主管機關：中央為內政部；省（市）為省（市）政府；縣
（市）為縣（市）政府。其有關土地債券之發行事項，中央主管機關
為財政部。

第 三 條 本條例用辭之定義如左:

一、都市土地: 指依法發布都市計畫範圍內之土地。

二、非都市土地: 指都市土地以外之土地。

三、農業用地: 指供農作、森林、養殖、畜牧及與農業經營不可分離
之農舍、畜禽舍、倉儲設備、曬場、集貨場、農路、灌溉、排
水、漁用碼頭及其他農用之土地。

四、工業用地: 指依法核定之工業區土地及政府核准工業或工廠使用
之土地。

五、礦業用地: 指供礦業實際使用地面之土地。

六、自用住宅用地: 指土地所有權人或其配偶、直系親屬於該地辦竣
戶籍登記，且無出租或供營業用之住宅用地。

七、空地：指已完成道路、排水及電力設施，於有自來水地區並已完成自來水系統，而仍未依法建築使用；或雖建築使用，而其建築改良物價值不及所占基地申報地價百分之十，且經直轄市或縣（市）政府認定應予增建、改建或重建之私有及公有非公用建築用地。

第　四　條　本條例所定地價評議委員會，由直轄市或縣（市）政府組織之，並應由地方民意代表及其他公正人士參加；其組織規程，由內政部定之。

第　五　條　依本條例照價收買或區段徵收土地所需之資金，得由省（市）政府發行土地債券。

土地債券之發行，另以法律定之。

第　六　條　照價收買土地應行償付之地價，每一土地所有權人扣除應納土地增值稅後，總額在三十萬元以下者，全部發給現金；超過三十萬元者，就其超過部分，搭發土地債券二分之一。

區段徵收之土地以現金補償地價者，每一土地所有權人扣除應納土地增值稅後，總額在五十萬元以下者，全部發給現金；超過五十萬元者，其超過部份，得在半數以內搭發土地債券。

第　七　條　政府依法照價收買、區段徵收或因土地重劃而取得之土地，得隨時公開出售，不受土地法第二十五條之限制。

第　八　條　（刪除）

第　九　條　（刪除）

第　十　條　本條例實施地區內之土地，政府於依法徵收時，應按照徵收當期之公告土地現值，補償其地價。在都市計畫區內之公共設施保留地，應按毗鄰非公共設施保留地之平均公告土地現值，補償其地價，其地上建築改良物，應參照重建價格補償。

第十一條　依法徵收或照價收買之土地為出租耕地時，除由政府補償承租人為改良土地所支付之費用，及尚未收穫之農作改良物外，並應由土地所有權人，以所得之補償地價，扣除土地增值稅後餘額之三分之一，補償

　　　　　　耕地承租人。

　　　　　　前項補償承租人之地價，應由主管機關於發放補償或依法提存時，代
　　　　　　爲扣交。

　　　　　　公有出租耕地依法撥用時，準用前二項之規定，補償承租人；所需經
　　　　　　費，由原管理機關負擔。但爲無償撥用者，補償費用，由需地機關負
　　　　　　擔。

第 十二 條　本條例施行區域內之地籍總歸戶，由中央主管機關訂定辦法，報請行
　　　　　　政院核定之。

第二章　規定地價

第 十三 條　本條例施行區域內，未規定地價之土地，應卽全面舉辦規定地價。但
　　　　　　偏遠地區及未登記之土地，得由省（市）政府劃定範圍，報經內政部
　　　　　　核定後分期辦理。

第 十四 條　規定地價後，每三年重新規定地價一次。但必要時得延長之。重新規
　　　　　　定地價者，亦同。

第 十五 條　直轄市或縣(市)主管機關辦理規定地價或重新規定地價之程序如左：

　　　　　　一、分區調查最近一年之土地買賣價格或收益價格。

　　　　　　二、依據調查結果，劃分地價區段並估計區段地價後，提交地價評議
　　　　　　　　委員會評議。

　　　　　　三、計算宗地單位地價。

　　　　　　四、公告及申報地價，其期限爲三十日。

　　　　　　五、編造地價冊及總歸戶冊。

第 十六 條　舉辦規定地價或重新規定地價時，土地所有權人未於公告期間申報地
　　　　　　價者，以公告地價百分之八十爲其申報地價。土地所有權人於公告期
　　　　　　間申報地價者，其申報之地價超過公告地價百分之一百二十時，以公
　　　　　　告地價百分之一百二十爲其申報地價；申報之地價未滿公告地價百分
　　　　　　之八十時，得照價收買或以公告地價百分之八十爲其申報地價。

第三章　照價徵稅

第 十七 條　已規定地價之土地，應按申報地價，依法徵收地價稅。

第 十八 條　地價稅採累進稅率，以各該直轄市或縣（市）土地七公畝之平均地價，爲累進起點地價。但不包括工業用地、礦業用地、農業用地及免稅土地在內。

第 十九 條　地價稅基本稅率爲千分之十。土地所有權人之地價總額未超過土地所在地直轄市或縣（市）累進起點地價者，其地價稅按基本稅率徵收；超過累進起點地價者，依左列規定累進課徵：

一、超過累進起點地價未達五倍者，就其超過部分課徵千分之十五。

二、超過累進起點地價五倍至十倍者，就其超過部分課徵千分之二十五。

三、超過累進起點地價十倍至十五倍者，就其超過部分課徵千分之三十五。

四、超過累進起點地價十五倍至二十倍者，就其超過部分課徵千分之四十五。

五、超過累進起點地價二十倍以上者，就其超過部分課徵千分之五十五。

第 二十 條　合於左列規定之自用住宅用地，其地價稅按千分之三計徵：

一、都市土地面積未超過三公畝部分。

二、非都市土地面積未超過七公畝部分。

政府興建之國民住宅，自動工興建或取得土地所有權之日起，其用地之地價稅，適用前項稅率計徵。

土地所有權人與其配偶及未成年之受扶養親屬，適用第一項自用住宅用地稅率繳納地價稅者，以一處爲限。

第二十一條　供左列事業直接使用之土地，按千分之十計徵地價稅。但未按目的事業主管機關核定規劃使用者，不適用之：

一、工業用地、礦業用地。

二、私立公園、動物園、體育場所用地。

三、寺廟、教堂用地、政府指定之名勝古蹟用地。

四、依都市計畫法規定設置之加油站及供公眾使用之停車場用地。

五、其他經行政院核定之土地。

在依法劃定之工業區或工業用地公告前，已在非工業區或工業用地設立之工廠，經政府核准有案者，其直接供工廠使用之土地，準用前項規定。

第一項各款土地之地價稅，符合第二十五條減免規定者，依該條減免之。

第二十二條　非都市土地依法編定之農業用地或未規定地價者，徵收田賦。但都市土地合於左列規定者，亦同：

一、依都市計畫編為農業區及保護區，限作農業用地使用者。

二、公共設施尚未完竣前，仍作農業用地使用者。

三、依法限制建築，仍作農業用地使用者。

四、依法不能建築，仍作農業用地使用者。

五、依都市計畫編為公共設施保留地，仍作農業用地使用者。

前項第二款及第三款，以自耕農地及依耕地三七五減租條例出租之耕地為限。

農民團體與合作農場所有直接供農業使用之倉庫、冷凍（藏）庫、農機中心、蠶種製造（繁殖）場、集貨場、檢驗場、水稻育苗中心等用地，仍徵收田賦。

第二十三條　都市計畫公共設施保留地，在保留期間仍為建築使用者，除自用住宅用地依第二十條之規定外，統按千分之六計徵地價稅；其未作任何使用並與使用中之土地隔離者，免徵地價稅。

第二十四條　公有土地按基本稅率徵收地價稅或田賦。但公有土地供公共使用者，免徵地價稅或田賦。

第二十五條　供國防、政府機關、公共設施、騎樓走廊、研究機構、敎育、交通、水利、給水、鹽業、宗敎、醫療、衞生、公私墓、慈善或公益事業等所使用之土地，及重劃、墾荒、改良土地者，其地價稅或田賦得予適當之減免；減免標準與程序，由行政院定之。

第二十六條　直轄市或縣（市）政府對於私有空地，得視建設發展情形，分別劃定區域，限期建築、增建、改建或重建；逾期未建築、增建、改建或重建者，按該宗土地應納地價稅基本稅額加徵二倍至五倍之空地稅或照價收買。

　　經依前項規定限期建築、增建、改建或重建之土地，其新建之改良物價值不及所占基地申報地價百分之五十者，直轄市或縣（市）政府不予核發建築執照。

第二十六條之一　農業用地閒置不用，經直轄市或縣（市）政府報經內政部核准通知限期使用或命其委託經營，逾期仍未使用或委託經營者，按應納田賦加徵一倍至三倍之荒地稅；經加徵荒地稅滿三年，仍不使用者，得照價收買。但有左列情形之一者不在此限：

一、因農業生產或政策之必要而休閒者。

二、因地區性生產不經濟而休耕者。

三、因公害汚染不能耕作者。

四、因灌溉、排水設施損壞不能耕作者。

五、因不可抗力不能耕作者。

前項規定之實施辦法，由中央主管機關會同農業主管機關定之。

第四章　照價收買

第二十七條　（刪除）

第二十八條　依第十六條、第二十六條、第二十六條之一、第四十七條之一、第七十二條、第七十六條照價收買土地之程序如左：

一、直轄市或縣（市）政府應將報准照價收買之土地先行公告，並以

　　　　　書面通知土地所有權人及土地移轉之權利人或他項權利人。

二、受通知人應於通知送達之次日起五十日內，繳交土地所有權狀、
　　土地他項權利證明書及有關證件；逾期不繳交者，宣告其書狀、
　　證件無效。

三、直轄市或縣（市）政府對繳交之書狀、證件審核無訛，或依前款
　　規定宣告其書狀、證件無效後，應於三十日內給付地價及他項權
　　利補償費；逾期不領取者，依法提存。

第二十九條　依第十六條實施照價收買之土地，其公告及通知，應於申報地價後開
　　　　　徵當年期地價稅之前辦理完竣。

　　　　　依第二十六條、第七十二條規定得照價收買之土地，自限期屆滿之次
　　　　　日起，當地主管建築機關應停止受理申請建築執照。

第 三十 條　照價收買之土地，其所有權人應於受領地價完竣或其地價經依法提存
　　　　　之次日起六十日內，將其土地交付該管直轄市或縣（市）政府；逾期
　　　　　不交付者，必要時主管機關得移送法院裁定後強制執行。

第三十一條　照價收買土地之地價，依左列規定計算之：

一、依第十六條規定收買者，以其申報地價為準。

二、依第四十七條之一規定收買者，以其申報土地移轉現值為準。

三、依第二十六條、第二十六條之一、第七十二條、第七十六條規定
　　收買者，以收買當期之公告土地現值為準。

第三十二條　照價收買之土地，如土地所有權人有改良土地情事，其改良土地之費
　　　　　用及已繳納之工程受益費，經該管主管機關驗證登記者，應併入地價
　　　　　內計算之。

第三十三條　照價收買之土地，地上如有農作改良物，應予補償。

　　　　　前項農作改良物價額之估定，如其孳息成熟時間在收買後一年以內
　　　　　者，應按其成熟時之孳息估定之；其在一年以上者，應依其種植、培
　　　　　育費用，並參酌現值估定之。

　　　　　依法徵收之土地，準用前二項之規定。

第三十四條　照價收買之土地，地上建築改良物同屬土地所有權人所有者，應一併收買。但不屬土地所有權人所有者，不在此限。

前項改良物之價額，由直轄市或縣（市）政府查估後，提交地價評議委員會評定之。

第五章　漲價歸公

第三十五條　爲實施漲價歸公，土地所有權人於申報地價後之土地自然漲價，應依第三十六條規定徵收土地增值稅。但政府出售或依法贈與之公有土地，及接受捐贈之私有土地，免徵土地增值稅。

第三十五條之一　私人捐贈供興辦社會福利事業使用之土地，免徵土地增值稅。但以符合左列各款規定者爲限：

一、受贈人爲財團法人。

二、法人章程載明法人解散時，其賸餘財產歸屬當地地方政府所有。

三、捐贈人未以任何方式取得所捐贈土地之利益。

第三十六條　土地增值稅之徵收，應依照土地漲價總數額計算，於土地所有權移轉或設定典權時行之。但因繼承而移轉者，不徵土地增值稅。

前項土地漲價總數額，應減去土地所有權人爲改良土地已支付之全部費用。

土地所有權人辦理土地移轉繳納土地增值稅時，在其持有土地期間內，因重新規定地價增繳之地價稅，就其移轉土地部分，准予抵繳其應納之土地增值稅。但准予抵繳之總額，以不超過土地移轉時應繳增值稅總額百分之五爲限。

前項增繳之地價稅抵繳辦法，由行政院定之。

第三十七條　土地增值稅，以原土地所有權人爲納稅義務人。但土地所有權無償移轉者，以取得所有權人爲納稅義務人。

第三十八條　土地所有權移轉，其移轉現值超過原規定地價或前次移轉時申報之現值，應就其超過總數額依第三十六條第二項之規定扣減後，徵收土地

增值稅。

前項所稱原規定地價，係指中華民國五十三年規定之地價；其在中華民國五十三年以前已依土地法規定辦理規定地價及在中華民國五十三年以後舉辦規定地價之土地，均以其第一次規定之地價為原規定地價。所稱前次移轉時申報之現值，於因繼承取得之土地再行移轉者，係指繼承開始時該土地之公告土地現值。

第三十九條 前條原規定地價或前次移轉時申報之現值，應按政府公告之物價指數調整後，再計算其土地漲價總數額。

第 四十 條 土地增值稅之稅率，依左列之規定：

一、土地漲價總數額，超過原規定地價或前次移轉時申報之現值數額未達百分之一百者，就其漲價總數額，徵收增值稅百分之四十。

二、土地漲價總數額，超過原規定地價或前次移轉時申報之現值數額在百分之一百以上未達百分之二百者，除按前款規定辦理外，其超過部分，徵收增值稅百分之五十。

三、土地漲價總數額，超過原規定地價或前次移轉時申報之現值數額在百分之二百以上者，除按前兩款規定分別辦理外，其超過部分，徵收增值稅百分之六十。

第四十一條 土地所有權人出售其自用住宅用地者，都市土地面積未超過三公畝部分或非都市土地面積未超過七公畝部分，其土地增值稅統就該部分之土地漲價總數額按百分之十徵收之；超過三公畝或七公畝者，其超過部分之土地漲價總數額，依前條規定之稅率徵收之。

前項規定於土地出售前一年內，曾供營業使用或出租者，不適用之。

土地所有權人，依第一項規定稅率繳納土地增值稅者，以一次為限。

第四十二條 被徵收之土地，其土地增值稅一律減徵百分之四十。但在中華民國六十二年九月六日都市計畫法修正公布前，經編定為公共設施保留地，並已規定地價，且在該次都市計畫法修正公布後未曾移轉者，其土地增值稅減徵百分之七十。

依法得徵收之私有土地，土地所有權人自願按公告土地現值之價格售與需地機關者，準用前項規定。

經重劃之土地，於重劃後第一次移轉時，其土地增值稅減徵百分之二十。

第四十二條之一　區段徵收之土地，以現金補償其地價者，依前條第一項規定，減徵其土地增值稅。但依第五十四條第三項規定因領回抵價地不足最小建築單位面積而領取現金補償者，免徵土地增值稅。

區段徵收之土地，依第五十四條第一項、第二項規定以抵價地補償其地價者，免徵土地增值稅。但領回抵價地後第一次移轉時，應以原土地所有權人實際領回抵價地之地價爲原地價，計算漲價總數額，課徵土地增值稅。

第四十三條　（刪除）

第四十四條　土地所有權人出售其自用住宅用地、自營工廠用地或自耕之農業用地，另行購買使用性質相同之土地者，依法退還其出售土地所繳之土地增值稅。

前項土地被徵收，原土地所有權人於領取補償地價後，另行購買使用性質相同之土地者，依法退還徵收土地所繳之土地增值稅。

第四十五條　農業用地在依法作農業使用時，移轉與自行耕作之農民繼續耕作者，免徵土地增值稅。

依前項規定免徵土地增值稅之農業用地，於變更爲非農業使用後再移轉時，應以其前次權利變更之日當期之公告土地現值爲原地價，計算漲價總數額，課徵土地增值稅。

第四十六條　直轄市或縣（市）政府對於轄區內之土地，應經常調查其地價動態，繪製地價區段圖並估計區段地價後，提經地價評議委員會評定，據以編製土地現值表於每年七月一日公告，作爲土地移轉及設定典權時，申報土地移轉現值之參考；並作爲主管機關審核土地移轉現值及補償徵收土地地價之依據。

第四十七條　土地所有權移轉或設定典權時，權利人及義務人應於訂定契約之日起三十日內，檢同契約及有關文件，共同申請土地所有權移轉或設定典權登記，並共同申報其土地移轉現值。但依規定得由權利人單獨申請登記者，權利人得單獨申報其移轉現值。

第四十七條之一　土地所有權移轉或設定典權，其申報移轉現值之審核標準，依左列規定：

一、申報人於訂定契約之日起三十日內申報者，以訂約日當期之公告土地現值為準。

二、申報人逾訂定契約之日起三十日始申報者，以受理申報機關收件日當期之公告土地現值為準。

三、遺贈之土地，以遺贈人死亡日當期之公告土地現值為準。

四、依法院判決移轉登記者，以申報人向法院起訴日當期之公告土地現值為準。

五、經法院拍賣之土地，以拍定之價額為準。但拍定價額如已先將設定抵押金額及其他債務予以扣除者，應以併同計算之金額為準。

六、經政府核定照價收買或政府協議購買之土地，以政府給付之地價為準。

前項第一款至第四款申報人申報之移轉現值，經審核低於公告土地現值者，得由主管機關照其自行申報之移轉現值收買或照公告土地現值徵收土地增值稅。第一款至第三款之申報移轉現值，經審核超過公告土地現值者，應以其自行申報之移轉現值為準，徵收土地增值稅。

第四十七條之二　依法免徵土地增值稅之土地，主管稅捐機關應依左列規定核定其移轉現值並發給免稅證明，以憑辦理土地所有權移轉登記：

一、依第三十五條規定免徵土地增值稅之公有土地，以實際出售價額為準。但各級政府贈與或受贈之土地，以贈與契約訂約日當期之公告土地現值為準。

二、依第三十五條之一規定免徵土地增值稅之私有土地，以贈與契約

　　　訂約日當期之公告土地現值爲準。

三、依第三十六條規定免徵土地增值稅之繼承土地，以繼承開始時當
　　期之公告土地現值爲準。

四、依第四十二條之一第二項規定免徵土地增值稅之抵價地，以區段
　　徵收時實際領回抵價地之地價爲準。

五、依第四十五條第一項規定免徵土地增值稅之農業用地，以權利變
　　更之日當期之公告土地現值爲準。

第四十八條　　（刪除）

第四十九條　　（刪除）

第 五十 條　　土地所有權移轉，其應納之土地增值稅，納稅義務人未於規定期限內
　　　　　　　繳納者，得由取得所有權之人代爲繳納。依第四十七條規定由權利人
　　　　　　　單獨申報土地移轉現值者，其應納之土地增值稅，應由權利人代爲繳
　　　　　　　納。

第五十一條　　依本條例施行漲價歸公之收入，以供育幼、養老、救災、濟貧、衛
　　　　　　　生、扶助殘障等公共福利事業、興建國民住宅、徵收公共設施保留
　　　　　　　地、興辦公共設施及推展國民教育之用。

第六章　土地使用

第五十二條　　爲促進土地合理使用，並謀經濟均衡發展，主管機關應依國家經濟政
　　　　　　　策、地方需要情形、土地所能提供使用之性質與區域計畫及都市計畫
　　　　　　　之規定，全面編定各種土地用途。

第五十三條　　各級主管機關得就左列地區報經行政院核准後施行區段徵收：

一、新設都市地區之全部或一部，實施開發建設者。

二、舊都市地區爲公共安全、公共衛生、公共交通之需要或促進土地
　　之合理使用實施更新者。

三、都市土地開發新社區者。

四、農村社區爲加強公共設施、改善公共衛生之需要、或配合農業發

展之規劃實施更新或開發新社區者。

區段徵收地區選定後，徵收機關於通知其土地所有權人或使用人後，得進入該地區內為勘查或測量。其必須遷移或除去該土地上之障礙物時，應事先通知其所有權人或使用人；其所有權人或使用人因而遭受之損失，應予適當之補償。補償金額，由雙方協議之；協議不成，由當地直轄市或縣（市）政府函請上級政府予以核定。

區段徵收地區選定後，徵收機關得視實際需要報經上級主管機關核定後，分別或同時公告禁止左列事項：

一、土地移轉、分割、設定負擔。

二、建築改良物之新建、增建、改建或重建及採取土石或變更地形。

前項禁止期間，以一年六個月為期。

第五十四條　各級主管機關依本條例規定施行區段徵收時，應依本條例第十條規定補償其地價；如經土地所有權人之申請，得以徵收後可供建築之土地折算抵付。抵價地總面積，以徵收總面積百分之五十為原則；其因情形特殊，經上級主管機關核准者，不在此限。但不得少於百分之四十。

被徵收土地所有權人，應領回抵價地之面積，由徵收機關按其應領補償地價與區段徵收補償地價總額之比例計算其應領之權利價值，並以該抵價地之單位地價折算之。

依前項規定領回面積不足最小建築單位面積者，應於規定期間內提出申請合併，未於規定期間內申請者，徵收機關應於規定期間屆滿之日起三十日內，按原徵收補償地價發給現金補償。

第五十五條　依本條例實施區段徵收之土地，原土地所有權人不願領取現金補償者，應於徵收公告期間內以書面申請發給抵價地。

領回抵價地者，由徵收機關於規劃分配後，囑託該管登記機關逕行辦理土地所有權登記並通知土地所有權人。

第五十五條之一　區段徵收之土地以抵價地抵付補償地價者，其原有租賃關係及他

項權利準用市地重劃有關規定處理。

第五十五條之二　區段徵收範圍內之土地，經規劃整理後，其處理方式如左：

一、抵價地發交原土地所有權人領回。

二、原土地所有權人領取現金補償地價者，於區段徵收完成後，得優先買回土地，其地價應按徵收補償地價另加公共設施費用計算，其買回最高面積依第五十四條核計。

三、道路、溝渠、公園、綠地、兒童遊樂場、廣場、停車場、體育場所、國民學校等公共設施用地無償登記爲直轄市或縣（市）有。

四、前款以外之公共設施用地、國民住宅用地及安置原住戶所需土地讓售或有償撥供需地機關使用。

五、其餘可供建築土地，應予標售。

依前項第四款、第五款讓售或撥用地價及標售底價，以可供讓售、撥用及標售土地總面積，除開發總費用所得之商數爲準。

第五十六條　各級主管機關得就左列地區報經上級主管機關核准後辦理市地重劃：

一、新設都市地區之全部或一部，實施開發建設者。

二、舊都市地區爲公共安全、公共衛生、公共交通或促進土地合理使用之需要者。

三、都市土地開發新社區者。

四、經中央或省主管機關指定限期辦理者。

依前項規定辦理市地重劃時，主管機關應擬具市地重劃計畫書，送經上級主管機關核定公告滿三十日後實施之。

在第二項公告期間內，重劃地區私有土地所有權人半數以上，而其所有土地面積超過重劃地區土地總面積半數者，表示反對時，主管機關應予調處，並參酌反對理由，修訂市地重劃計畫書，重行報請核定，並依其核定結果公告實施，土地所有權人不得再提異議。

市地重劃實施辦法，由中央主管機關定之。

第五十七條　適當地區內之私有土地所有權人半數以上，而其所有土地面積超過區

內私有土地總面積半數者之同意，得申請該管直轄市或縣（市）政府核准後優先實施市地重劃。

第五十八條 為促進土地利用，擴大辦理市地重劃，中央主管機關得訂定辦法，獎勵土地所有權人自行組織重劃會辦理之。其獎勵事項如左：

一、給予低利之重劃貸款。

二、免收或減收地籍整理規費及換發權利書狀費用。

三、優先興建重劃區及其相關地區之公共設施。

四、免徵或減徵地價稅與田賦。

五、其他有助於市地重劃之推行事項。

重劃會辦理市地重劃時，應由重劃區內私有土地所有權人半數以上，而其所有土地面積超過重劃區私有土地總面積半數以上者之同意，並經主管機關核准後實施之。

第五十九條 重劃地區選定後，直轄市或縣（市）政府，得視實際需要報經上級主管機關核定後，分別或同時公告禁止或限制左列事項：

一、土地移轉、分割或設定負擔。

二、建築改良物之新建、增建、改建或重建及採取土石或變更地形。

前項禁止或限制期間，以一年六個月為期。

第 六十 條 依本條例規定實施市地重劃時，重劃區內供公共使用之道路、溝渠、兒童遊樂場、鄰里公園、廣場、綠地、國民小學、國民中學、停車場、零售市場等十項用地，除以原公有道路、溝渠、河川及未登記地等四項土地抵充外，其不足土地及工程費用、重劃費用與貸款利息，由參加重劃土地所有權人按其土地受益比例共同負擔，並以重劃區內未建築土地折價抵付 。如無未建築土地者，改以現金繳納。其經限期繳納而逾期不繳納者，得移送法院強制執行。

重劃區內未列為前項共同負擔之其他公共設施用地，於土地交換分配時，應以該重劃地區之公有土地優先指配。

依第一項規定折價抵付共同負擔之土地，其合計面積以不超過各該重

劃區總面積百分之四十五爲限。但經重劃區內私有土地所有權人半數以上且其所有土地面積超過區內私有土地總面積半數之同意者，不在此限。

第六十條之一　重劃區內之土地扣除前條規定折價抵付共同負擔之土地後，其餘土地仍依各宗土地地價數額比例分配與原土地所有權人。但應分配土地之一部或全部因未達最小分配面積標準，不能分配土地者，得以現金補償之。

依前項規定分配結果，實際分配之土地面積多於應分配之面積者，應繳納差額地價；實際分配面積少於應分配之面積者，應發給差額地價。

第二項應繳納之差額地價經限期繳納逾期未繳納者，得移送法院強制執行。

未繳納差額地價之土地，不得移轉。但因繼承而移轉者，不在此限。

第六十條之二　主管機關於辦理重劃分配完畢後，應將分配結果公告三十日，並通知土地所有權人。

土地所有權人對於重劃之分配結果，得於公告期間內向主管機關以書面提出異議；未提出異議者，其分配結果於公告期滿時確定。

前項異議，由主管機關調處之；調處不成，應報請上級主管機關裁決之。

第六十一條　都市發展較緩地區辦理市地重劃時，得先將重劃土地之交換分合、測定界址及土地之分配、登記及交接工作，辦理完成。對於公共設施建設工程，得視都市之發展情形，另行辦理。

依前項規定實施重劃地區，公共設施興建前，公共設施保留地由當地直轄市或縣（市）政府管理。實施工程建設時，其工程費用，得依徵收工程受益費之規定辦理。重劃區內之土地所有權人，並得集資自行興辦各項工程建設。

第六十二條　市地重劃後，重行分配與原土地所有權人之土地，自分配結果確定之

日起，視爲其原有之土地。但對於行政上或判決上之處分，其效力與原有土地性質上不可分者，不適用之。

第六十二條之一　重劃區內應行拆遷之土地改良物或墳墓，直轄市或縣（市）政府應予公告，並通知其所有權人或墓主，土地改良物限期三十日內墳墓限期三個月內自行拆除或遷葬。逾期不拆除或遷葬者，得代爲拆除或遷葬。

前項因重劃而拆除或遷葬之土地改良物或墳墓，應予補償；其補償數額，由直轄市或縣（市）政府查定之。但違反依第五十九條規定公告禁止或限制事項者，不予補償。代爲拆除或遷葬者，其費用在其應領補償金額內扣回。

第六十三條　出租之公、私有耕地因實施市地重劃致不能達到原租賃之目的者，由直轄市或縣（市）政府逕爲註銷其租約並通知當事人。

依前項規定註銷租約者，承租人得依左列規定請求或領取補償：

一、重劃後分配土地者，承租人得向出租人請求按重劃計畫書公告當期該土地之公告土地現值三分之一之補償。

二、重劃後未受分配土地者，其應領之補償地價，由出租人領取三分之二，承租人領取三分之一。

因重劃抵充爲公共設施用地之公有出租農業用地，直轄市或縣（市）政府應逕爲註銷租約，並按重劃計畫書公告當期該土地之公告土地現值三分之一補償承租人，所需費用列爲重劃共同負擔。

第六十三條之一　前條以外之出租土地，因重劃而不能達到原租賃之目的者，承租人得終止租約，並得向出租人請求相當一年租金之補償。其因重劃而增減其利用價值者，出租人或承租人得向對方請求變更租約及增減相當之租金。

第六十四條　地上權、永佃權及地役權因市地重劃致不能達其設定目的者，各該權利視爲消滅。地上權人、永佃權人或地役權人得向土地所有權人請求相當之補償。

土地建築改良物經設定抵押權或典權，因市地重劃致不能達其設定目的者，各該權利視爲消滅。抵押權人或典權人得向土地所有權人請求以其所分配之土地，設定抵押權或典權。

第六十四條之一　實施重劃未受土地分配者，其原設定抵押權或典權之權利價值，由重劃機關在不超過土地所有權人應得補償之數額內予以協調清理。

第六十五條　第六十三條之一、第六十四條請求權之行使，應於重劃分配結果確定之次日起二個月內爲之。

第六十六條　市地重劃區內，經重劃分配之土地，重劃機關應以書面分別通知原土地所有權人及使用人，限期辦理遷讓或接管；逾期不遷讓者，得移送法院強制執行；逾期不接管者，自限期屆滿之日起，視爲已接管。

第六十七條　經重劃之土地，重劃機關應依據重劃結果，重新編號，列冊送由該管登記機關，逕爲辦理權利變更登記，換發土地權利書狀；未於規定期限內換領者，宣告其原土地權利書狀無效。

第六十八條　（刪除）

第六十九條　（刪除）

第 七 十 條　（刪除）

第七十一條　直轄市或縣（市）政府對於尚未建築之私有建築用地，應限制土地所有權人所有面積之最高額。

前項所有面積之最高額，以十公畝爲限。但工業用地、學校用地及經政府核准之大規模建築用地，應視其實際需要分別訂定之。

計算尚未建築土地面積最高額時，對於因法令限制不能建築之土地，應予扣除。

第七十二條　前條超額土地，直轄市或縣（市）政府應通知土地所有權人於二年內出售或建築使用；逾期未出售或未建築使用者，得予照價收買，整理後出售與需用土地人建築使用。但在建設發展較緩之地段，不在此限。

第七十三條　依第二十六條、第七十二條、第七十六條照價收買後再出售之土地及

依第五十五條之二第一項第五款出售之土地，其承購人應自承購之日起一年內興工建築；逾期不建築，亦未報准延期建築者，直轄市或縣（市）政府得照原價收回。

前項延期建築之期限，不得逾六個月。

第七十四條　依第二十六條規定限期建築之土地，有左列情形之一者，土地所有權人應於接到限期使用通知後，與承購人、借用人或地上權人協議建築、增建或改建；協議不成時，得終止租約、借貸或撤銷地上權：

一、土地所有權人將其土地出租、貸與或設有地上權者。

二、土地所有權人將其所有之建築改良物出租或貸與他人使用者。

三、土地承租人、借用人或地上權人將其所有建築改良物出租或貸與他人使用者。

第七十五條　依前條第一款規定收回土地之所有權人，除應給予承租人、借用人或地上權人為改良土地所支付之費用外，並應就其建築改良物給予補償。

前項建築改良物補償價額，由直轄市或縣（市）政府估定之。

第七十六條　出租耕地經依法編為建築用地者，出租人為收回自行建築或出售作為建築使用時，得終止租約。

依前項規定終止租約，實際收回耕地屆滿一年後，不依照使用計畫建築使用者，直轄市或縣（市）政府得照價收買之。

第七十七條　耕地出租人依前條規定終止租約收回耕地時，除應補償承租人為改良土地所支付之費用及尚未收穫之農作改良物外，應就申請終止租約當期之公告土地現值，預計土地增值稅，並按該公告土地現值減除預計土地增值稅後餘額三分之一給予補償。

前項改良土地所支付之費用，以承租人已依耕地三七五減租條例第十三條規定以書面通知出租人者為限。

公有出租耕地終止租約時，應依照第一項規定補償耕地承租人。

第七十八條　依第七十六條規定終止耕地租約時，應由土地所有權人以書面向直轄

市或縣（市）政府提出申請，經審核其已與承租人協議成立者，應准終止耕地租約；其經審核尚未與承租人達成協議者，應卽邀集雙方協調。承租人拒不接受協調或對補償金額有爭議時，由直轄市或縣（市）政府，依前條規定標準計算承租人應領之補償，並通知領取，其經領取或依法提存者，准予終止耕地租約。

耕地租約終止後，承租人拒不返還耕地時，由直轄市或縣（市）政府移送法院裁定後，強制執行之，不受耕地三七五減租條例關於租佃爭議調解調處程序之限制。

第七十九條　被徵收或照價收買之土地，應納未納之土地稅捐及滯納金，由該管直轄市或縣（市）政府於發放補償金時，代爲扣繳，並以其餘款，交付被徵收或收買之土地所有權人。

第七章　罰　則

第 八 十 條　（刪除）

第八十一條　土地買賣未辦竣權利移轉登記，承買人再行出售該土地者，處應納登記費二十倍以下之罰鍰。

第八十一條之一　依第三十五條之一受贈土地之財團法人，有左列情形之一者，除追補應納之土地增值稅外，並處應納土地增值稅額二倍之罰鍰：

一、未按捐贈目的使用土地者。

二、違反各該事業設立宗旨者。

三、土地收益未全部用於各該事業者。

第八十二條　（刪除）

第八十三條　以經營土地買賣，違背土地法律，從事土地壟斷、投機者，處三年以下有期徒刑，並得併科七千元以下罰金。

第八十三條之一　有左列行爲之一者，處三年以下有期徒刑、拘役或科或併科五千元以下罰金：

一、移動或毀損重劃測量標樁，致妨害市地重劃工程之設計、施工或

　　　　　　土地之分配者。

　　二、以強暴、脅迫或其他非法方法妨害市地重劃之實施者。

第八章　附　則

第八十四條　（刪除）

第八十五條　本條例施行區域，由行政院以命令定之。

第八十六條　本條例施行細則，由行政院定之。

第八十七條　本條例自公布日施行。

書　　　　　　名	著　作　人	任　　　　職
近 代 中 國 的 成 立	姚 大 中	東 吳 大 學
近 代 中 日 關 係 史	林 明 德	師 範 大 學
西 洋 現 代 史	李 邁 先	臺 灣 大 學
英 國 史 綱	許 介 鱗	臺 灣 大 學
印 度 史	吳 俊 才	政 治 大 學
日 本 史	林 明 德	師 範 大 學
美 洲 地 理	林 鈞 祥	師 範 大 學
非 洲 地 理	劉 鴻 喜	師 範 大 學
自 然 地 理 學	劉 鴻 喜	師 範 大 學
聚 落 地 理 學	胡 振 洲	中 國 海 專
海 事 地 理 學	胡 振 洲	中 國 海 專
經 濟 地 理	陳 伯 中	臺 灣 大 學
都 市 地 理 學	陳 伯 中	臺 灣 大 學
修 辭 學	黃 慶 萱	師 範 大 學
中 國 文 學 概 論	尹 雪 曼	中 國 文 化 大 學
新 編 中 國 哲 學 史	勞 思 光	香 港 中 文 大 學
中 國 哲 學 史	周 世 輔	政 治 大 學
中 國 哲 學 發 展 史	吳 怡	美國舊金山亞洲研究所
西 洋 哲 學 史	傅 偉 勳	美國費城州立天普大學
西 洋 哲 學 史 話	鄔 昆 如	臺 灣 大 學
邏 輯	林 正 弘	臺 灣 大 學
邏 輯	林 玉 體	師 範 大 學
符 號 邏 輯 導 論	何 秀 煌	香 港 中 文 大 學
人 生 哲 學	黎 建 球	輔 仁 大 學
思 想 方 法 導 論	何 秀 煌	香 港 中 文 大 學
如 何 寫 學 術 論 文	宋 楚 瑜	臺 灣 大 學
論 文 寫 作 研 究	段家鋒 孫正豐 張世賢 等人	各 大 學
語 言 學 概 論	謝 國 平	師 範 大 學
奇 妙 的 聲 音	鄭 秀 玲	師 範 大 學
美 學	田 曼 詩	中 國 文 化 大 學
植 物 生 理 學	陳 昇 明 譯	中 興 大 學
建 築 結 構 與 造 型	鄭 茂 川	中 興 大 學

書　　　名	著作人	現任職
銀 行 會 計	萱林兆桐　李金桐	臺 灣 大 學
會 計 學	幸世間	臺 灣 大 學
會 計 學	謝尚經	專 業 會 計 師
會 計 學	蔣友文	臺 灣 大 學
成 本 會 計	洪國賜	淡 水 工 商
成 本 會 計	盛禮約	政 治 大 學
政 府 會 計	李增榮	政 治 大 學
政 府 會 計	張鴻春	臺 灣 大 學
初 級 會 計 學	洪國賜	淡 水 工 商
中 級 會 計 學	洪國賜	淡 水 工 商
中 等 會 計	薛光圻　張鴻春	美國西東大學　臺 灣 大 學
商 業 銀 行 實 務	解宏賓	中 興 大 學
財 務 報 表 分 析	李祖培	中 興 大 學
財 務 報 表 分 析	洪國賜　盧聯生	淡 水 工 商　中 興 大 學
審 計 學	殷文俊　金世朋	政 治 大 學
投 資 學	龔平邦	逢 甲 大 學
財 務 管 理	張春雄	政 治 大 學
財 務 管 理	黃柱權	政 治 大 學
公 司 理 財	黃柱權	政 治 大 學
公 司 理 財	劉佐人	前中興大學教授
統 計 學	柴松林	政 治 大 學
統 計 學	劉南溟	前臺灣大學教授
統 計 學	楊維哲	臺 灣 大 學
統 計 學	張浩鈞	臺 灣 大 學
推 理 統 計 學	張碧波	銘 傳 商 專
商 用 統 計 學	顏月珠	臺 灣 大 學
商 用 統 計 學	劉一忠	美國舊金山州立大學
應 用 數 理 統 計 學	顏月珠	臺 灣 大 學
中 國 通 史	林瑞翰	臺 灣 大 學
中 國 現 代 史	李守孔	臺 灣 大 學
中 國 近 代 史	李守孔	臺 灣 大 學
中 國 近 代 史	李雲漢	政 治 大 學
黃 河 文 明 之 光	姚大中	東 吳 大 學
古 代 北 西 中 國	姚大中	東 吳 大 學
南 方 的 奮 起	姚大中	東 吳 大 學
中 國 世 界 的 全 盛	姚大中	東 吳 大 學

書　　　名	著作人	任　　職
現代貨幣銀行學	柳復起	澳洲新南威爾斯大學
商業銀行實務	解宏賓	中　興　大　學
現代國際金融	柳復起	澳洲新南威爾斯大學
國際金融理論與制度	歐陽勛 黃仁德	政　治　大　學
財　政　學	李厚高	臺灣省財政廳廳長
財　政　學	林華德	臺　灣　大　學
財政學原理	魏萼等	臺　灣　大　學
國　際　貿　易	李穎吾	臺　灣　大　學
國際貿易實務	張錦源	交　通　大　學
國際貿易理論與政策	歐陽勛 黃仁德	政　治　大　學
國際貿易政策概論	余德培	東　吳　大　學
貿易契約理論與實務	張錦源	交　通　大　學
貿易英文實務	張錦源	交　通　大　學
海　關　實　務	張俊雄	淡　江　大　學
貿易貨物保險	周詠棠	中　央　信　託　局
國　際　滙　兌	林邦充	輔　仁　大　學
信用狀理論與實務	蕭啟賢	輔　仁　大　學
美國之外滙市場	于政長	東　吳　大　學
外滙、貿易辭典	于政長	東　吳　大　學
國際商品買賣契約法	鄧越今	前外貿協會處長
保　險　學	湯俊湘	中　興　大　學
人　壽　保　險　學	宋明哲	德明商專
人壽保險的理論與實務	陳雲中	臺　灣　大　學
火災保險及海上保險	吳榮清	中國文化大學
商　用　英　文	程振粵	臺　灣　大　學
商　用　英　文	張錦源	交　通　大　學
國際行銷管理	許士軍	新　加　坡　大　學
國　際　行　銷	郭崑謨	中　興　大　學
市　場　學	王德馨	中　興　大　學
線　性　代　數	謝志雄	東　吳　大　學
商　用　數　學	薛昭雄	政　治　大　學
商　用　數　學	楊維哲	臺　灣　大　學
商用微積分	何典恭	淡水工商
微　積　分	楊維哲	臺　灣　大　學
微　積　分（上）	楊維哲	臺　灣　大　學
微　積　分（下）	楊維哲	臺　灣　大　學
大二微積分	楊維哲	臺　灣　大　學
機　率　導　論	戴久永	交　通　大　學

書　　　　　名	著　作　人	任　　　職
新　聞　編　輯　學	徐　　昶	臺　灣　新　生　報
探　訪　寫　作	歐　陽　醇	師　範　大　學
評　論　寫　作	程　之　行	紐約日報總編輯
小　型　報　刊　實　務	彭　家　發	政　治　大　學
廣　　　告　　　學	顏　伯　勤	輔　仁　大　學
中　國　新　聞　傳　播　史	賴　光　臨	政　治　大　學
中　國　新　聞　史	曾虛白主編	總統府國策顧問
世　界　新　聞　史	李　　瞻	政　治　大　學
新　聞　　　學	李　　瞻	政　治　大　學
媒　介　實　務	趙　俊　邁	中　國　文　化　大　學
電　視　與　觀　眾	曠　湘　霞	新聞局廣電處處長
電　視　新　聞	張　　勤	中　視　新　聞　部
電　視　制　度	李　　瞻	政　治　大　學
新　聞　道　德	李　　瞻	政　治　大　學
數　理　經　濟　分　析	林　大　侯	臺　灣　大　學
計　量　經　濟　學　導　論	林　華　德	臺　灣　大　學
經　　濟　　學	陸　民　仁	政　治　大　學
經　濟　學　原　理	歐　陽　勛	政　治　大　學
經　濟　學　導　論	徐　育　珠	美國南康涅狄克州立大學
通　俗　經　濟　講　話	邢　慕　寰	前香港中文大學教授
經　濟　政　策	湯　俊　湘	中　興　大　學
比　較　經　濟　制　度	孫　殿　柏	政　治　大　學
總　體　經　濟　學	鍾　甦　生	西雅圖銀行臺北分行協理
總　體　經　濟　理　論	孫　　震	臺　灣　大　學
總　體　經　濟　分　析	趙　鳳　培	政　治　大　學
個　體　經　濟　學	劉　盛　男	臺　北　商　專
合　作　經　濟　概　論	尹　樹　生	中　興　大　學
農　業　經　濟　學	尹　樹　生	中　興　大　學
西　洋　經　濟　思　想　史	林　鐘　雄	臺　灣　大　學
凱　因　斯　經　濟　學	趙　鳳　培	政　治　大　學
工　程　經　濟	陳　寬　仁	中　正　理　工　學　院
國　際　經　濟　學	白　俊　男	東　吳　大　學
國　際　經　濟　學	黃　智　輝	東　吳　大　學
貨　幣　銀　行　學	白　俊　男	東　吳　大　學
貨　幣　銀　行　學	何　偉　成	中　正　理　工　學　院
貨　幣　銀　行　學	楊　樹　森	中　國　文　化　大　學
貨　幣　銀　行　學	李　穎　吾	臺　灣　大　學
貨　幣　銀　行　學	趙　鳳　培	政　治　大　學

書　　　　　名	著　作　人	任　　　職
社 會 教 育 新 論	李 建 興	師 範 大 學
中 等 教 育	司 琦	政 治 大 學
中 國 體 育 發 展 史	吳 文 忠 編篡	師 範 大 學
中 國 大 學 教 育 發 展 史	伍 振 鷟	師 範 大 學
中 國 職 業 教 育 發 展 史	周 談 輝	師 範 大 學
中 國 社 會 教 育 發 展 史	李 建 興	師 範 大 學
技 術 職 業 教 育 行 政 與 視 導	張 天 津	師 範 大 學
技 職 教 育 測 量 與 評 鑑	李 大 偉	師 範 大 學
技 術 職 業 教 育 教 學 法	陳 昭 雄	師 範 大 學
技 術 職 業 教 育 辭 典	楊 朝 祥	師 範 大 學
高 科 技 與 技 職 教 育	楊 啓 棟	師 範 大 學
工 業 職 業 技 術 教 育	陳 昭 雄	師 範 大 學
職 業 教 育 師 資 培 育	周 談 輝	師 範 大 學
技 術 職 業 教 育 理 論 與 實 務	楊 朝 祥	師 範 大 學
心 理 學	張 春 興 楊 國 樞	師 範 大 學 臺 灣 大 學
心 理 學	劉 安 彦	美 國 傑 克 遜 州 立 大 學
人 事 心 理 學	黃 天 中	美 國 奧 克 拉 荷 市 大 學
人 事 心 理 學	傅 肅 良	中 興 大 學
社 會 心 理 學	張 華 葆	東 海 大 學
社 會 心 理 學	劉 安 彦	美 國 傑 克 遜 州 立 大 學
社 會 心 理 學 理 論	張 華 葆	東 海 大 學
新 聞 英 文 寫 作	朱 耀 龍	中 國 文 化 大 學
新 聞 傳 播 法 規	張 宗 棟	中 國 文 化 大 學
傳 播 原 理	方 蘭 生	中 國 文 化 大 學
傳 播 研 究 方 法 總 論	楊 孝 濚	東 吳 大 學
大 衆 傳 播 理 論	李 金 銓	美 國 明 尼 蘇 達 大 學
大 衆 傳 播 新 論	李 茂 政	政 治 大 學
大 衆 傳 播 與 社 會 變 遷	陳 世 敏	政 治 大 學
行 爲 科 學 與 管 理	徐 木 蘭	交 通 大 學
國 際 傳 播	李 瞻	政 治 大 學
國 際 傳 播 與 科 技	彭 芸	政 治 大 學
組 織 傳 播	鄭 瑞 城	政 治 大 學
政 治 傳 播 學	祝 基 瀅	美 國 加 利 福 尼 亞 州 立 大 學
文 化 與 傳 播	汪 琪	政 治 大 學
廣 播 與 電 視	何 貽 謀	政 治 大 學
廣 播 原 理 與 製 作	于 洪 海	輔 仁 大 學
電 影 原 理 與 製 作	梅 長 齡	前 中 國 文 化 大 學 教 授
新 聞 學 與 大 衆 傳 播 學	鄭 貞 銘	中 國 文 化 大 學
新 聞 採 訪 與 編 輯	鄭 貞 銘	中 國 文 化 大 學

書　名	著作人	任　職
社　會　學	張華葆主編	東　海　大　學
社　會　學　理　論	蔡文輝	美國印第安那大學
社　會　學　理　論	陳秉璋	政　治　大　學
西洋社會思想史	龍冠海　張承漢	前臺灣大學教授　臺　灣　大　學
中國社會思想史	張承漢	臺　灣　大　學
都市社會學理論與應用	龍冠海	前臺灣大學教授
社　會　變　遷	蔡文輝	美國印第安那大學
社會福利行政	白秀雄	政　治　大　學
勞　工　問　題	陳國鈞	中　興　大　學
社會政策與社會立法	陳國鈞	中　興　大　學
社　會　工　作	白秀雄	政　治　大　學
團　體　工　作	林萬億	臺　灣　大　學
文　化　人　類　學	陳國鈞	中　興　大　學
政　治　社　會　學	陳秉璋	政　治　大　學
醫　療　社　會　學	藍采風　廖榮利	印第安那中央大學　臺　灣　大　學
人　口　遷　移	廖正宏	臺　灣　大　學
社　區　原　理	蔡宏進	臺　灣　大　學
人　口　敎　育	孫得雄	東　海　大　學
社會階層化與社會流動	許嘉猷	臺　灣　大　學
普　通　敎　學　法	方炳林	前師範大學教授
各　國　敎　育　制　度	雷國鼎	師　範　大　學
敎　育　行　政　學	林文達	政　治　大　學
敎　育　行　政　原　理	黃昆輝主譯	師　範　大　學
敎　育　社　會　學	陳奎憙	師　範　大　學
敎　育　心　理　學	胡秉正	政　治　大　學
敎　育　心　理　學	溫世頌	美國傑克遜州立大學
敎　育　哲　學	賈馥茗	師　範　大　學
敎　育　哲　學	葉學志	國立臺灣敎育學院
敎　育　經　濟　學	蓋浙生	師　範　大　學
敎　育　經　濟　學	林文達	政　治　大　學
敎　育　財　政　學	林文達	政　治　大　學
工　業　敎　育　學	袁立錕	國立臺灣敎育學院
家　庭　敎　育	張振宇	淡　江　大　學
當代敎育思潮	徐南號	師　範　大　學
比較國民敎育	雷國鼎	師　範　大　學
中　國　敎　育　史	胡美琦	中　國文化大學
中國國民敎育發展史	司琦	政　治　大　學
中國現代敎育史	鄭世興	師　範　大　學

書名	著作人	任職
美早期外交史	李定一	政治大學
現代西洋外交史	楊逢泰	政治大學
各國人事制度	傅肅良	中興大學
行政學	左潞生	前中興大學教授
行政學	張潤書	政治大學
行政學新論	張金鑑	政治大學
行政法	林紀東	臺灣大學
行政法之基礎理論	城仲模	中興大學
交通行政	劉承漢	成功大學
土地政策	王文甲	前中興大學教授
行政管理學	傅肅良	中興大學
現代管理學	龔平邦	逢甲大學
現代企業管理	龔平邦	逢甲大學
現代生產管理學	劉一忠	美匾售金山州立大學
生產管理	劉漢容	成功大學
企業政策	陳光華	交通大學
國際企業論	李蘭甫	香港中文大學
企業管理	蔣靜一	逢甲大學
企業管理	陳定國	臺灣大學
企業概論	陳定國	臺灣大學
企業組織與管理	盧宗漢	中興大學
企業組織與管理	郭崑謨	中興大學
組織行為管理	龔平邦	逢甲大學
行為科學概論	龔平邦	逢甲大學
組織原理	彭文賢	中興大學
管理新論	謝長宏	交通大學
管理概論	郭崑謨	中興大學
管理心理學	湯淑貞	成功大學
管理數學	謝志雄	東吳大學
管理個案分析	郭崑謨	中興大學
人事管理	傅肅良	中興大學
考銓制度	傅肅良	中興大學
員工考選學	傅肅良	中興大學
作業研究	林照雄	輔仁大學
作業研究	楊超然	臺灣大學
作業研究	劉一忠	美國舊金山州立大學
系統分析	陳進	美國聖瑪麗大學
社會科學概論	薩孟武	前臺灣大學教授
社會學	龍冠海	前臺灣大學教授
社會學	蔡文輝	美國印第安那大學